互联网思维与未来世界书系

P2P网贷风云

趋势·监管·案例

黄　震　邓建鹏 / 主编

中国经济出版社
CHINA ECONOMIC PUBLISHING HOUSE
北　京

图书在版编目（CIP）数据

P2P网贷风云：趋势·监管·案例/黄震，邓建鹏主编．
北京：中国经济出版社，2015.7
ISBN 978-7-5136-3810-4

Ⅰ.①P… Ⅱ.①黄… ②邓… Ⅲ.①互联网络—应用—借贷—研究—中国 Ⅳ.①F832.4-39

中国版本图书馆CIP数据核字（2015）第100094号

策划编辑 乔卫兵 崔清北 黄 静
责任编辑 寇艺明
责任审读 霍宏涛
责任印制 马小宾
封面设计 金刚创意

出版发行 中国经济出版社
印 刷 者 北京市媛明印刷厂
经 销 者 各地新华书店
开 本 710mm×1000mm 1/16
印 张 18
字 数 290千字
版 次 2015年7月第1版
印 次 2015年7月第2次
定 价 58.00元
广告经营许可证 京西工商广字第8179号

中国经济出版社 **网址** www.economyph.com **社址** 北京市西城区百万庄北街3号 **邮编** 100037
本版图书如存在印装质量问题，请与本社发行中心联系调换（联系电话：010-68330607）

课题组

主　　编　黄　震　邓建鹏

副 主 编　熊　明　任一奇

课题组成员　黄　震　邓建鹏　赵伟平

易欢欢　熊　明　任一奇

王文豪　王妮佳　张誉耀

乔宇涵　刘　翔　陈海洋

本课题战略合作机构　第 1 车贷

本课题研究合作机构　网贷 315

总 序

近年来，互联网和移动互联网不断发展壮大，逐渐渗入商业、金融、房地产、传媒业、物流业、农业、教育及生活服务等各个传统行业，不断改变着人们的生活方式与社会的生产方式。

2013 年，我国首次超越美国，成为世界最大的网络零售市场，超过 1.85 万亿元的网络零售交易额相当于社会消费品零售总额的 7.8%；电子商务拉动内需、促进就业作用明显；移动互联网、大数据等新一代技术的应用成为电子商务发展的新热点；与此同时，电子商务市场竞争日益激烈，企业服务能力和行业集中度均有提升。

自 2008 年起，我国的网民规模已经连续六年稳居全球第一。据第 34 次《中国互联网发展状况统计报告》（以下简称《报告》）显示，截至 2014 年 6 月，中国网民规模已达 6.32 亿，较 2013 年底增加 1442 万人；互联网普及率为 46.9%，较 2013 年年底提升了 1.1 个百分点。

可以说，互联网正在成为现代社会真正的基础设施之一，就像电力和道路一样。互联网不仅仅是用来提高效率的工具，它已经成为构建未来生产方式和生活方式的基础设施。与此同时，以互联网为核心的思维正在逐渐扩散，并对整个大时代带来深远的影响。

历史上，人类社会每次经历的大飞跃，最关键的都不是物质催化，甚至不是技术催化，而是思维方式的迭代。从社会热议的信息爆炸时代，到目前的互联网时代，我们并不能确定是否一个新的革命的时代已经到来。但是，可以预见的是，几乎所有的传统产业都可能被这场互联网思维浪潮所影响、重塑乃至颠覆。

例如，互联网的快速发展推动了网购、网游等产业的发展，并涌现出云计算、物联网、大数据等新名词和新事物，也催生了一批带有传奇色彩的企业。

互联网公司小米，创业仅 3 年，估值就达 100 亿美元；相比较而言，联想用了 30 年时间，才实现港股市值 100 亿美元。从这个意义上讲，小米应该算是一个商业奇迹。没有互联网与互联网思维，是不可能实现的。

2013 年，互联网金融业给传统金融业带来了巨大震荡，被称为“互联网金融元年”。十年前，互联网与金融并没有竞争与冲突。马云的一句“如果银行不改变，我们就改变银行，”曾引起来势汹汹的热议，时至今日，金融领域正经历着互联网的大举侵袭和倒逼，这也从某种程度上印证了马云的预言。以阿里巴巴、腾讯为代表的电商平台全面试水金融领域，天猫、支付宝、财富通等综合类电商平台以及苏宁、国美这类垂直电商纷纷与金融机构联姻销售基金、保险等金融产品，不断创造出余额宝、现金宝、招财宝等“宝宝”产品。这场金融变革可谓几家欢喜几家愁，以余额宝为例，其颠覆、便捷、高收益是其无可比拟的优势，截至 2014 年第一季度，其规模已达 5412.75 亿元，天弘基金也成为国内规模最大的基金公司。而由于互联网金融的冲击，2014 年 1 月银行人民币存款减少 9402 亿元。在巨大的压力下，传统金融机构也开始变革自身，全面进入互联网领域，如招商银行联合腾讯打造微信银行，平安集团设立网贷平台陆金所等。

可就算是在互联网金融时代一枝独秀的余额宝，随着互联网金融产品的规模性崛起，以及传统金融业积极携手互联网这一系列变革之后，其所占市场份额还是从 7% 跌到了 4%，褪下了神圣的光环。在互联网金融时代越发规范化的今天，大家永远不知道下一个争相投资的对象是谁，这也许在告诉我们，不光传统企业需要转型，互联网企业也需要时刻改变思想，用迭代思维不断完善自己，才能创造明天。

“我们的未来世界是按照互联网思维构架的。未来世界一定是开放、平等、更有效率的，从互联网中我们洞见到未来的世界。”企业家潘石屹是这么认为的。在这个复杂多变的时代，任何一个产业，如果积极地携手互联网的思维和方法并与之融合，敢于颠覆自我，进行重塑，都有可能找到企业发展的新方向，新的利润增长点，释放出更多的能量。

由此可见，在我国的媒体业、零售业、金融业、娱乐业等许多行业，互联网思维已经完全展现了它的威力与效率，成为一种基本的商业思维，并已经渗透到企业运营的整个链条中。互联网思维已经开始成为我们一切商业思维的起点，深刻地影响着我们的经济模式乃至社会生活的各个方面。

可以肯定的是，互联网的发展势头将更加强劲，特别是与越来越先进的移动通信网络技术、融合性和应用性越来越强的智能终端相结合之后，在中国的渗透率将会继续提高，发展重心从“广泛”转向“深入”，网络应用对大众生活的改变从点到面，互联网将在现有基础上更进一步影响公众生活的方方面面。《报告》显示，截至2014年6月，我国手机网民规模达5.27亿，较2013年底增加2699万人，网民中使用手机上网的人群占比进一步提升，由2013年的81.0%提升至83.4%。

毫无疑问，移动互联网已经是当前的主流。正如马化腾所说，移动互联网才是真正的互联网。《报告》显示，2013年中国移动互联网经济达1083亿元，高端手机用户月平均流量消耗为1.6GB。网民的行为正逐渐从办公桌向移动端转移。2013年，中国智能手机出货量为3.18亿台，同比增长64%。移动营销市场规模达155.2亿元，移动购物市场占有率约为整体市场的三分之一。移动互联网加速了跨界融合，也带动了可穿戴设备、移动医疗等相关市场的发展。

面对这种如火如荼的局面，我们已经很难想象互联网在国内诞生之初，曾一度背负着“泡沫”、“烧钱”等尴尬名声。在2000年前后国内第一轮互联网上市热潮时，“不赚钱”是当时互联网企业的普遍写照，企业大多缺乏明确的盈利模式。而目前，中国互联网经济已经突破6000亿元，互联网产业与世界发展同步，并在格局中占据一定有利位置。在互联网思维的影响下，一大批互联网企业正处在颠覆与创造、裂变与融合中，日益深重地重塑中国经济格局。这些剧烈的变革带给我们对未来世界的思维方式、生活方式、生产方式新的思考以及对企业价值链乃至对整个经济生态的重新审视。

未来，如何借助互联网思维进一步重塑各产业链条、重构新的商业模式和新的工业秩序，未来世界会与互联网怎样耦合，这是身处于互联网浪潮中的我们应该认真思考的问题。

有鉴于此，中国经济出版社拟会同国内知名互联网专家以及相关企业、研究机构，共同探讨互联网时代变革中的热点问题，并出版“互联网思维与未来世界”书系，以期全面、客观、系统地反映互联网的发展进程和未来世界的发展趋势。

本书系注重对不同行业、区域、领域的变革与互联网思维的关系进行探讨与研究。期望书系无论对促进互联网思维的学术研究，还是对推动企业的转型与创新，都具有借鉴意义和参考价值。

该系列报告是开放式、可扩展的，欢迎社会各界把认为合适题材的研究成果纳入书系，以使书系能够更新颖、全面、权威。

由于时间关系和水平所限，书系中所涉及的观点、资料、数据难免会有不够完善或不妥之处，敬请广大读者给予批评指正。

前　言

近年来，随着互联网技术的持续创新并广泛渗透到各个产业，产业融合进程正不断加速。金融和互联网这两大热门领域相互碰撞，一种新兴的金融模式——互联网金融发展得如火如荼。现今，互联网金融在全球已经催生出千亿美元交易规模的移动支付产业，数百亿美元的 P2P 产业，50 亿美元的众筹融资产业等，并带动了人们传统消费理财习惯的改革，甚至是生活方式的变革。

P2P 网络借贷是指对等主体通过第三方网络平台进行的相互借贷，即通过平台将有闲置资金的个人投资者和有资金需求的中小企业或个人对接，实现双方资金融通的过程。

本书主要对中、美、英三国的 P2P 网贷市场的发展与监管进行深入探讨，重点叙述和分析网贷发展与监管趋势，以供投资人、监管层和从业机构参考。英、美两国是全球最发达的 P2P 市场，全球前 20 位的 P2P 公司有 10 家在英国，英国还是 P2P 的发源地，2005 年，世界第一家 P2P 网站——Zopa 诞生于英国。经过十年的发展历程，P2P 行业已经成为英国“可替代性金融”（Alternative Finance）体系的重要组成部分。自 2008 年金融危机爆发以来，英国政府通过与 P2P 平台的合作，共同支持中小企业发展，开辟了中小企业融资新途径。同时，Zopa、RateSetter、Funding Circle 等 8 家领头 P2P 公司成立了行业自律协会——P2PFA（Peer to Peer Finance Association），英国 P2P 网贷行业同时受本国金融行为监管局（FCA）的监管，整体上形成了井然有序的发展格局。

在大洋彼岸的美国，则聚集了全球最活跃的人力、物力、财力等资源要素，为美国的金融创新提供了强大的动力。美国目前拥有两家世界级规模的 P2P 公司：Lending Club 和 Prosper。敏锐的创业者依托全新的网络技术，充分利用美国完善的信用环境和广泛的信贷需求，创建 P2P 网贷平台。超过 60 亿美元的成交额为美国大规模的信贷市场注入了新活力，满足了个人多元化的金融需求，亦为中小企业融资开辟了新道路。在明晰、严格的监管政策下，美国P2P平台数量并不多，主要是两大P2P平台的竞技场。Lending Club目前累计成交额超过60亿美元，发展成为全球规模第一的P2P企业，2014年12月向美国证券交易委员会（SEC）提交了IPO申请后正式上市，被业界视为发展典范。

与之相比，中国则是全球P2P最具有发展潜力的国家。无论从P2P平台的总数量还是规模上，中国都已经成为“全球最大”，且预计若干年内仍将保持高速增长。中国的P2P行业诞生于金融压抑的大背景下，这种环境促进了P2P借贷双方主体市场的形成与发展。随着中国金融改革的深入，也给予了P2P行业更多的发展机会，P2B/P2C等新的业务模式不断涌现，一些P2P网贷平台不断进入各种细分市场并占据独到优势。

2014年以来，各大上市公司、银行、国有资本等都密集介入P2P行业。据网贷之家的不完全统计，网贷行业获得风投青睐的平台多达29家；上市公司、国资国企入股的平台均为17家；银行背景平台达12家。根据2015年1月网贷之家正式对外发布的《中国P2P网贷行业2014年度运营简报》，截至2014年12月末，中国目前正在运营的P2P网贷平台（香港、澳门特别行政区除外）1575家，其中2014年新上线平台超过900家。运营平台主要分布在金融、IT业较为发达的沿海地区，其中广东、浙江、北京、山东、上海、江苏位居前六位，占全国总平台数量的71.30%。网贷平台交易规模前五年累积成交量为31亿元，截至2014年累计成交量超过3829亿元。2014年网贷行业成交量以月均10.99%的速度增加，全年累计成交量高达2528亿元，是2013年的2.39倍。①

然而，中国P2P行业在高速发展的同时，也蕴含着各类风险。由于从业机构良莠不齐以及缺乏监管等因素，此间风险甚于英美同行。网贷之家认为，在2014年年底，受经济和金融大环境影响，借款人逾期、展期现象频繁，加之一系列平台倒闭和股市走牛影响，投资人纷纷撤出资金，网贷行业面临高兑付压力，许多平台被曝光出现提现困难。融360发布的《2014年互联网金融理

① 另据融360发布的《2014年互联网金融理财报告》中数据显示，截至2014年年底，全国网贷平台已增至1613家。

财报告》显示，2014年国内网贷行业问题平台共计273家，平均每个月有23家平台出现问题，问题主要表现在倒闭、跑路等方面。我们纵观P2P平台发展所面临的问题，既有来自自身的，也有受外部环境影响的。随着行业的日趋发展成熟，P2P平台将逐渐告别“监管真空期”和“野蛮生长期”，面临转型和净化。①

为了向读者详细地介绍和分析P2P网贷行业在上述三国的发展情况，本书主要分为：英国篇、美国篇、中国篇及中国十佳P2P案例。具体介绍了中、美、英三国P2P行业的发展现状、特点和趋势。英国的监管是“行业先行，政府监管明确”，美国是“多部门并治”的思路，这些对我国P2P行业的监管都有极大的借鉴意义。在此基础上，本书研究了我国P2P行业的监管法律，监管机构的体系、现状及特点，分析了国内的监管趋势与导向，提出了对P2P行业的一些监管意见，供同行参考与交流。

表1 英、美、中三国P2P发展情况的简要对比

	英国	美国	中国
平台数量（家）	30	3	1540
典型平台	Zopa、Funding Circle等	Prosper、Lending Club、Kiva	陆金所、人人贷、拍拍贷等
规模	15亿英镑 （截至2014年5月）	70.6亿美元 （截至2014年6月）	964.46亿元人民币 （截至2014年6月）
收益率（%）	3~6	4~10	5~20
特点	1. P2P业务主要分为个人借款、企业借款和票据融资，各平台的业务专业性程度较高，借款违约率低 2. 行业自律，政府监管，政府对P2P行业给予大量支持	1. 受SEC监管，产品采用证券化形式 2. 建立破产隔离制度和二级市场 3. 集约化发展，高速稳定地增长	1. 行业门槛较低，发展迅速，交易量巨大 2. 新兴模式不断涌现，如P2B/P2C等，大资本等开始介入 3. 大多具有担保模式 4. 行业法律监管尚未明晰

在最后的中国十佳P2P案例中，本书选择了我国P2P行业内具有发展特色和代表性的十个P2P网贷平台，对他们的业务模式和风控模式进行了整合分析，也对他们现存的缺陷和挑战展开了探讨，希望能为P2P行业的从业者以及

① 另据网贷之家研究院统计，2014年全年问题平台达275家，是2013年的3.6倍，12月问题平台高达92家，超过上年全年问题平台数量。

参与者提供参考。

在撰写本书时，我们认真地参考了各大平台的官方网站，从专业数据库、官方统计资料、各类分析报告中挖掘数据，并且参与部分平台的实地调研，力争做到全面、客观、公正。但不能否认的是全球的 P2P 行业都处在快速变化与发展阶段，本书展现的或只是冰山一角，疏漏之处在所难免，如有发现错误之处，恳请读者及时指正！

需要特别声明的是，本书论及诸多 P2P 网贷平台，但本书并非投资报告，不构成对读者投资的任何建议。本书封底附有“互联网金融法治”微信公众号二维码，微信号为“IFCLAW”，欢迎添加，与作者交流互动。

主编谨识

2015 年 4 月 26 日

目 录

美国篇：两大 P2P 平台的竞技场

中国篇：世界 P2P 爆发的大舞台

中国十佳 P2P 案例

互联网思维与未来世界书系
INTERNET THINKING AND FUTURE WORLD BOOKS

英国篇：
世界 P2P 平台发源地

第一章　英国P2P行业源起和背景

英国作为传统的金融大国，有着相对健全完善的金融体系和法律制度。然而，自2008年金融危机爆发以来，银行业对中小企业贷款萎缩，直接为英国以P2P网络借贷、股权众筹、产品众筹、票据融资等为代表的替代性金融（Alternative Finance）的发展提供了空间。依托网络技术的P2P、众筹等的兴起，使得新的风险控制和资源配置方式成为可能。英国政府开始另辟蹊径，尝试与P2P合作支持中小企业发展，开辟了中小企业新的融资途径，使得P2P市场加速发展与支持中小企业、振兴经济相互结合。

一、替代性金融的兴起与发展

在英国，由于中小企业的贷款融资缺口无法完全靠商业银行解决，P2P网络借贷、股权众筹、产品众筹、票据融资等业务应运而生，被视为替代性金融。替代性金融的兴起也引起了金融领域知名记者及企业家的关注，他们共同成立了一个专门介绍替代性金融的网站①。替代性金融在资源配置、风险控制、信息处理、产品设计、交易成本等方面具备优势，政府将其视为支持中小企业融资的重要工具和方式，专门投入资金支持其发展，同时，为了规范行业发展、扩大投资者规模，专门设立机构、制定规则对其进行监管。

（一）替代性金融蓬勃发展的原因

替代性金融与传统金融相比，优势明显。金融危机的爆发，使得银行业发生萎缩，给替代性金融提供发展机会。当今英国公民生活在借贷时代，对替代性金融依赖性很强。

① 参考网站：http://www. altfi. com/。

1. 替代性金融的优势

长期以来，中小企业一直是英国经济中最具活力、最有生机的部分，它们在促进市场竞争、提供就业、技术创新等方面起着举足轻重的作用。截至 2012 年 11 月，英国有 450 万家中小企业，占企业总数的 99%；雇员总数约 138 万人，占私营部门的 58.8%；年营业额 1.5 万亿英镑，占私营部门年度总收入的 48.8%①。

以传统商业银行为主的传统金融经营服务模式，主要是以专业的技术、复杂的流程，向对贷款有稳定需求的大企业客户以及高端零售客户提供安全、稳定的金融产品与服务。商业银行通过在各地建立众多网点，利用资金跨期和空间转移的方式既获得利润，又对储户的资产进行保值增值。因此，传统金融机构仍然以服务大企业为主，对中小企业的金融服务十分有限，使得中小企业自身无法弥合发展中的融资缺口，没能完全对经济增长做出应有的推动作用。这受到英国政府、企业和社会各界的广泛关注。

20 世纪 70 年代以来，英国政府开始高度重视和鼓励中小企业的发展，替代性金融在解决中小企业融资缺口方面起到了很大的作用，得到了政府的支持。替代性金融经营模式是利用平台优势为客户提供快捷、低成本的服务，凭借对于平台上客户信息流、资金流、物流等信息的广泛获取和精确分析，建立一种基于网络行为的信用评价体系，在数据分析技术的基础上提供模块化金融产品与服务。相比传统金融，替代性金融在中小企业信贷方面优势明显。

表 1-1　传统金融与替代性金融对比分析

	传统金融	替代性金融
受众	主要是大中企业，受众覆盖面小	主要是个人消费者、中小企业，受众覆盖面高
风险控制	风险控制成本高，依托抵押、担保限制中小企业融资	信用融资，利用计算机技术和互联网平台对投资者资金进行分散化和多样化处理，对中小企业贷款的风控水平更高
信息处理	困难，成本高	容易，成本低
风险评估	信息不对称	数据丰富、完整，信息对称
资金供求	通过银行和券商中介期限和数量进行匹配	通过平台由终端方自行匹配

① 数据来源：http://oldwww.ccpit.org/Contents/Channel_2632/2014/0424/384714/content_384714.htm。

续表

	传统金融	替代性金融
支付方式	银行	超级集中支付和个体移动支付的统一
供求方	间接交易与直接交易并存	直接交易
产品设计	需要设计复杂风险对冲风险	简单化（风险对冲需求减少）
交易成本	极高	市场运行互联网化，交易成本较少

调查表明，在英国只有3%的中小企业使用股权融资，低于欧盟7%的平均水平，也远低于丹麦46%和瑞典31%的比例。面对日益凸显的中小企业融资难问题，银行信贷在中小企业融资上具有先天性的缺陷。2011 年 2 月，汇丰银行、巴克莱银行、莱斯银行、苏格兰皇家银行和西班牙国际银行英国分行同英国的中央银行英格兰银行达成一致，承诺 2011 年向当地企业提供 1900 亿英镑贷款，其中 760 亿英镑发放给中小企业。数据显示，五大银行超额完成 2011 年全年贷款目标，共提供 2149 亿英镑新增贷款，但未完成中小企业贷款目标，给中小企业的实际贷款为 749 亿英镑①。据 2013 年英国启动的基于消费的资产定价模型“布里敦观察”预计，未来五年，英国中小企业的融资缺口或将在 840 亿 ~ 1910 亿英镑，且无法依靠商业银行贷款的传统金融融资方式得到解决，这为替代性金融的发展提供了广阔空间。

2. 金融危机为替代性金融发展提供了契机

金融危机的爆发使得银行业发生萎缩，尤其是贷款业务。数据显示，金融危机爆发前英国银行的贷存比为 132.4%，2013 年贷存比为 99.1%，有大幅度下降，并有继续下降的趋势。这在一定程度上反映了英国银行业贷款规模的缩减，给替代性金融提供了发展机会。虽然在金融危机爆发前的 2006 年与爆发后的 2013 年，传统金融中非银行机构（保险、信托等）的信贷规模占 GDP 的比重均保持在 162.9%，但 2006 年的比值被认为低于长期趋势 7.5%，而 2013 年高于长期趋势 18.7%，表明传统金融中非银行机构的信贷情况未来不被看好。②

同时，全球的证券化市场在金融危机之后还未恢复。在欧洲证券化发行的减少尤为显著，由 2008 年 1.2 万亿美元的发行总量下降到 2012 年的 3000 多亿美元，这也为替代性金融提供了发展市场。替代性金融融资规模逐年增长，

① 数据来源：英国央行英格兰银行 2012 年 2 月 13 日的数据公布。

② 数据来源：http://www.unbank.info/page/sid/1/pid/375/fid/549/item/855795.shtml。

是代替证券化市场提供原始权益人保持自身资本充足率和借款能力的新产品以及投资者突破投资限制和降低风险的新方式。2013 年英国的替代性金融贷款规模已达到 9.39 亿英镑，比 2012 年增长了近一倍。有机构预测，到 2024 年，替代性融资市场的规模将达到 5350 亿英镑，占英国融资总量的 50%①。

3. 英国公民对替代性金融依赖性很强

当今，英国人生活在借贷时代，通过平台向投资人借贷的目的主要是偿还债务。据 AltFiNews 调查，信用卡的使用孕育了不断上升的债务，英国 3000 万信用卡持有人平均负有 4500 英镑左右的信用卡债务，66% 的持卡人每月支付利息，其中 1/5 的用户选择每月支付最低还款额，这可能需要长达 17 年才能还清，最终借款人需要偿还原有债务的两倍以上，但是英国 55% 的信用卡持卡人甚至不知道自己的信用卡余额的利率，许多英国人不切实际地认为自己能够平均在 3 年 11 个月内还清他们目前的信用卡债务。相比之下，P2P 网贷平台的借款利率还不到信用卡还款利率的一半，能够帮助人们更快地还清信用卡债务。②

（二）替代性金融的发展现状

英国替代性金融融资规模逐年增长，且增速加快。2013 年替代性金融贷款规模已达到 9.39 亿英镑，整体规模比 2012 年增长了近一倍；其中 P2P 网络借贷占到 79%，成为英国可替代市场中不容忽视的一股力量③。

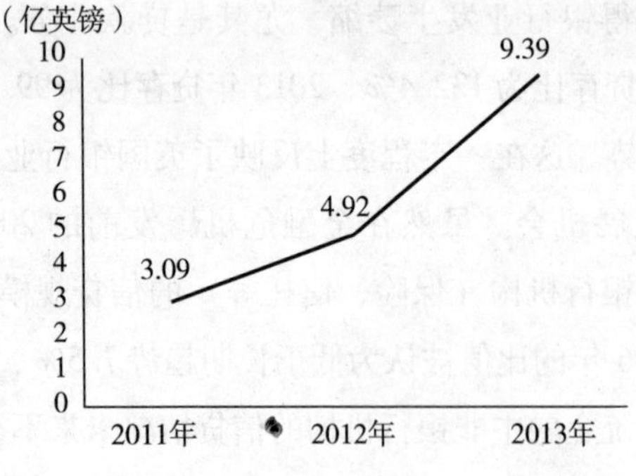

图 1－1　2011—2013 年英国替代性金融贷款规模

数据来源：Alternativebusinessfunding. co. uk

---

① 数据来源：http://www. altfi. com/。

② 参见 http://www. wtoutiao. com/a/389829. html。

③ 数据来源：Alternativebusinessfunding. co. uk。

根据AltFi News公布的数据，2014年5月末P2P借贷机构贷款额已突破15亿英镑，其中近1/3的份额来自2014年。在2013年12月下旬累计贷款量才刚突破10亿英镑大关，这意味着该行业在短短五个月内增长了50%，如果P2P以相同的速度增长，则到2014年年底可达到27.5亿英镑的贷款额，呈现175%的增长速度，这充分显示了该行业显著增长的事实。P2P网络借贷市场集中度高，最大的5家平台占据了P2P借贷市场总额的95%。借贷违约率非常低，多数平台的违约率不足1%。①

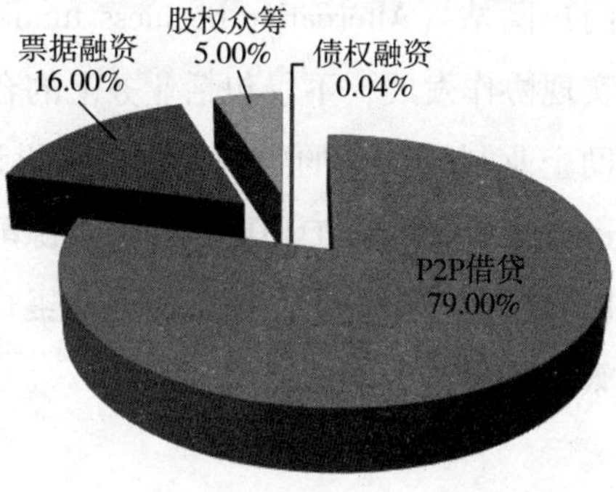

图1-2　2013年英国替代性金融市场细分

数据来源：Alternativebusinessfunding.co.uk

在英国替代性金融的细分市场中，从融资金额来看，捐赠众筹与P2P借贷规模最大；其他融资金额相对较小的细分领域，如票据交易、股权众筹、奖励式众筹都具有较高的增长率。以2013年为例，融资规模最大的是捐赠众筹，达到3.1亿英镑，排在第二的是P2P借贷，融资规模为2.87亿英镑；融资增长率最高的是奖励式众筹，达到382%，其次是股权众筹，达到371%，均具有较快的发展速度。

表1-2　2013年英国替代性融资统计数据

替代性融资类型	2013年英国融资规模	增长率（与2012年比）
捐赠众筹	3.1亿英镑	20%
P2P借贷	2.87亿英镑	107%
P2B借贷	1.93亿英镑	203%

① 参见http://www.unbank.info/page/sid/1/pid/385.shtml。

续表

替代性融资类型	2013 年英国融资规模	增长率（与 2012 年比）
票据交易	0.97 亿英镑	487%
股权众筹	0.28 亿英镑	371%
奖励式众筹	0.205 亿英镑	382%
其他方式	0.05 亿英镑	—

资料来源：AltFi News 报道

在英国替代性金融快速发展的背景下，2014 年英国的 7 家替代性金融公司成立了替代性金融门户网站（Alternative business funding. co. uk），使银行和替代性金融部门真正实现协作发展，不仅包括业务上的合作，还包括多方面资源的交换整合，以帮助企业制订精确的融资计划。如果该计划能够顺利进行，将是典型的帕累托改进：更完善的分工和更合理的资源配置将引导经济更健康快速的发展。由此可以预见，未来替代性金融与商业银行等传统金融领域将有深入合作，会进一步繁荣替代性金融市场。①

中小企业替代融资方案门户网——Alternative business funding. co. uk

7 家英国新型金融公司联合推出了为中小企业提供代替融资方案的门户网站 Alternative business funding. co. uk。其中包括两家目前热门的 P2P 借贷平台 Zopa 和 Funding circle、两家众筹式股权投资平台 Crowdcube 和 Seedrs 以及其他三家非银行金融服务机构。用户可将自己的融资需求输入网站，通过简洁明了的颜色变化快速选择适合自己的融资平台。目前这 7 家机构占据着英国 85% 的替代融资市场，为中小企业提供融资超过 5.8 亿英镑。②

二、征信：英国 P2P 发展的基础

以市场为主导的完善的征信系统为英国 P2P 行业健康发展奠定了基础。英国征信体系经过 100 多年的不断发展，从最初的赊销商合作联盟，到以银行为主要用户，再到最终产生独立的征信机构，形成了典型的市场主导型征信体

① 参见 http://www. unbank. info/page/sid/1/pid/385. shtml。

② 参见 http://01caijing. com/html/p2pjd/1434_2597. html。

系。英国征信业以商业性征信公司为主体，由民间资本投资建立和经营。它们是独立于政府和金融机构之外的第三方征信机构，按照市场经济的法则和运作机制，以营利为目的，向社会提供有偿的商业征信服务。现今，英国征信市场上以 Experian、Equifax、Call Credit、Dun&Bradstreet 和 National Hunter 5 家征信公司为主，形成了个人征信公司（Experian、Equifax 和 Call Credit 等）、企业征信公司（Dun&Bradstreet 等）和信息共享平台（National Hunter 等）三足鼎立的局面。

（一）建立市场主导型的成熟征信体系

作为市场主导型征信体系的典型代表，目前英国的征信机构向全社会提供有偿服务，包括中央银行、司法部门等政府机构以及法人公司、零售商、医疗机构、信用卡公司、金融机构、邮购公司、水电公司、建筑协会等非政府机构。即使是中央银行等政府机构出于监管目，使用征信机构的征信服务，也需要同其他用户一样支付费用。

1. 多样化征信渠道，数据实时更新

英国征信机构的数据采集方式包括与贷款机构签订个人数据共享协议、收集公共信息以及加入诈骗数据库。信用行业确保每个月更新数据，公共渠道确保每日更新数据。对于公共部门，征信机构可以免费采集政府部门和法院的相关信息，但采集邮局的信息时一般要向邮局支付费用。对于私人部门，采集信息是否需要收费，一般由征信机构和信息提供者协商确定。

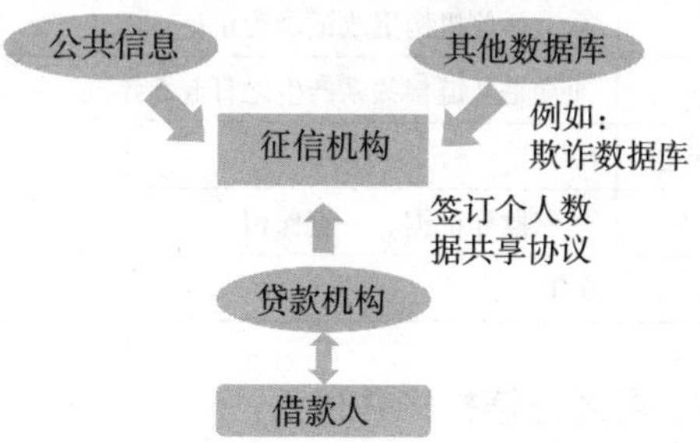

图 1－3　英国征信机构信息采集模式

2. 征信内容全面

英国征信机构采集的信息包括消费者的基本信息和信用信息两方面。消费

者的基本信息即身份信息，通过政府部门和公共机构采集消费者的信息，经处理后用以辨别消费者身份。由于英国没有统一的 ID 号码或类似美国的社会保险号码，征信机构一般从选民册、邮政局等公共部门的数据记录中采集消费者的信息。消费者的信用信息内容覆盖广泛：一是信贷机构等私人部门记录的信贷记录、账户信息等；二是公共部门提供的法院裁决、行政裁决、破产信息等；三是社会组织或协会共享的反诈骗信息等。①

表 1－3　征信数据在个人信用报告中的主要信息类别以及保留的时间②

信息类别	信息种类	保留时间
公共信息	选民信息	不确定
	破产	从破产之日起正常为 6 年，除非破产持续时间超过这一年限
	债务调解协议	从协议生效开始之日起保留 6 年，即使协议已完成，除非安排持续时间超过这一年限
	行政裁决	从裁决做出之日起保留 6 年，即使款项已全部支付
	法院判决	从做出判决之日起保留 6 年，即使款项全部支付，但自判决之日起一个月内支付完毕即可
账户信息	在用账户	关闭前信息始终被采集；关闭后信息保存 6 年
	关闭账户	从关闭之日起保留 6 年
	违约	从违约发生之日起保留 6 年
	自愿协商安排	取决于债权人同意做出安排的期限
其他信息	调查信息	Call Credit 公司保留 2 年，Equifax 和 Experian 公司保留 1 年
	化名信息	视具体情况而定
	关联信息	指导金融（财务）链接关系结束，向征信机构要求解除合伙关系，征信机构更改记录为止
	地址链接	通常是从链接关系产生之日起 6 年
	担保贷款人委员会	6 年
	反欺诈信息系统	如有欺诈证据，一直保留
	迁移未告知	6 年

3. 市场化运营模式，多家征信机构并存

（1）个人征信公司

①Experian。在英国，Experian 公司业务类型包括征信服务、决策分析、

① 参见 http://www.winaaa.com/20263.html。

② 武迪，武传利. 英国个人征信业调查及对我国的启示[J]. 金融纵横，2009(8).

营销服务和消费服务等，涉及领域包括政府部门、金融服务、电信、医疗保健、保险等。2014年度①，Experian公司在英国和爱尔兰地区营业收入9.44亿美元，占公司全球总收入的20%，收入年增长率7%②。Experian公司在英国和爱尔兰地区的业务中，征信服务业务收入占总收入的27%，较上年增长3%。在这些地区，传统借贷活动对征信服务依赖性不断增强，银行市场中的新成员发生的借贷业务量快速增长，同时非金融客户也越来越多，这一系列原因直接导致了Experian公司征信服务收入的增长。

表1-4　Experian公司在英国和爱尔兰地区分业务类型收入增长情况

	2013年度营业收入③（百万美元）	2014年度营业收入（百万美元）	年增长率（%）
征信服务	248	257	3
决策分析	206	217	4
营销服务	226	230	1
消费服务	193	240	23
地区总收入	873	944	7

资料来源：《Experian Annual Report 2014》，http：//www.baidu.com/link？url=uflPlmG_8jdjlCsbyrQxF3lhrKn_4WyuloNkwSebUMcP4UTiFVthTdnSqzCheoy9

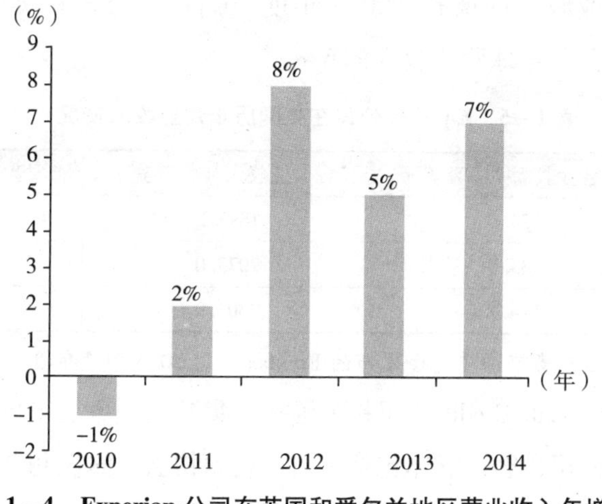

图1-4　Experian公司在英国和爱尔兰地区营业收入年增长率

① 此处指会计年度，英国会计年度从4月至次年3月。

② 其中在英国的营业收入为9.36亿美元，爱尔兰地区的营业收入不足公司总收入的1%。

③ 此处收入和增长率均按照固定汇率来计算。

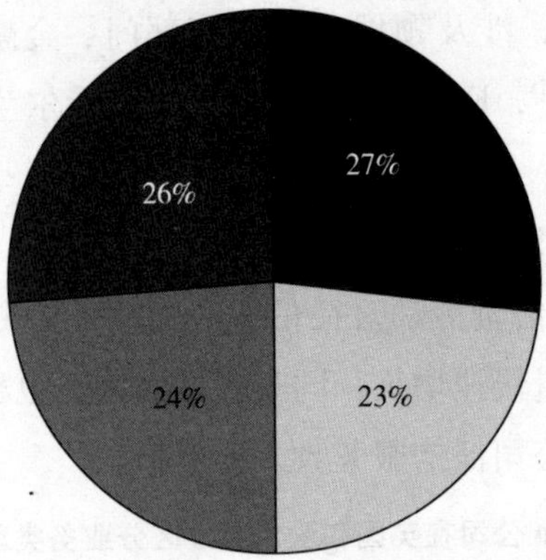

图 1-5　Experian 公司在英国和爱尔兰地区各业务类型对收入的贡献率

②Equifax。Equifax 公司的全球业务主要分为三大地区：北美（美国和加拿大）、欧洲（英国、西班牙和葡萄牙）和拉丁美洲（阿根廷、智利等）。在英国，Equifax 公司的核心业务如征信报告等要接受英国金融行为监管局（FCA）的监管。在英国，提供个人解决方案和向纵向市场提供消费信用信息等业务带来了营业收入的增长。2013 年度，Equifax 公司在英国营业收入达 1.44 亿美元，占公司全球营业收入的 6%。

表 1-5　Equifax 公司在英国历年营业收入情况

年份	英国营业收入（百万美元）	全球营业收入（百万美元）	英国营业收入占比（%）
2011	124.1	1893.2	7
2012	133.5	2073.0	6
2013	144.7	2303.9	6

数据来源：美国证券交易委员会发布的 Equifax 公司 2013 年度年报

③Call Credit。Call Credit 公司是英国一家集数据业务、市场营销和征信服务为一体的信息公司，客户群体包括银行、建筑协会、融资租赁公司、邮购公司、保险公司、电信公司、零售公司、公用事业单位以及律师或会计师事务所等。其主要业务在英国，在澳大利亚、墨西哥等全球其他国家也开展相应业务，业务范围涵盖征信、市场营销、个人消费者服务等。

2013 年，Call Credit 公司总收入 1.26 亿英镑，收入年增长率超过 10%，实现毛利润 2680 万英镑。其中征信报告、征信评分和警示报告等产品表现突出，新的技术手段在 2014 年也将投入应用，有望带来更广阔的客户群体。

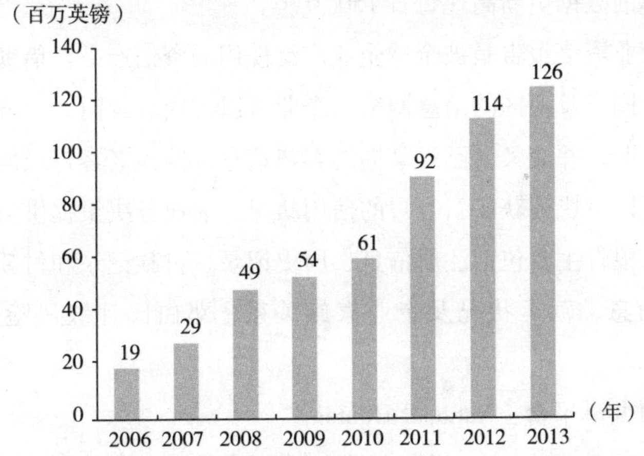

图 1 -6　Call Credit 公司历年总收入

资料来源：Call Credit 公司 2013 年度年报

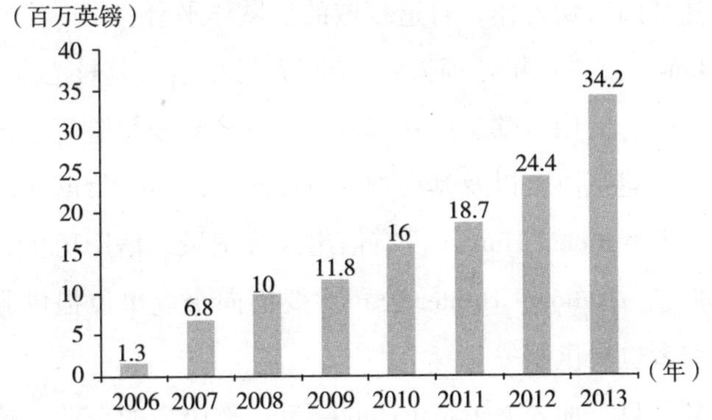

图 1 -7　Call Credit 公司历年毛利润

（2）企业征信公司：Dun&Bradstreet

Dun&Bradstreet（以下简称邓白氏）公司创立于 1841 年，是全球领先的商业信息及专业洞察力的源泉，致力于帮助企业做出商业决策。在邓白氏全球商业信息数据库中，已收录超过 2. 25 亿家企业的档案，全球超过 10 万家知名企业正在通过邓白氏的解决方案制定商业决策。2013 年邓白氏公司全球主营收入 16. 55 亿美元，较上年略有增长。

邓白氏公司收集来自全球多达 214 个国家、95 种语种或方言、181 种货币单位的商业信息。同时，为确保信息的精确性、完整性、及时性和跨领域的一致性，数据库的数据更新高达每日 150 万次。

邓白氏商业资信报告是被全球企业广泛使用的资信产品。借助邓白氏覆盖全球两百多个国家及地区的信息网络，企业可以方便、及时、全方位地了解其客户的资信状况，并交叉自己已掌握的客户信息，监控老客户或问题客户的风险变化，还可以最快地获取新客户的信用状况，为业务决策提供信息支持。邓白氏商业资信报告主要包括注册信息、历史记录、付款记录和付款指数、财务信息、公共信息、营运状况及企业家族关系、邓白氏评级风险指数和行业标准。

（3）信息共享平台：National Hunter

National Hunter 公司成立于 1993 年，是一家独立的非营利机构，旨在防止对银行、保险等行业进行欺诈，并对受害人进行保护。National Hunter 公司致力于促进所有的相关机构共同合作，从而公平、准确、高效地共享数据，同贸易、监管和执法部门密切合作，打造权威的反欺诈平台。

National Hunter 公司每年处理大约 2700 万份申请，其核心业务包括抵押、现金账户、信用卡、信用贷款、摩托车和资产融资以及保险等。该公司持有申请人提供给银行、建筑协会以及其他加入 National Hunter 反欺诈协会的金融服务单位的信息。但 National Hunter 没有信用评分记录、信用历史、法院判决记录和选民名册信息。National Hunter 公司主要面向企业单位提供服务，但对有需求的个人消费者也提供服务。

①企业服务。只有加入 National Hunter 反欺诈协会的企业单位才可以享受会员服务。所有会员必须签订《National Hunter 会员协议》并遵守运营规程，在这些文件的要求下提交相应数据信息并在会员间共享。

②个人服务。如果个人消费者有获取信用信息的需求，须先向 Call Credit、Equifax 或 Experian 三家公司中的一家获取自己的信用记录来判断是否需要向 National Hunter 寻求进一步的帮助。如果是，可以通过官方网站进行申请。

（二）创造了严格规范的征信监管法律环境

英国市场化征信体系的运转以严格规范的监管法律环境为保障。依托完善的法律法规并以国际公约作为补充，相应的监管机构和组织从信息采集、处理、使用和反欺诈等方面对征信行业进行全方位督导，为征信市场正常运行提供服务。

1. 英国征信体系适用的核心法律法规

英国征信体系的法制化建设渗透到征信运转的每一个细枝末节，在征信信息的采集、处理、披露、转移和安全保障等各个方面制定了严格规范的法律法规，形成了以《消费信用法》（1974）、《数据保护法》（1998）、《信息自由法》（2000）、《保密和电子传输条例》（2003）、《环境信息条例》（2004）和《消费者信用监管规定》（2010）等法律法规为核心的法律环境，使征信业在法律的约束下有序经营。

（1）以信息安全为前提的市场准入机制：《消费信用法》（1974）对征信机构设定了准入条件，并对高管人员资质和业务能力水平做出规定，同时要求全面保障信息安全，根据准入条件审批并颁发许可证。《数据保护法》（1998）规定，境外机构在英国采集个人数据必须通过设立英国分支机构的形式。若将个人数据转至欧洲经济区以外的国家和地区，该国家或地区须采取相应的数据保护措施。

（2）以知情自愿为基础的信息采集原则：《数据保护法》（1998）规定了征信信息的采集原则：一是必须公平合理地获取个人信息，必须征得数据主体的同意，不允许以欺诈手段获取信息；二是只允许在声明的目的范围内采集、持有和使用信息，不得超出该范围；三是除特殊情况外，敏感数据不能作为采集范围。

（3）以协议共享为制约的信息使用途径：征信信息披露。《数据保护法》（1998）规定，当个人数据向第三方披露时，必须经过数据主体的同意。在没有获得数据主体同意的情况下，只能在司法机关等部门有特殊需求时征信机构才允许提供。

商业银行使用征信信息。《消费者信用监管规定》（2010）要求，在批准信贷或者大量增加信贷之前，债权人必须评估借款人的信誉，而且必须从借款人和征信机构获得充足信息后才能进行评估。商业银行可以与借款人签订信息共享协议，使用和共享数据。

消费者查询本人信用信息。《信息自由法案》（2000）规定，消费者有依法向任何一家征信机构索取本人信用报告的权利。

2. 英国征信体系适用的国际性公约

英国的征信机构还需要遵守《欧盟数据保护法令》（1995/46/EC）、《欧盟消费者信用法令》（2008/48/EC）、《个人数据的隐私保护和跨国界流动的指导原则》（1980）等国际性公约。这些公约要求欧盟成员国必须加强个人数据的隐私保护和跨界流动。

3. 英国征信体系的监管机构

英国适用征信体系的主要监管机构包括英格兰银行、信息专员办公司、公平贸易办公室以及信息委员会等部门。监管部门旨在为征信市场正常运行提供服务，不得直接干预征信机构的经营活动。在政府主导的监管机构之外，还有市场自发形成的其他监管机构或组织，对政府监管范围形成有效补充。

（三）为 P2P 行业良好发展创造了优质市场环境和制度保障

英国的征信体系对征信信息的采集、加工处理、使用等各个环节进行全面保障，市场化运行使得提供的信息具有广泛性、准确性、低成本等特点，且具有良好的监管环境，这促使英国的 P2P 网贷公司得以安全、低成本运行，为 P2P 网贷行业快速、稳定发展创造了优质的市场环境和制度保障。

1. 保障 P2P 平台安全运行

P2P 网贷公司要实现安全运行，必须保证平台的低坏账率。P2P 网贷公司面对的借款人以小微企业和个人消费者为主，这两类客户群体的信用信息难以像大型公司那样通过财务报表快速、准确地获得。在英国，征信体系对全社会形成有效覆盖，个人的法院判决、行政裁决、债务等信息由市场化的征信机构收集、处理后形成征信产品供 P2P 网贷公司付费使用。此类征信产品的信息来源广泛，再经专业征信机构通过科学的计量模型处理，信息具有很强的科学性，可用于对借款人的资格审查，为控制低坏账率提供了保障。

2. 降低了 P2P 平台的征信成本

P2P 网贷公司的风险控制是其工作的核心内容，若采取自发的线下调查模式对借贷人进行资格审查，需要极高的成本。在英国市场化的征信体系下，由专业的征信机构将借款人信用信息打包成产品，供 P2P 网贷公司付费使用，为大幅降低其征信成本提供了市场条件。

第二章　英国 P2P 行业现状及特点

2005 年 3 月英国乃至全球第一家专注于个人贷款业务的 P2P 网络借贷平台 Zopa 在伦敦成立，P2P 网贷行业的帷幕就此拉开。英国作为 P2P 行业的起源地，在近十年的发展历程中，不断探索适合本国实际情况的发展道路。2012 年 P2P 网贷公司的数量迎来了暴发式增长，2014 年英国金融行为监管局（FCA）颁布了《关于互联网众筹及通过其他媒介发行不易变现证券的监管方法》（*The FCA's Regulatory Approach to Crowdfunding over the Internet and the Promotion of Non－readily Realisable Securities by Other Media*，PS14/4），自此英国 P2P 网贷行业的发展得到了专门监管法规的监管，这对于未来 P2P 网贷行业的健康、可持续发展影响深远。

一、英国 P2P 行业概况

英国 P2P 行业经过十年发展历程，已经形成稳定有序的发展格局。2005 年后的十年内，英国 P2P 行业总体上呈现稳定、有序的发展状态，目前 P2P 网贷平台的总数共有 30 家左右。2013 年，英国 P2P 网贷规模达到 4.8 亿英镑，较 2012 年增长 150%。2013 年平台上个人借款为 2.87 亿英镑，较 2012 年增长 126%；企业借款为 1.93 亿英镑，较 2012 年增长 211%①。

2011 年 3 月，Zopa、RateSetter、FundingCircle 三家领头 P2P 公司自行成立了行业自律协会 P2PFA（Peer to Peer Finance Association），包含 8 位成员。

据行业自律协会 P2PFA 报告显示，截至 2014 年第一季度末，英国 P2PFA

---

① 数据来源：http://www.financialnews.com.cn/yw/gd/201406/t20140616_57605.html。

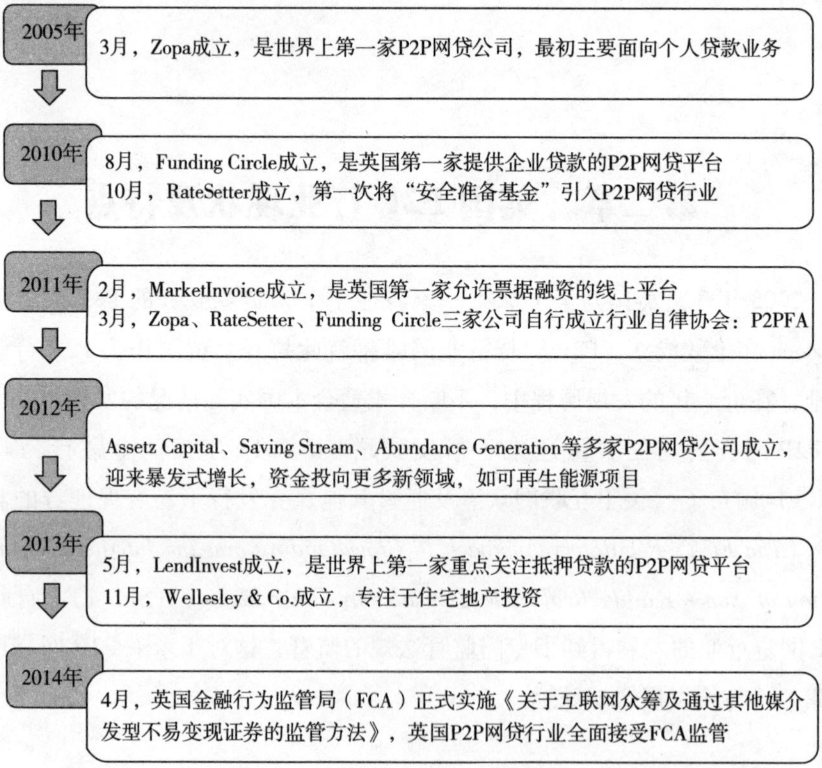

图 2-1　英国 P2P 行业发展历程

协会成员累计贷款 12.07 亿英镑，是 2013 年同期 4.91 亿英镑的 2.45 倍。从 2010 年 4 月至 2014 年 4 月，P2PFA 成员累计贷款额得到不断提高，其中 2014 年的增长率达到了 145.82%，显示出 P2P 网贷行业保持着较强劲的增长势头和发展潜力。①

表 2-1　2014 年第一季度 P2PFA 成员贷款数据

	个人消费者	企业	合计
累计贷款（百万英镑）	704.9	502.4	1207.2
新贷款（百万英镑）	115.8	131.5	247.4
当前贷款人数量（人）	62823	31616	94439
当前借款人数量（人）	82208	5169	87377

资料来源：p2pfinanceassociation.org.uk

① 参见 http://www.shuixiangu.com/article-605019-1.html.

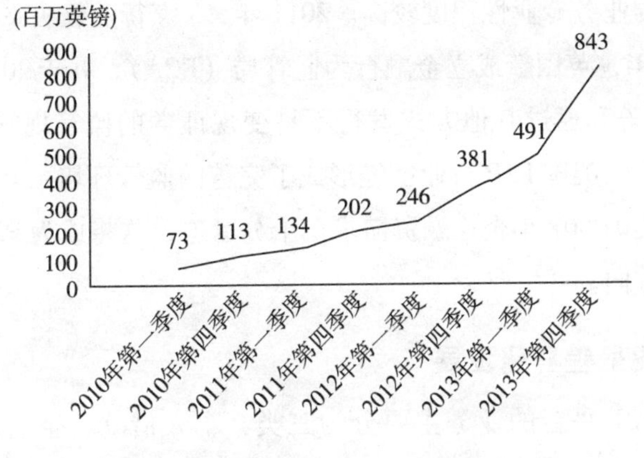

图 2-2　2010—2014 年 P2PFA 成员累计贷款额

资料来源：p2pfinanceassociation. org. uk

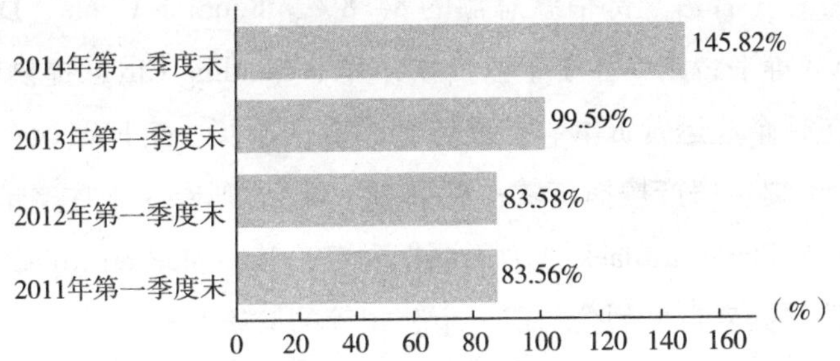

图 2-3　2011—2014 年 P2PFA 成员累计贷款增长率

资料来源：p2pfinanceassociation. org. uk

与美国和中国 P2P 平台的投资者收益率相比，英国 P2P 投资者收益率偏低。以网贷市场前三大平台为例，Zopa 的 3 年和 5 年期收益率分别为 4% 和 5.2%，Funding Circle 平均收益率在 6.1% 左右，RateSetter 的收益率最高为 6.1%；均低于美国 Prosper 的 8.89% 和 Lending Club10% 左右的回报率，远低于中国 P2P 平台平均 10% 以上的投资收益率。

二、英国 P2P 行业的发展特点

英国作为 P2P 行业的发源地，自发展以来一直保持了很好的态势。一方面，其作为解决中小企业融资难题的重要渠道，得到了英国政府的大力支持；另一方面，P2P 平台也得到了较为充分的发展，形成了差异化的业务发展模式，且各平台的业务专业性程度较高。2011 年，3 家行业领头平台成立行业自律协会。2013 年，英国新成立金融行为监管局（FCA），并于2014 年3 月出台《关于互联网众筹和通过其他方式发行不易变现证券的监管规则》，对 P2P 行业进行专门监管。英国 P2P 行业已经形成了完善的监管环境，其业务模式也已经相对成熟。英国的中小企业融资需求仍十分紧迫，这将成为 P2P 行业未来拓展业务的重要方向。

（一）行业呈差异化发展

目前英国 P2P 平台的业务主要分为三类：个人借款、企业借款和票据融资，且各平台的业务专业性程度较高。例如 Zopa 和 RateSetter 专注于个人贷款，其中 Zopa 平台排名前三的借款用途分别为个人的汽车消费、家居改善和偿还已有债务，三者占全部借款总额的 84.8%。Funding Circle、LendInvest 和 Wellesley & Co 等平台则专注于企业贷款，其中 Funding Circle 提供广泛用途的商业贷款，包括企业运营资本、扩展资金、资产购买、房地产融资等；LendInvest、Landbay 提供房产按揭贷款；Wellesley & Co 则专注于住宅地产的投资；MarketInvoice 和 Platform Black 致力于票据融资，其中 MarketInvoice 要求借款人提供的应收款票据来自大型公司或上市公司等的蓝筹客户。

表 2-2　英国四家 P2P 平台对比

平台名称	Zopa	RateSetter	Funding Circle	MarketInvoice
借款方式	个人借款	个人借款	企业借款	企业票据融资
借款总金额（百万英镑）	817	587	603	373
单次借款数额（英镑）	1000~25000	500~25000	5000~100 万	1000~100 万
借款期限（年）	1~5	0.5~5	0.5~5	≤0.5
借款利率（%）	6.3~17	平均6.6	7.9~12.5	—
投资人条件	年满 18 周岁的个人，不能拥有《消费者信贷许可证》	年满 18 周岁且拥有英国的银行账户	—	1. 资深投资人 2. 高净值个人 3. 企业和机构投资人
收益率	5 年5% 3 年3.9%	2.6%~5.9%	平均6.5%	10%~20%
是否有安全准备基金	有	有	无	无
是否有担保	无	无	有	有

续表

平台名称	Zopa	RateSetter	Funding Circle	MarketInvoice
风险控制	分散投资，对借款人进行风险评级	分散投资，对贷款人进行信用评级，确定可贷款数额	1. 企业成立两年以上 2. 对借款企业进行五个等级的风险评级 3. 引入机构投资者 4. 分散投资 5. 引入银行业务，与银行合作合作借款	分散投资，平台管理票据应收款账户，票据逾期未付款则由借款企业回购票据
坏账率（%）	0.25	0.69	1.40	0.04

注：数据截至2015年4月20日，来源于各平台官方网站

（二）信息中介平台与多样化风控

平台仅作为信息中介，收取少量的管理服务费用。英国作为P2P行业的起源地，现已经历10年的发展。P2P平台本身是为投资人和借款人提供沟通渠道的信息中介。P2P平台将贷款人的身份和信用报告等信息提供给资金出借人，由双方直接达成协议，从而资金出借人获取贷款利息。在整个借款的过程中，平台只收取一定的管理服务费用，不会出现借助借出和借入利差赚取利润的行为。英国各P2P平台都有借款计算器，借款人只需登录平台官方网站，输入借款金额及借款期限，即可大致计算出向投资人支付的定期还款金额及借款服务费用，投资人管理服务费用则从定期还款中按一定比例收取。

平台具有多样化的风控方式降低投资人风险。英国P2P平台控制投资风险的方式有分散投资、抵押担保、风险准备金和保险。英国P2P平台强调投资者分散投资，平台根据外部信用评分和内部借款历史对借款人进行风险评级，提示投资人进行组合投资，将资金分散投给不同的借款人，降低借款人违约风险。

Funding Circle的担保借款和LendInvest、eMoneyUnion等平台的全部借款都有抵押物进行担保，Market Invoice要求借款人在应付款企业未按期付款时回购票据，投资者利益在很大程度上得到保障。Zopa和RateSetter设立了风险准备金保障投资人资金安全，当出现坏账时，以准备金支付投资者的本金和利

息。Lending Works 采取了准备金和保险双重政策来防止逾期还款和违约贷款，其中，保险由英国本土保险公司提供，应对极端风险如重大负面经济事件，为投资者提供本金保障。

表 2-3 平台的多种风控方式

风控方式	平台
分散投资	所有平台
抵押担保	Funding Circle、Lend Invest、eMoney Union、Market Invoice、Landbay
风险准备金	Zopa、RateSetter
风险准备金+保险	Lending Works

（三）行业自律+政府监管

英国作为 P2P 网贷的发源地，最早将 P2P 网贷行业划分在消费者信贷市场，由英国公平交易局（OFT）监管 P2P 行业，P2P 企业须取得《消费者信贷许可证》并遵守《消费者信贷法 1974》等既有的相关法律条例。2011 年三家领头 P2P 网贷公司成立行业自律协会（P2PFA），制定了十项协会法则并获得了英国政府的认可，这在整个行业的规范、良性竞争和消费者保护方面起到了很好的促进作用。

2013 年，英国新成立金融行为监管局（FCA），FCA 于 2014 年 3 月出台《关于网络众筹和通过其他方式发行不易变现证券的监管规则》，并于 4 月 1 日起正式实施，这是英国乃至世界首例针对 P2P 网贷行业的监管规则。监管规则对 P2P 平台的最低运营资本提出了要求，强调信息披露，要求平台定期向 FCA 报告相关审慎数据、客户资金情况等信息，同时限定无经验投资者的投资额度，最大程度规范 P2P 平台运营和保障投资者权益。

（四）政府的大力支持

20 世纪 70 年代以来，英国政府开始高度重视和鼓励中小企业的发展，推行了一系列中小企业扶持措施，刺激中小企业的创立和发展，尤其在融资方面多有建树。政府通过提供贷款担保，设立金融公司、专项优惠贷款、多个贷款基金项目（包括小企业贷款担保方案、地区风险资本基金、英国高科技基金、SBS 商业孵化基金、早期成长基金、凤凰基金等），以税收的减免激励民间资本投资等方式，积极推动中小企业多元化融资。

自 2008 年金融危机之后，在下行的经济环境中，英国的小微企业从银行获得贷款的难度大大增加。一方面，银行将小微信贷视为风险较高的信贷类型，审批非常谨慎。另一方面，小微企业解决了英国 60% 的私营部门的就业，促进小微企业发展对英国经济的发展至关重要。因此，小微企业融资难是令英国政府颇为头疼的一个问题。英国政府创造性地和 P2P 建立合作，探索如何破解小微企业融资难题。

2012 年英国政府向 Zopa 发放 9 万英镑助其运营、发放贷款。2013 年 3 月，英国政府通过“英国金融合伙”计划（British Finance Partnership）在 P2P 平台 Funding Circle 上为 2000 多家小微企业发放了 2000 万英镑贷款。目前英国商业银行圈定了英国三家最大的 P2P 平台：Funding Circle、RateSetter 和 Zopa 作为“英国金融合伙”计划的合作伙伴，这一计划还包括其他类型的借贷平台和基金。2013 年 4 月，英国政府成立了英国商业银行（British Business Bank），该银行专为扶持中小微企业而设，将政府资金投放给中小微企业。2013 年 8 月，英国政府通过在线企业票据融资平台 MarketInvoice 为英国的小微企业投资，单次贷款金额 500 万英镑，借款周期 45 天，全年投资总额可达 4000 万英镑；专注于小微企业贷款的 P2P 借款平台 Funding Circle 分别于 2013 年和 2014 年获得英国政府 2000 万和 4000 万英镑的投资，并由 Funding Circle 自主分配资金。英国财政大臣甚至建议立法，在银行推掉中小企业的贷款要求后，强制他们给中小企业推荐 P2P 或者众筹这种替代性融资平台。[①]

英国政府与 P2P 平台的合作模式设计——以 Funding Circle 为例[②]

英国政府通过 P2P 平台发放小微贷款，如何选择投资标的？如何尽可能避免对合作的 P2P 平台，甚至整个金融市场的干扰？以 Funding Circle 为例，可以了解这一模式设计。

首先，政府明确与 P2P 建立此合作的两个目的：一是扩大中小微企业的债务融资规模和类别；二是促进中小微企业融资市场的多样化发展。

其次，政府资金采用“跟进投资”的方式。标的发布之后，先由 Funding

① 参见《英国小微借贷难的“P2P”解法》，http://money.163.com/14/0815/03/A3LKOVLM00253B0H.html. 访问时间:2014 年 8 月。

② 参见 Funding Circle 平台官方网站(https://www.fundingcircle.com/businesses#)的相关介绍。

Circle平台上的多个注册投资者竞标、投标。标的规模为5000英镑~100万英镑，平均每个投资者的金额为6000英镑。等募集资金达到90%且平均利率已经确定时，政府资金方才介入，按已确定的平均利率投资最后10%的资金。按照Funding Circle的规则，若标的发布后在约定时间内募集金额不足90%，则该标的募集失败，已募集资金返还给投资者。实际上政府资金支持了Funding Circle上所有的成立标的。

最后，政府对借款者的信用、活动和Funding Circle的流程不做任何背书、推荐或担保。政府的投资与其他私人投资者承担同样的风险。英国商业银行和其他相关政府部门也完全不介入Funding Circle的运营。①

① 参见http://business.sohu.com/20140814/n403450212.shtml。

第三章 英国 P2P 行业的发展趋势

总体来说，英国的 P2P 行业具有较好的政策环境，英国政府对 P2P 发展始终保持积极支持的态度，因为 P2P 行业能够有效解决中小企业的融资难题，为消费者提供个性化的融资服务，对传统金融系统进行有效补充。通过对英国 P2P 行业的发展背景、现状及典型模式的观察总结，可以判断未来英国 P2P 行业的发展趋势。

一、继续加深与传统银行的合作关系

未来，P2P 行业会进一步加深与商业银行等传统银行的合作关系，优化合作模式，一方面是由于 P2P 平台的业务模式能够与传统银行进行有效互补，合作帮助全国的中小企业发展；另一方面也源于近年来英国政府对发展替代性金融的大力支持。

2014 年 6 月，英国 Santander 银行宣布，开始将客户介绍给专门从事企业贷款的 P2P 网站 Funding Circle，共同解决中小企业融资难题；在此之前，总部位于旧金山的联合银行刚刚与 Lending Club 合作出售其部分个人贷款。这项交易获得了商务部长 Vince Cable 的批准，他提出希望看到更多银行跟随加入，使这个标准惯例适用于所有大型银行。①

同时，英国政府向来重视替代性金融的发展，英国财政大臣甚至曾建议立法，强制银行在拒绝中小企业的贷款要求后，必须向他们推荐 P2P 网贷或者众筹这种替代性融资平台②。在替代性金融快速发展的背景下，2014 年英国 7 家替代性金融公司成立了替代性金融门户网站（Alternative business funding. co. uk），使银行和替代性金融部门实现真正的协作发展，不仅包括业务上的合作，还包括

① 参见《Santander 在英首开银行与 P2P 借贷网站合作先河》，http://www. weiyangx. com/42767. html。

② 参见《P2P 平台就不能做企业贷款吗》，http://www. wangdaitiandi. com/news/show/5950。

多方面资源的交换整合，以帮助企业制订精确的融资计划。如果该计划能够健康进行，则可以通过P2P平台与银行之间更完善的分工和更合理的资源配置，引导经济健康快速的发展。

二、得到更有针对性、更有效的监管

在2013年金融行为监管局（FCA）成立后，《关于网络众筹和通过其他方式发行不易变现证券的监管规则》也于2014年3月出台，这有利于改善行业良莠不齐的现象，一些粗放式管理的公司甚至会面临倒闭。另外，众筹监管新规则扩大了目前实践中的众筹投资者的范围，有利于行业扩大规模。更为重要的是，这将提供给客户一个更安全、透明和可持续的服务，可以更好地保护消费者权益。未来，FCA作为专门的P2P行业监管机构将进一步深化监管，这将有利于行业健康发展，吸引更多投资者参与。

三、行业规模及影响力进一步扩大

2014年6月，P2P全球投资公司（P2P Global Investments）在伦敦交易所上市，其股票代码是"P2P"。这意味着投资者第一次可以通过上市投资工具参与P2P贷款。该投资信托将从Zopa、Funding Circle及其他行业内快速发展的P2P平台中购买贷款。这扩大了P2P投资人范围，增强了P2P行业的融资规模和影响力。Liberum的分析师作为此次交易中的赞助者、经纪人和配售代理，引用预言表示P2P网贷在十年内将超过450亿英镑的资金规模，行业内其他追随者甚至预期此数字将增长更高①。

同时，随着ISA（英国退休账户）的更多纳入，P2P平台上的投资需求也将快速增长，因为储户也追求在低利率环境下的更高债务回报。若P2P ISA得以实现，意味着从下一纳税年度，消费者可以通过P2P网贷平台投资最高达到15000英镑而无须交税。② P2P ISA将会有助于提供免税的高收益，并且盘活消费者存款。

---

① 参见《"P2P"投资信托在伦敦交易所上市》，http://ijucai.cn/article/201406/1880.html。

② 参见http://www.aiweibang.com/yuedu/1156178.html。

第四章　英国 P2P 行业监管阶段划分

英国通过政府监管和行业自律共同对 P2P 行业进行监管，政府监管由英国金融行为监管局（FCA）负责，侧重于宏观层面，从英国 P2P 行业发展和消费者保护的角度提出要求。行业自律协会 P2PFA 侧重于微观层面，旨在促进、提升、发展、保障和支持英国 P2P 金融行业及协会成员的利益，并推动建立行业有效规范。同时，英国出台了全球第一部 P2P 行业法案，对于未来各国 P2P 监管的设计都具有重要借鉴意义。

一、监管模糊阶段（2005—2013 年）

世界上第一家 P2P 网络借贷公司 Zopa 于 2005 年 3 月在英国伦敦成立，英国自此成为 P2P 网贷的发源地。虽然作为金融大国，英国拥有良好的金融环境和较为健全的金融法律体系，但此时 P2P 行业还处于监管模糊阶段。这既是英国 P2P 网贷平台观念创新化、形式多样化发展的基石，又是英国网上金融贷款公司长久稳健发展的主要障碍。经过多方努力，英国政府逐渐承认了 Zopa 的合法经营性，但由于金融法律和条规还没有覆盖到这一新兴行业，专业的金融监管机构也尚未将其纳入监管对象范畴，P2P 的参与者几乎不受法律法规保障，制约了 P2P 进一步发展。为了获得公众信任，英国的 P2P 行业主动成立了自律组织。

在此阶段，英国将 P2P 网贷行业划分在消费者信贷市场，交予英国公平交易局（OFT）监管，OFT 的主要职责是加强消费者保护与维持商业交易公平竞争，是英国的经济监管机构。主要的监管内容有消费者信贷、反洗钱、房地产业务等。根据消费者信贷市场法规，P2P 网贷公司必须遵从《消费者信贷法 1974》（*Consumer Credit Act* 1974），并且必须按照规定从 OFT 那里获得《消费者信贷许可证》（*Consumer Credit License*）。《消费者信贷许可证》是从事消费者借贷，提供信贷服务、产品，从事辅助性借贷服务活动的机构都需要获得的。

此阶段对 P2P 市场的监管又分为两个时间点①：

2010 年之前，英国 P2P 市场并没有专门的监管机构或专门适用的法律，如 Zopa 拥有公平贸易的信贷许可证，是英国反欺诈协会成员，并向信息专员办公室提交了注册申请，但 Zopa 不受英国金融服务监管局（FSA）的监管。因为 Zopa 经营的 P2P 网贷业务很新，无法被 FSA 纳入现有的任何监管类目。

2010 年之后，卡梅伦政府对英国金融监管体制进行了彻底改革，取消了原来的“三方”（即英格兰银行、财政部、金融服务监管局）管理体制，赋予了英格兰银行维护金融稳定和对其他银行及金融机构进行审慎监管的权力，并取消了 FSA，FSA 审慎监管职能和行为监管职能分别由新设立的审慎监管局（PRA）和金融行为监管局（FCA）负责，且 PRA 和 FCA 在宏观审慎监管方面都接受金融政策委员会（FPC）的指导。针对 P2P 公司，由于其市场规模并没有达到审慎重要性的地步，因此在改革后，FCA 便成为 P2P 行业的主要监管者。

二、监管明晰阶段（2013 年 10 月至今）

2013 年 1—11 月，英国替代性金融市场规模超过 6 亿英镑，其中 P2P 网贷占到了 79%②，成为英国金融市场中不容忽视的一股力量。英国政府宣布，金融行为监管局（FCA）从 2014 年 4 月起对 P2P 行业进行管理，并出台了《关于通过互联网众筹及通过其他媒介发行非易于变现证券的监管方法：对于 CP13/13 的反馈说明及最终规则》（PS14/4），标志着对 P2P 行业的监管进入明晰阶段。

英国 P2P 行业监管法律体系相对完善，在良好的金融政策环境基础上，FCA 发布了行业监管办法，对 P2P 行业进行专门监管，同时依托严格的行业自律法规来弥补法律空白，共同构建 P2P 行业的监管法律体系，为 P2P 行业的健康发展提供了重要保障。

---

① 李雪静. 国外 P2P 网络借贷平台的监管及对我国的启示[J]. 金融理论与实践，2013(7).

② 参见《英国 P2P 网贷和众筹监管新规实施情况及对我国的借鉴》，http://iof. hexun. com/2014 - 04 - 30/164396994. html。

第五章　英国P2P行业监管法律

一、国家金融监管体系宏观引导

英国的金融法制监管起步很早，并逐步进行了一系列的体制改革，现行的金融监管体系较为完善。且英国社会征信体系齐备，为P2P行业发展提供了良好的宏观政策环境。相关的金融法律法规及主要措施如表5-1所示：

表5-1　英国相关金融法律法规及主要措施

序号	法律法规名称	主要措施	年份
1	《2012年金融服务法案》	原有金融服务局（FSA）的职能分拆由审慎监管局（PRA）和金融行为监管局（FCA）两个机构分别承担，FCA承担金融消费者保护职能	2012
2	《新的金融监管措施：改革蓝图》白皮书	金融市场行为监管局（FCA）以保护消费者和提升市场信心为主要责任	2011
3	《金融监管的新方法：判断、焦点及稳定性》白皮书	撤销英国金融服务管理局（FSA），在英国中央银行英格兰银行下新设审慎监管局（PRA），负责对存款类机构、投资银行和保险公司等金融机构进行审慎监管；设立金融政策委员会（FPC），增强宏观审慎层面的沟通协调，强化应对系统性风险的能力；新设消费者保护和市场管理局（CPMA），维持公众对金融服务市场的信心	2010
4	《2009年银行法》	明确规定英格兰银行作为中央银行在金融稳定中的法定职责和所处的核心地位，授权英格兰银行在危机时可以做出必要的反应，提出建立银行业的特别决议机制（SRR），成立金融稳定委员会，强化相关的金融稳定政策工具和相关部门的权限，完善金融赔偿服务计划	2009

续表

序号	法律法规名称	主要措施	年份
5	《改革金融市场》白皮书	成立金融稳定理事会（CFS）以取代原来由财政部、英格兰银行和金融服务管理局组成的三方监管机构，进一步完善和强化金融服务管理局的职能，在加强金融监管的同时进一步促进竞争，提高金融机构风险暴露的透明度，保护消费者的利益	2009
6	《电子商务条例》	包括对网上信息和服务提供者的要求（如要求提供姓名、地址、联系方式、注册机构等）、对网上商品和服务的描述（如注明价格、是否包括增值税和运输费等）、网上发布广告的要求等内容、在线合同订立的原则、在线争端解决以及网上订单取消等内容	2002

二、法律法规专门监管

英国的金融市场行为监管局（FCA）针对 P2P 行业制定了与美国完全不同的策略，不依赖于先期并没有考虑 P2P 行业的老制度，而是重新审视这个新生行业，拟定平衡投资者保护和经济健康发展之间关系的监管制度，出台了《关于互联网众筹及通过其他媒介发行不易变现证券的监管方法》（以下简称《监管方法》），一方面是为了适度地进行消费者保护；另一方面是从消费者利益出发，促进有效竞争。

2013 年 10 月，FCA 发布了《关于众筹及类似行为的监管方法》(CP13/13）的监管意见征求报告。在 CP13/13 的基础上，2014 年 3 月 FCA 正式对外发布《关于通过互联网众筹及通过其他媒介发行非易于变现证券的监管方法：对于 CP13/13 的反馈说明及最终规则》（PS14/4），该政策声明正式确立了英国包括 P2P 网络借贷在内的众筹监管的基本规则。新规则已于 2014 年 4 月 1 日起实施，FCA 计划在 2016 年对监管规则实施情况进行评估，并视情况决定是否对其进行修订。①

① 王钢，钱皓，张晓东. 英国借贷类众筹监管规则及对我国 P2P 监管的启示[N]. 金融时报，2014-06-16.

《监管方法》仅针对借贷类众筹，包括 P2P 模式和 P2B 模式，但不包括投资者购买股票或债券的投资类众筹。《监管方法》包括平台审慎监管资本金标准、客户资金管理要求、客户（投资者）撤销权利保障、信息披露原则、平台的报告要求、纠纷解决机制六项监管原则，具体内容如下：

（一）平台审慎监管资本金标准

《监管办法》按照静态最低资本金和动态最低资本金孰高的法则来对借贷类众筹平台进行资本金约束。静态最低资本金在缓冲阶段（2017 年 4 月 1 日前）为 2 万英镑，其后为 5 万英镑。动态最低资本金则以公司规模为划分依据，按照差额累进制进行计算，具体计算方式如表 5－2 所示：

表 5－2　动态最低资本计算方法

平台借贷金额（英镑）	资本金差额累进率（%）
不超过 5000 万英镑	0.2
超过 5000 万英镑但不超过 2.5 亿英镑	0.15
超过 2.5 亿英镑但不超过 5 亿英镑	0.1
超过 5 亿英镑	0.05

注：例如，2015 年 1 月 1 日，一家借贷余额为 4 亿英镑的借贷类互联网众筹平台按上述要求所需的准备金为 5000 × 0.2% ＋（25000 － 5000）× 0.15% ＋（40000 － 25000）× 0.1% ＝55（万英镑）（大于 2 万英镑）

（二）客户资金管理要求

《监管办法》对客户资金从两个方面做出了具体要求：一是若借贷类众筹平台破产，对于投资者通过平台借出的尚未到期的资金，平台仍负有继续管理义务；二是借贷类众筹平台持有的客户资金须独立存管于银行，并承担对存于银行的客户资金尽职调查的义务。对于中大型平台（持有客户资金高于 100 万英镑），需要对客户资金配备专职人员进行 CASS 管理，对于小型平台（持有客户资金低于 100 万英镑），由管理层人员进行管理。

（三）客户（投资者）撤销权利保障

《监管办法》保障了客户（投资者）的撤销权利。投资者有权在与借贷类众筹平台签订出借资金协议后的 14 天内解除合同，且不需要提供理由或受到损失。但若平台包含二级市场，同时投资者可在二级市场上转让借贷权益，投资者就不再享有毁约权利。

（四）信息披露原则

《监管办法》要求借贷类众筹平台须在与客户进行交易之前用大众化的语言就投资产品的收益、风险等向客户披露准确、无误导性的信息。平台须披露两方面的信息：一是平台自身的信息；另一方面是平台产品的相关信息。平台提供的服务信息主要包括：过去和未来投资情况的实际违约率和预期违约率、概述计算预期违约率过程中使用的假设、借贷风险情况评估描述、担保情况信息、可能的实际收益率、有关税收计算信息、平台处理延迟支付和违约的程序等。FCA 强调在信息披露中表明此类借贷协议并不在金融服务补偿计划范围，并且由于风险的不同，禁止直接将借贷投资收益率与存款利率进行比较，或在比较时，充分并显著地揭示两者之间不同的风险特征。基于高水平披露原则，FCA 强调重视风险披露，平台宣传收益时必须包括清楚和显著的相关风险描述，不得隐藏重要的信息和警告，不得作不恰当的比较。平台的上述信息必须在平台提供服务和客户从事交易之前的合适时间提供。

（五）平台的报告要求

《监管办法》要求借贷类众筹平台定期向英国金融行为监管局（FCA）提供如下报告：

——财务状况报告：包括平台的资产负债表、利润表、资金状况等。

——客户资金报告。

——投资情况报告：上一季度所有借贷的整体投资业绩；按照风险水平或借贷期限分类后的借贷信息，如出借人数量、投资金额数量、无担保借贷比重、新借贷的平均利率、上一季度的平均违约率；平台偿付坏账应急基金的总额及其占借贷余额的比重。

——投诉情况报告：包括已经处理的、尚未处理的、已经赔付的投诉情况。

（六）纠纷解决机制

《监管办法》要求借贷类众筹平台须建立投诉处理程序。FCA 并未对处理程序规定特定的模式，平台可按照其经营模式设置合理的投诉处理程序，使客户的投诉能得到及时、公平的处理。平台收到投诉后，应在八周内进行审查并做出回应。若投诉人不满意其处理结果，可向金融申诉专员服务公司（FOS）再次进行投诉，该机构在职责范围内参考相关法律、监管规定、行业守则等进行处理。

三、行业自律弥补法律空白

2011 年 3 月，Zopa、RateSetter、Funding Circle 三家领头 P2P 公司自行成立了行业自律协会 P2PFA，成员都是具有一定规模的英国 P2P 借贷公司，大约覆盖了英国 P2P 借贷市场 95% 的份额。[①] 协会自行出台了一套严格的法则，以促进高标准的经营行为和消费者保护。同时，协会向政府申请成为合法组织，接受政府的监管。英国政府要求 P2P 行业在遵守政府相关法律、规则的同时，也要严格遵守 P2PFA 所制定的运营法则。这些法则弥补了当时 P2P 行业法律的空白，也是政府出台新法案的制定基础。P2PFA 协会规定的 10 条运营法则涉及高级管理层、最低运营资本、客户资金分离、信用风险管理等多个层面，同英国金融行为监管局（FCA）新出台的监管法规《关于互联网众筹及通过其他媒介发行不易变现证券的监管方法》（以下仅称《监管方法》）相关法规条例进行对比，其异同如表 5－3 所示：

表 5－3　P2PFA 运营法则及与《监管办法》的对比分析

法则内容	P2PFA 协会的 10 条运营法则	《监管方法》对比分析
高级管理层	公司的董事成员必须有一位以上符合金融服务管理局（FSA）规定的认可代理人	《监管方法》未做出要求
最低营运资本	公司最低营运资本取 2 万英镑和 3 个月营运费用两者的较高值	借贷类众筹平台的最低营运资本取 2 万英镑和动态营运资本两者的较高值。动态营运资本根据公司的借贷余额确定
客户资金分离	公司必须将客户资金与自营资金分离，存放在单独的银行账户里，该部分资金账户每年由公司聘请的外部审计进行审查	借贷类众筹平台持有的客户资金须独立存管于银行，承担对存于银行的客户资金尽职调查的义务，并设有人员管理

① 参见《英国 P2P 借贷监管是怎么做的》，http://www.weiyangx.com/96300.html。

续表

法则内容	P2PFA 协会的 10 条运营法则	《监管方法》对比分析
信用风险管理	公司必须用谨慎稳健的政策来管理信用风险，并确保借款者只能在还款能力内进行借款，成员公司必须向相关部门报告其采用的信用管理政策	《监管方法》未做出要求
反洗钱和反诈骗要求	公司要遵循国家反洗钱和反诈骗的政策，建议每位成员加入反洗钱协会（CIFA）和反欺诈服务协会（推荐但并不做硬性要求）	《监管方法》未做出要求
平台报告要求	《协会法则》未做出要求	《监管办法》要求借贷类众筹平台定期向英国金融行为监管局（FCA）提供财务报告、客户资金报告、上一季度贷款信息和客户投诉报告
网络平台管理法规	1. 公司必须在其网站的“合同条款”中清晰注明使用平台的资格、成员注册方法等 14 类信息 2. 公司自身可以成为投资者，但需要向公众公布投资信息，公司自身不能成为借款者 3. 公司要公开投资人的回报率和风险贷款的情况（贷款违约率和逾期贷款情况） 4. 在审核借款人信用状况时，公司只能向个人信用评分公司申请“表面”（soft）浏览	《监管方法》未做出要求
信息披露	公司要对客户就贷款的期限、风险、预期收益、手续费等信息进行正确、公平、无误导性的信息披露。公司进行的宣传须符合英国广告标准局（ASA）的相关规定	借贷类众筹平台须在与客户进行交易之前用大众化的语言就投资产品的收益、风险等向客户披露准确、无误导性的信息。平台需要披露的信息有：过去和未来投资情况的实际违约率和预期违约率、概述计算预期违约率过程中使用的假设、借贷风险情况评估描述；担保情况信息、可能的实际收益率、有关税收计算信息、平台处理延迟支付和违约的程序等
系统建设	成员公司必须确保他们的 IT 系统安全可靠，并与经营业务的规模、复杂性相称	《监管方法》未做出要求
投诉管理	公司应有明确的投诉处理政策，使客户的投诉可以得到有效、及时的解决。公司应告知客户相应的投诉处理政策，并告知客户有权向第三方机构（如 FOS）进行投诉	借贷类众筹平台须建立投诉处理程序。《监管办法》并未对处理程序规定特定的模式，平台可按照其经营模式设置合理的投诉处理程序，使客户的投诉能得到及时公平的处理。平台收到投诉后，应在八周内进行审查并做出回应。若投诉人不满意其处理结果，可向金融申诉专员服务公司（FOS）再次进行投诉

续表

法则内容	P2PFA 协会 10 条运营法则	《监管方法》对比分析
消费者撤销权	《协会法则》未做出要求	投资者有权在与借贷类众筹平台签订出借资金协议后的 14 天内解除合同，且不需要提供理由或受到损失。但若平台包含二级市场，同时投资者可在二级市场上转让借贷权益，投资者就不再享有毁约权利
破产安排	公司须提前对可能的破产情况进行安排，以保证公司停止运营后，借贷合同仍有效且可以得到有序的管理。比如安排第三方管理或请求合并等，破产安排包括：破产期间有效的人力保障，合理的还款募集程序，对投资人的还款程序，客户和经营者的联系保障，必需的审批费用，须服从的法律法规，办公室费用和杂项费用的留抵准备	若借贷类众筹平台破产，对于投资者通过平台借出的尚未到期的资金，平台仍负有继续管理的义务。

英国 P2PFA 对 P2P 公司的 10 条运营法则和英国金融行为监管局（FCA）的《监管办法》既有相同之处，也各有侧重点。P2PFA 的规定更加倾向于关注微观层面，强调平台运营的具体细节，且侧重于关注平台的经营体系。FCA 是从英国 P2P 行业整体发展和消费者保护的角度提出要求，对融资类众筹平台进行监管，其规定更注重宏观层面，关注整个行业。在运营细则方面 P2PFA 做出了更为详细的规定，对宏观层面的《监管办法》进行了有效补充。两者一同维护英国 P2P 行业的有序发展环境。

第六章　英国 P2P 行业监管机构

目前，英国对 P2P 行业的监管主要从行业规范、良性竞争和消费者保护角度出发，由英国金融行为监管局（FCA）和 P2P 行业自律协会 P2PFA“两驾马车”共同对 P2P 行业进行监管。

一、英国金融行为监管局的宏观监管

英国金融行为监管局（FCA）于 2013 年 4 月 1 日正式开始运作，作为独立机构承担金融消费者保护职能。FCA 董事会由执行董事和非执行董事组成，对 FCA 的运作负责，下设审计委员会、风险委员会、薪酬委员会、监察委员会和监管决议委员会，分别代表特定的功能和权力。

FCA 根据不同业务职能设置了多个部门，主要包括①：许可部门，负责审核和批准金融机构的相关申请；监管部门，负责对受 FCA 监管的金融机构进行行为监管；市场部门，确保市场保持稳定、有效率和有弹性；政策、风险和研究部门，负责识别和评估风险并确保 FCA 的政策实施能够保护消费者和消除不合理业务；执法和打击金融犯罪部门，负责调查金融机构和个人在金融业务中的不当行为并采取相应行动，采取措施减少金融犯罪；沟通和国际交流部门，负责在英国国内和国际上建立对 FCA 的理解和信任；运行部门，负责为其他部门提供高质量的信息系统、人力资源和财务等内部运行服务；综合服务部门，负责支持 FCA 董事会及其下属委员会的工作，也负责管理内部投诉机制。

为了实现保证相关市场良好运行的战略目标，FCA 设定了三大操作目标：第一，金融消费者保护目标——确保适度的金融消费者保护；第二，诚信度目

① 王昀，孙天琦. 英国金融行为监管局最新动向及启示[N]. 金融时报，2014-01-27.

标——保护和提升英国金融市场的诚信度；第三，竞争性目标——从金融消费者利益角度出发促进金融市场的有效竞争。致力于将自身建设成为使金融机构能够了解其立场的开放透明的政府机构，成为英国金融监管体系必不可少的重要组成部分。监管内容主要可以分为加强金融消费者保护和大力推进建设有效竞争的金融市场两个方面。①

表 6－1　FCA 监管的主要内容及具体措施

监管内容	具体措施
加强金融消费者保护	1. 制定金融机构履行基本义务的 11 项原则，具体包括：①诚信度；②技能、谨慎和尽职；③管理和控制；④财务稳健；⑤市场行为；⑥消费者利益；⑦客户沟通；⑧利益冲突；⑨建立消费者信任关系；⑩客户资产；⑪与监管者的关系 2. 在所有监管环节始终将金融消费者保护置于核心地位：①在许可环节，确保新进入者不会对消费者形成不可承受的风险，保护消费者免受非许可业务带来的伤害；②在日常监管环节，监管体系分为三个核心：金融机构系统评估框架（FSF）、事件驱动监管和问题与产品监管；③在执法环节，FCA 将对违反规则的金融机构采取强硬和具有意义的行动，以形成足够有效的威慑；④在打击金融犯罪环节，主要职责为反洗钱、打击恐怖主义融资、防止贪污贿赂、保护信息数据安全和防止金融欺诈等
大力推进建设有效竞争的金融市场	1. 整合内部资源，组建世界上第一个专司促进金融市场有效竞争的新部门 2. 全方位收集信息，对不同市场的竞争性进行深入分析和研究 3. 动用所有可利用的权力和资源实现竞争性目标

二、P2P 行业自律协会的微观监管

P2PFA（Peer to Peer Finance Association）由 Zopa、RateSetter、Funding Circle 三家领头 P2P 公司自行成立，对 P2P 行业进行微观监管，目前协会成员有 8 家：Zopa、RateSetter、Funding Circle、Thin Cats、Lend Invest、Madiston Lend Loan Invest、Wellesley & Co. 和 MarketInvoice。

① 王昀，孙天琦. 英国金融行为监管局最新动向及启示[N]. 金融时报，2014－01－27.

第七章　英国 P2P 行业监管效果预估

根据英国《2000 年金融服务与市场法》及《2012 年金融服务法》修正案的要求，监管措施的成本收益分析（CBA）是制定监管新规时必须考虑的因素。因此，FCA 公布新的拟议规则时，必须估算和公布这些规则实施的成本和收益。

一、借贷类众筹监管的成本分析

对于监管机构而言，新规则引发的成本主要包括两部分：一是为满足平台向 FCA 报告要求而进行 IT 系统升级需要的资金，估算最多 50 万英镑；二是处理界定为 CASS 大公司的平台客户资金监管候选人员面对面会谈的成本，估算为 320 英镑。其他监管规则对监管机构预期不会产生重大成本影响。对于借贷类众筹平台而言，其成本主要是满足众筹监管规范要求的支出，其中小公司预期产生的一次性成本和年度成本分别最多为 2.5 万英镑，大公司一次性成本最多为 2.5 万英镑，年度成本最多为 3 万英镑。根据目前英国借贷类众筹行业规模，估算行业总的一次性成本为 60 万英镑，每年持续成本为 65 万英镑。①

二、借贷类众筹监管对投资人的影响

借贷类众筹监管在带来成本的同时，也会增强市场信心，扩大行业规模，出借人、借款人、众筹平台和社会经济将从监管中广泛获益。对于出借人和融资企业而言，由于平台 IT 系统的广泛使用及不依赖物理网点，平台具有固定

① 王钢，钱皓，张晓东. 英国借贷类众筹监管规则及对我国 P2P 监管的启示[N]. 金融时报，2014-06-16.

成本低和交易成本低的优势，能够为出借人和融资者提供潜在的更大回报。对于借贷类众筹而言，这些监管措施有助于降低市场面临的错误定价、平台违约及欺诈风险，能促进市场更为有效的竞争，从而增强市场信心，使得众筹行业相比现在的规模能够吸引更多的投资者。英国一份问卷调查显示，当前有17%的出借人考虑投资P2P行业，而当该行业被监管后，预期投资者人数将增加到26%。结合2012年数据FCA推算，由于监管引发的出借人信心增加，英国众筹市场35000万英镑的年投资规模有望增加到53500万英镑①。

① 王钢，钱皓，张晓东. 英国借贷类众筹监管规则及对我国P2P监管的启示[N]. 金融时报，2014-06-16.

第八章　英国 P2P 平台典型案例

一、Zopa——最早专注于个人贷款业务的 P2P 平台

（一）平台发展背景及现状

Zopa 是英国规模最大的 P2P 借贷公司，成立于 2005 年 3 月，专注于个人贷款业务，借款主要用途为个人的汽车贷款、偿还信用卡贷款和购买家庭必需品消费贷款等。

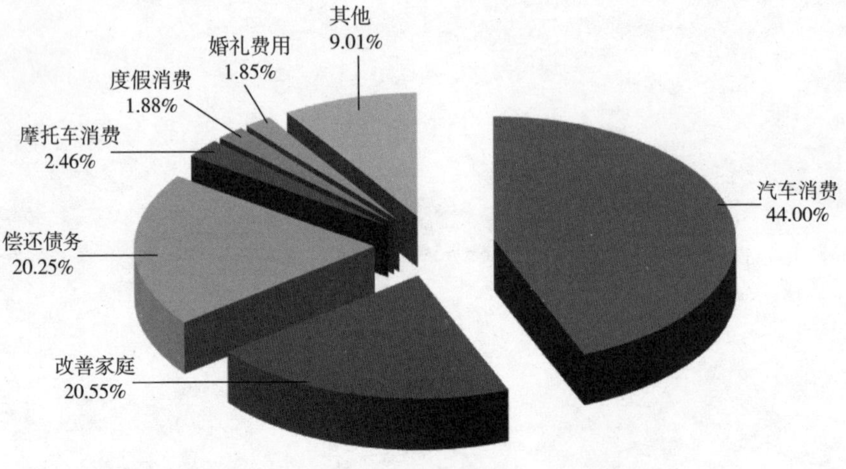

图 8－1　Zopa 的主要贷款用途和贷款金额占比

资料来源：http：//www. zopa. com/

2007 年，Zopa 分公司在美国成立，但由于金融危机的影响，于 2008 年 10 月关闭。2009 年 Zopa 意大利分公司成立。2011 年，Zopa 与英国其他两家大型 P2P 借贷公司 Funding Circle 和 RateSetter 共同成立并加入英国 P2P 金融协会。2012 年，Zopa 获得 Jacob Rothschild（英国老牌银行家族）的融资和英国政府

9 万英镑的投资。2013 年 7 月，Zopa 开始为小微企业提供商业贷款。截至 2013 年年底，Zopa 共获得 3 轮总计 5660 万英镑融资。2014 年 2 月，Zopa 获得对冲基金公司 Arrowgrass Capital Partners 1500 万英镑的融资。

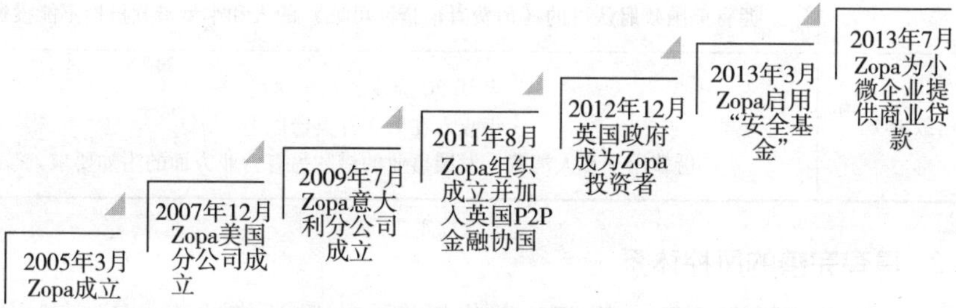

图 8－2　Zopa 发展历史

同时，Zopa 以创新的运营模式获得社会与大众的广泛关注，借贷款总额得到持续增长。至今已为 8 万人提供总额为 6.88 亿英镑的借款，为 5.7 万投资者带来 4200 万英镑的利息收益①。根据相关规定，投资人的投资额度为 500～25000 英镑，借款人每次的借款额度为 1000～25000 英镑，借贷期分为 1 年、2 年、3 年、4 年和 5 年②。

（二）平台的运营模式

1. 具有严格的准入标准

作为世界上第一家 P2P 网贷平台，Zopa 对出借人和借款人都作了明确规定，比如客户实名认证、考察信用评级、强制借款人必须每月按时还款等。同时，还规定出借人必须在 18 岁以上，而借款人则要年满 20 岁。借贷双方还必须有 3 年以上的良好信贷记录。

表 8－1　Zopa 用户准入要求

对象	准入要求
所有用户	在英国有居住 3 年以上的经历，并由相关证明 在英国的信用评级公司有信用记录

① 数据来源：http://www.zopa.com/about。

② 数据来源：http://www.zopa.com/loans/unsecured－personal。

续表

对象	准人要求
投资者①	年满 18 周岁的英国居民 只能投资属于自己的钱 拥有英国政府认可的《消费者信贷许可证》的人和小型借款机构不能投资
借款者②	年满 20 周岁的英国居民 年收入在 1.2 万英镑以上 借款用于私人消费，发展事业的借款另有营业方面的附加要求

2. 具有完善的风控体系

（1）分散化投资：Zopa 强调分散化投资，在默认模式下，Zopa 会自动将投资者的资金按照 10 英镑的单位分成 N 组，按组借给 N 个借款者；当投资者投资金额超过 2000 英镑时，则最多只能被分到 200 个不同的借款者手中。

（2）设置安全基金：Zopa 设置了 Safeguard 安全基金，安全基金来源于 Zopa 对借款者收取的一部分手续费，并交由非营利性的信托机构 P2PS Limited 保管，用于偿还违约者欠投资者的本金与利息，以保障投资者的本息安全，目前安全基金总额超过 600 万英镑③。Zopa 把逾期 4 个月的贷款定义为违约贷款，自 2010 年以来 Zopa 的的历史坏账率为 0.18%，风险管理能力强大。

（3）对借款人进行信用评级：Zopa 依据借款者的信用记录对借款人进行信用评级，将借款者划分至 Zopa 的 6 类借款市场中：A＊、A1、A2、B、C1 和 S，其中 A＊市场借款者信用最高，A1、A2、B、C1 和 S 市场信用度依次降低。S 市场为发展事业的个人借款，由于建立时间较短，市场份额较小。平台投资者虽然无法看到将钱借给了谁，但是可以看到钱借给了哪种贷款市场，风险有多大。

3. 促进借贷双方实现“双赢”

Zopa 平台的收费标准为收取投资者总投资额 1% 的手续费④，收取借款者

① 数据来源：http://help.zopa.com/customer/portal/articles/1103738 - who - can - lend - at - zopa。

② 数据来源：http://www.zopa.com/loans/peer - to - peer。

③ 数据来源：http://www.zopa.com/about。

④ 数据来源：http://help.zopa.com/customer/portal/articles/1103752 - do - i - have - to - pay - a - fee - to - lend - 。

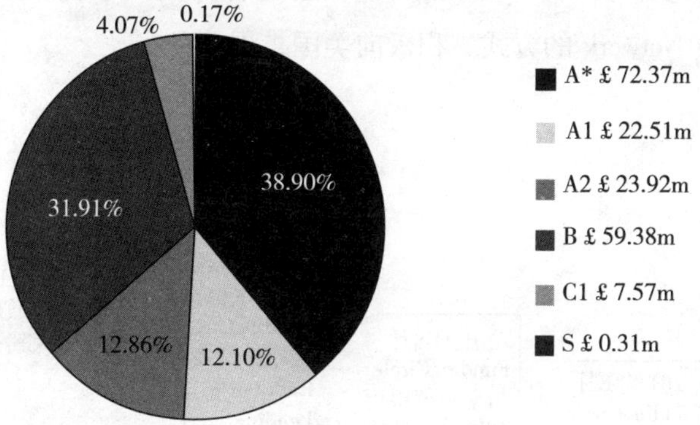

图 8－3　Zopa 各借款市场份额

20～310 英镑不等的手续费。借款者借款利率为 6.3%～17%不等，低于传统银行等金融机构；出借人平均净收益率为 5%①，远远高于银行的存款利率，借贷双方实现了“双赢”。当投资者急需资金取现时，亦可在平台内部转让未到期的借款债权，转让费用仅为未偿还借款金额的 1%②。

二、Funding Circle——面向中小企业的 P2P 平台

（一）平台的发展历史及现状

Funding Circle 成立于 2010 年 8 月，是英国第一个也是最大的主要面对中小企业的 P2P 借贷平台，目前平台共为 5500 家企业促成约 4.53 亿英镑的借款，投资人平均回报率在 6.4%左右③。

2013 年 10 月，Funding Circle 获得由多家风险投资公司提供的 3700 万美元的 C 轮融资，加上之前的两轮，其融资总额达到 5800 万美元。2013 年，Funding Circle 宣布将向 2000 家公司提供 2000 万英镑的小企业贷款，是政府旨在促进经济发展的部分商业金融合作计划。2014 年 2 月，Funding Circle 获得英国政府

① 数据来源：http://www.zopa.com/about。

② 数据来源：http://help.zopa.com/customer/portal/articles/1097445－how－do－i－access－my－money－with－rapid－return－。

③ 数据来源：https://www.fundingcircle.com/。

4000 万英镑的投资。另外，Funding Circle 通过合并美国本土一家网贷平台 Endurance Lending Network 的方式，积极向美国扩展业务。

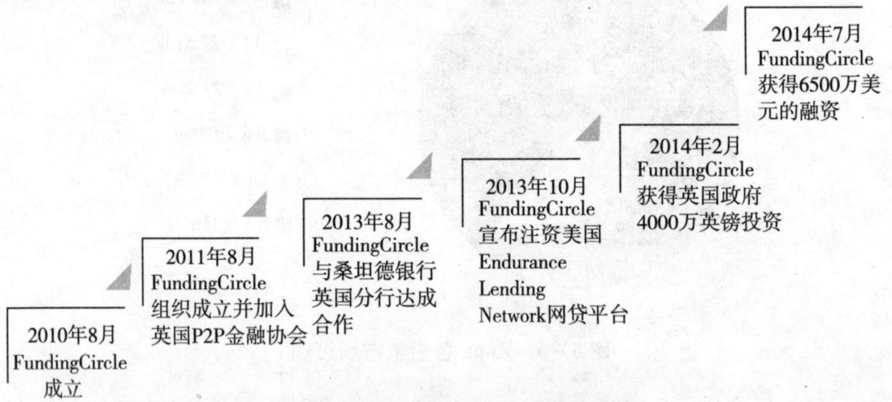

图 8-4 Funding Circle 发展历史

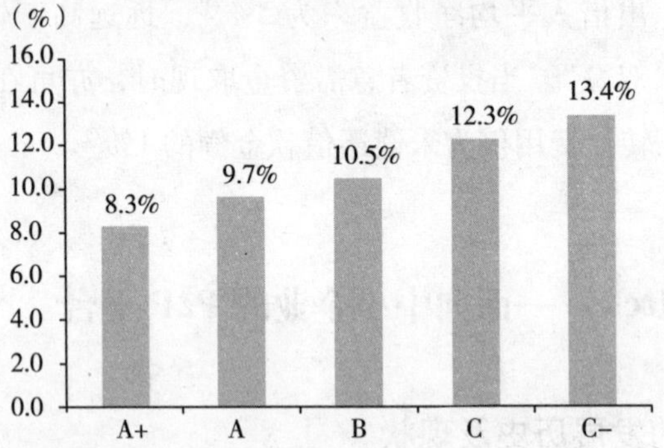

图 8-5 Funding Circle 最新平均借款利率

资料来源：https：//www.fundingcircle.com/statistics

（二）平台的运作模式

Funding Circle 只向成立两年以上的企业提供贷款服务，并拥有一系列灵活的商业贷款。投资人须向平台缴纳出借金额 1% 的服务费用，并从借款人每月的还款金额中扣除；投资者可在平台设置的内部交易市场中转让未到期的债权，转让费用仅为未偿还借款总额的 0.25%①，迄今为止平台上转让的未到期还款的债权金额已达 6500 多万英镑。借款人可通过平台借入 5000 ~ 300 万英镑，同时根据借款周期收取向平台支付一定比例的服务费用。

① 数据来源：https：//www.fundingcircle.com/investors。

表 8－2　Funding Circle 贷款信息

贷款类别	是否有担保	金额（英镑）	借款周期（年）	平台服务费用
信用贷款	否	5000～100 万	0.5，1	2%
抵押贷款	是		2，3	3%
			4，5	4%
资产融资	是	5000～100 万	2～5	5%
地产融资	是	5000～300 万	0.5，5	2%

资料来源：Funding Circle 发布的《A step－by－step guide to borrowing》

为了保障平台上投资者跟借款人的收益，Funding Circle 具有一套完整的风险控制措施，主要包括：

1. 企业风险评级

Funding Circle 拥有一个内部风险模型，风控团队会根据贷款价值和贷款目的，有时还包括个人担保、特定资产或企业全部资产抵押状况，综合机器算法和人工评估对企业进行风险评级，分为 A＋、A、B、C、C－五个等级，供投资者参考，现期平台的坏账率保持在 1.4% 左右。

表 8－3　Funding Circle 不同风险等级下借款坏账情况

	A＋	A	B	C	C－	Total
当期坏账率（%）	0.3	1.2	1.9	1.6	2.6	1.4
预计贷款终期坏账率（%）	1.2	3.1	4.7	6.8	10.7	4.4
预计年度坏账率（%）	0.6	1.5	2.3	3.3	5.0	2.1

资料来源：https：//www. fundingcircle. com/statistics

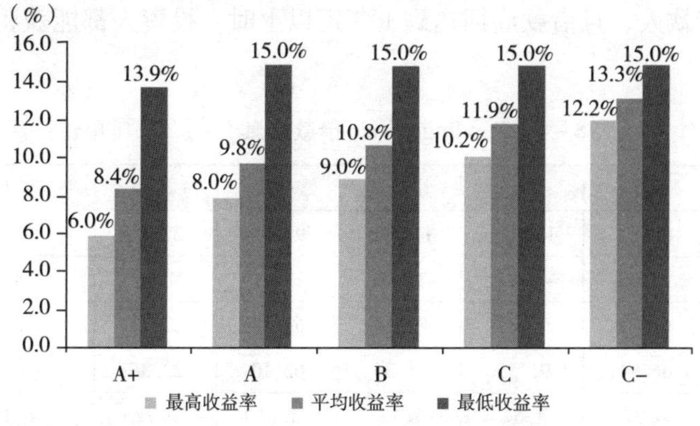

图 8－6　Funding Circle 近期 100 份借款的最低收益率、平均收益率和最高收益率

资料来源：https：//www. fundingcircle. com/statistics

注：图中所示投资者收益均未扣除所得税和坏账

2. 引入机构投资者

随着英国 P2P 网贷市场的发展，Funding Circle 考虑以可持续的方式引进机构投资者。经过对美国 P2P 网贷市场长达 18 个月的观察，Funding Circle 发现引入大型投资者购买整个贷款，有益于整个市场的增长，同时也能在一定程度上保护投资者。2014 年 5 月 1 日，Funding Circle 开始为期一个月的整体贷款测试，测试面向非银行金融机构，并将披露相关信息。

3. 与多家银行进行合作

2013 年 8 月，Funding Circle 与桑坦德银行英国分行进行协商，拟将银行业务引入 Funding Circle。根据协议，全球第九大银行桑坦德银行会带来资金和有资金需求的中小企业，届时部分企业的贷款将由银行出资，另一部分企业的贷款需求则由 Funding Circle 的投资人来满足。2014 年 6 月，Funding Circle 与英国一家高街银行 Santander 达成合作，Santander 会将客户介绍给 Funding Circle，便于寻贷企业快速找到安全可靠的投资。银行与 P2P 网贷平台的相互合作，将更多优质的借款企业推荐给投资人，促使中小微企业得到更多的资金。

4. 强调平台上的分散投资

Funding Circle 强调分散投资。平台针对投资者成立了 100 俱乐部，俱乐部所有成员至少投资 100 家不同的企业，即每个借款企业至多接受俱乐部成员总投资额 1% 的出借资金。通过对客户以往投资数据的分析，平台发现当投资人至少投资 100 个借款人，且借款周期达到 1 年期以上时，投资人都能获得正向的收益。

表 8－4　Funding Circle 借款信息　　单位：百万英镑

	A+	A	B	C	C－	总计
借款总额	85.89	134.26	110.78	94.51	27.88	453.32
已偿还借款	18.56	40.55	35.90	29.41	4.56	128.99
未偿还借款	67.01	91.87	72.15	63.18	22.47	316.69
按期还款金额	66.94	91.55	71.34	62.10	22.36	314.28
坏账	0.27	1.54	2.15	1.51	0.72	6.19
坏账率	0.31%	1.15%	1.94%	1.60%	2.59%	1.36%

资料来源：https：//www.fundingcircle.com/statistics

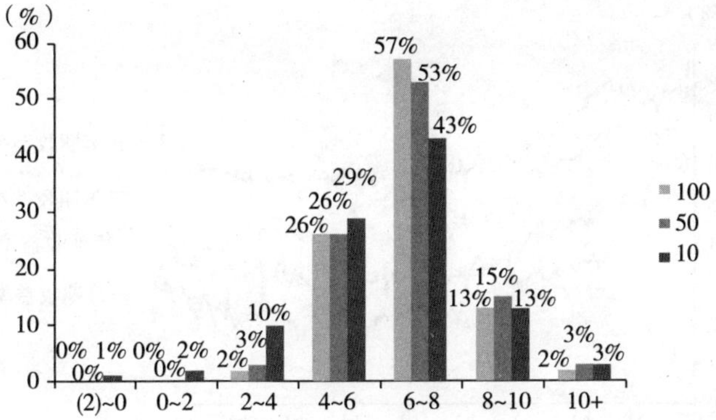

资者分散投资100/50/10以上项目各阶段收益率的人员数量分布对比

资料来源：https：//www. fundingcircle. com/statistics. 数据截至2014年8月18日，访问时间：2014年12月7日

三、RateSetter——最早使用预备基金的P2P平台

（一）平台的发展历史及现状

RateSetter成立于2010年10月，是英国最早使用“预备基金”来保障投资人资金安全的P2P借贷平台。2014年7月，RateSetter宣布英国商业银行将通过该平台发放商用贷款。RateSetter平台借款主要用于汽车贷款、投资活动、改善家庭和大额支出，其中汽车贷款居于首位。投资人最小投资额为10英镑，平均回报率为2.6% ~5.9%；平台对投资人不收取任何费用，投资人只对所获利息自行缴纳所得税。借款人借款金额为500~25000英镑，借款周期为6个月到5年，平均借款利率6.6%。[①]

截至2014年12月，RateSetter累计交易额为4.19亿英镑，预备基金余额为984万英镑，投资者人数超过17835人，平均单笔贷款金额为5520英镑，平均借款期限为29个月；坏账率约0.52%[②]。

---

① 数据来源：http：//www. rateSetter. com/lend/products。

② 数据来源：http：//www. rateSetter. com/lend/products。

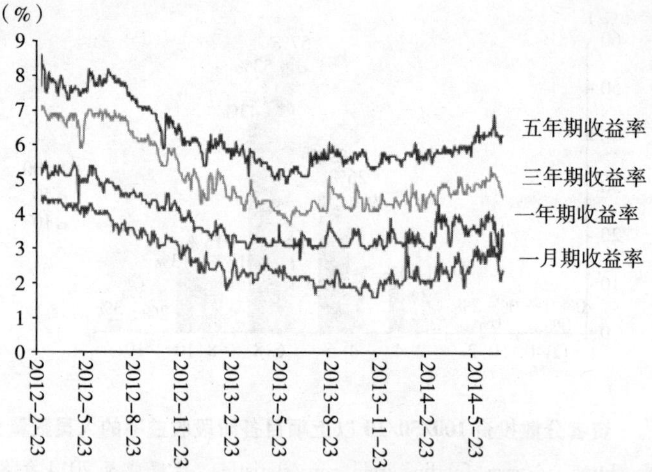

图8-8　RateSetter 投资人历史收益率

表8-5　RateSetter 历年违约率情况

	2010 年	2011 年	2012 年	2013 年	2014 年
实际欠款①	0.000	0.000	0.001	0.006	0.002
预期违约率②	1.400	1.400	1.400	1.540	1.490
实际违约率③	2.093%	0.707	0.974	0.735	0.107

资料来源：RateSetter 官方网站，http：//www.rateSetter.com/lending/lending_performance.aspx

（二）平台的运营模式

实行预备基金账户与平台自有资产完全隔离：在 RateSetter 上，预备基金账户与平台自有资产完全隔离，仅由平台代为管理。它要求借款人在借款时额外缴纳一部分费用，如果出现逾期或坏账，将首先使用预备基金对投资人进行补偿。预备金账户最初由种子基金组成，之后随着借款的增加不断累积。这项费用由借款者的借款额度、借款期限和个人信用档案共同决定，费用将统一转入预备基金账户。如果借款人的风险评分较差，就需要收取较高比例的风险准备金；评级良好，就可以承担较少的风险准备金。RateSetter 对投资者和借款

① 当期欠款超过45天未违约的待付款项占历年未偿还余额的比例。

② 历年预期违约率。

③ 截至目前，当年新增贷款的违约率。

者要求明确，平台严格审核借款者的相关信息，把控借款风险，保障投资者出借资金的安全。

表 8－6　RateSetter 用户准入要求

平台参与者	准入要求
投资人	年满 18 周岁 开立英国的银行账户 不以放贷为主营业务的公司和信托机构也可以参与投资
借款人	年满 21 周岁，有固定收入和良好的信用记录 居住于英国本土，海峡列岛除外 个人用户，不提供商业贷款

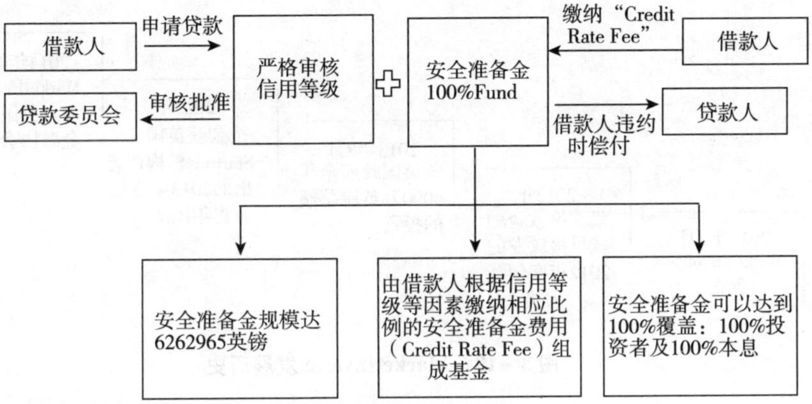

图 8－9　RateSetter 风险控制模式

四、MarketInvoice——企业票据融资的 P2P 平台

（一）平台的发展历史及现状

MarketInvoice 成立于 2011 年 2 月，是一家面向全球投资者的在线企业票据融资平台，撮合持有票据并有融资需求的中小企业和投资者，类似于传统的票据保理或票据贴现业务。其自成立起，用三年时间对近 6000 份的蓝筹应收账款票据还款情况进行追踪，总结出以下结果：56%（3269 张）的票据最终还款日迟于票据规定的还款日期；9.7%（566 张）的票据最终还款日期迟于规定还款日期 30 天以上，且延期支付的票据平均延迟付款周期为 17 天。

2012 年，MarketInvoice 曾获得伦敦金融城早报颁发的年度创新大奖，并荣膺英国 Startups 机构评选出的 2013 年度创业青年团队。2013 年 8 月开始，英国政府通过 MarketInvoice 平台直接投资于英国的小微企业，资额度为 500 万英镑，年度重复投资 8 次，还款周期为 45 天，保证全年在平台投资于小微企业的资金可达 4000 万英镑，已有服装零售、市场营销、软件和电信等行业 10 余家企业获得此项贷款。

迄今平台上的票据融资总额超过 2 亿英镑，2014 年第一季度的借款额高达 5000 万英镑，坏账率为 0.04%，投资回报率为 10% ~20%，企业借款费用为票面金额的 1.125%，票据平均额度为 80 万英镑。2013 年平台累计借款企业数量达到 660 家。

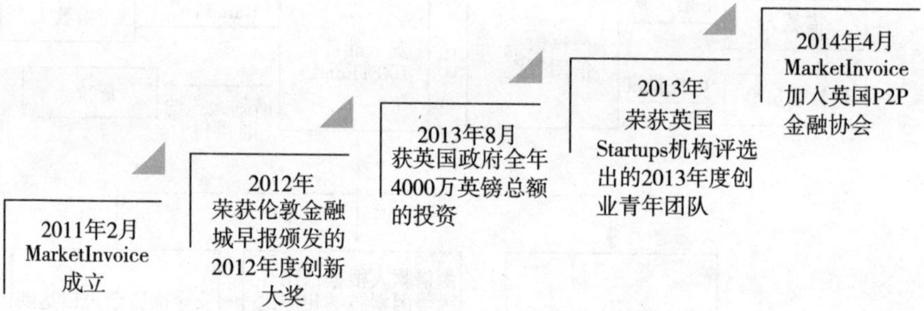

图 8-10　MarketInvoice 发展历史

(二) 平台的运营模式

1. 平台具有严格的准入制度

MarketInvoice 平台的投资者包括个人投资者和机构投资者，但对于个人投资者有着严格的准入要求。

表 8-7　MarketInvoice 投资人标准

参与者	准入要求
资深投资者	自我认证的资深投资者需有处理过票据融资或类似产品的经验，或就职于金融机构。①持有 CFA 证书或其他同类证书的投资人；②票据融资从业人员；③活跃的天使投资人；④私募股权投资者
高净值个人	自我认证的高净值个人需符合以下特征： ①上一财年的年收入达到 10 万英镑以上； ②净资产达到 25 万英镑以上（不包括主要住宅房产，养老保单或权益，或企业或有资产）
企业和机构	无具体要求

2. 应收款票据客户为蓝筹企业

企业要想通过 MarketInvoice 平台融资，需要提供一张或数张来自蓝筹客户（指大型公司或上市公司）的应收款票据给 MarketInvoice，经过审核后票据会进入平台的交易市场出售，企业可以设置直接购买参数：预付款额度（票面价值的比例）、费用（票面价值的一定比例/月）和拍卖期限（通常为两天）。当日票据即可进入实时拍卖，投资者在拍卖期内提交报价（预付款额度和费用）。最终费用最低且预付款额度最高（曾高达 97%）的投资者投标成功。

3. 用户账户与平台自有账户隔离

MarketInvoice 平台用户的账户通过巴克莱银行托管，用户账户将与平台自有银行账户完全隔离，平台只拥有依据标准条款汇出和汇入款项的权利，平台用户在开户后会收到巴克莱银行关于这一点的确认函。票据到期后，应付款企业将还款至以票据应收款企业名义开通的银行账户，但账户由 MI 持有并管理。随后，MarketInvoice 负责计算应收款企业需要向投资者和平台支付的费用，并在扣除预付款和费用后，将余额返还给应收款企业。如票据应付款企业到期（超过规定还款日 60 天）并未还款，应收款企业有义务回购该票据，并返还属于投资者的资金。

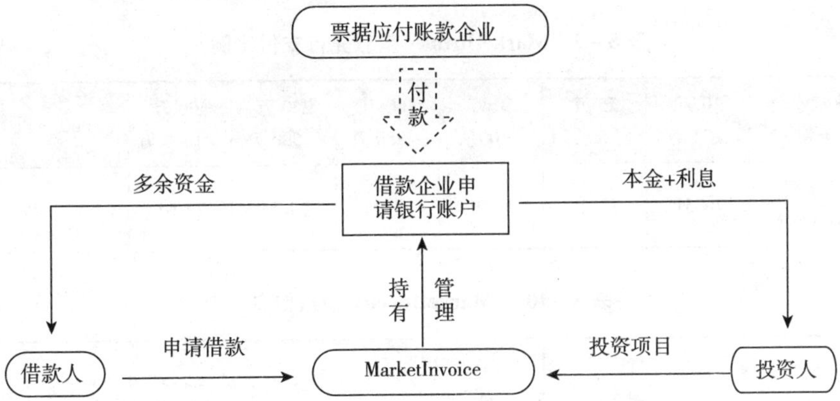

图 8－11　MarketInvoice 还款流程

4. 平台收取较为低廉的服务管理费

MarketInvoice 平台只针对融资票据金额收取一定比例的处理费用和加入管

理费，传统方法中存在的手续费、服务费等潜在费用不再收取。一对多的票据实时拍卖模式保证企业向投资者支付较低的贴现费用，一般为票面价值的0.5%~2.5%。数据表明，拥有相同总营业额和销售分类账余额的公司通过这种方式进行融资时，MarketInvoice 的贴现金额更灵活，且费用比传统方式降低了近 30%。

表 8-8 MarketInvoice 服务费用

收费对象	收费原则	收费标准	
借款企业	按票据金额一定比例的平台服务费用	单个企业进行多张等数额的票据融资时，视票据金额对 1 张以外的票据融资给予相应的优惠	
投资者	按投资金额的不同，收取投资者所得收益一定比例的平台服务费用	投资金额（英镑）	费率（费用/收益）
		10 万以下	30%
		10 万~20 万	25%
		20 万以上	20%

企业在 MarketIvoice 上完成融资后，平台会在 24 小时内向企业先行支付占票面金额一定比例的资金，余下资金（最终投标金额减去已支付金额）在借款期内发给企业。平台要求借款企业每一年度营业额介于 10 万~1000 万英镑。当票据的票面金额达到 8000 英镑时，先行支付比例见表 8-9：

表 8-9 MarketInvoice 借款先行支付比例

企业营业额（英镑）	10 万~25 万	25 万~50 万	50 万~100 万	100 万~250 万	250 万~500 万	500 万~1000 万	1000 万以上
先行支付比例（%）	76.51	77.25	78.01	78.25	78.51	79.01	79.25

表 8-10 MarketInvoice 借款信息

单位：%

	先行支付平均比例	贴现费用（每 30 天）	年化总收益	年化净收益
2011 年	85.34	1.51	23.50	18.80
2012 年	85.15	1.20	18.29	14.51
2013 年	82.93	1.02	15.88	12.70
2014 年至今	81.17	0.92	14.53	11.62

资料来源：http：//marketinvoice. com/investors

五、Wellesley & Co. ——专注于住宅地产投资的 P2P 平台

Wellesley & Co. 成立于2013 年11 月，但发展非常迅速。该平台专注于住宅地产投资，且对借款者提供相关投资房产最高 70% 的贷款。平台每笔贷款都是由公司自有资金贷款，然后部分转让给投资者，以此解决委托代理问题，这对平台投资者是一种隐性的保障。

Wellesley & Co. 对投资者提供6 个月到5 年的期限，3% ~6.76% 的投资回报率[①]，不收取投资者任何服务费用，资金转入平台账户后即开始计息，投资人自行缴纳收益所得税。投资人要提前赎回资金时，可在平台内部转让给其他用户，交易不收取费用但收益利率重新计算。借款人平均借款利率约为 12%，借款额度为 50 万~100 万英镑，借款期限最长为 18 个月[②]。平台设立由第三方公司负责管理的安全准备金，借款人抵押资产受第三方托管资金存管于独立的信托账户。

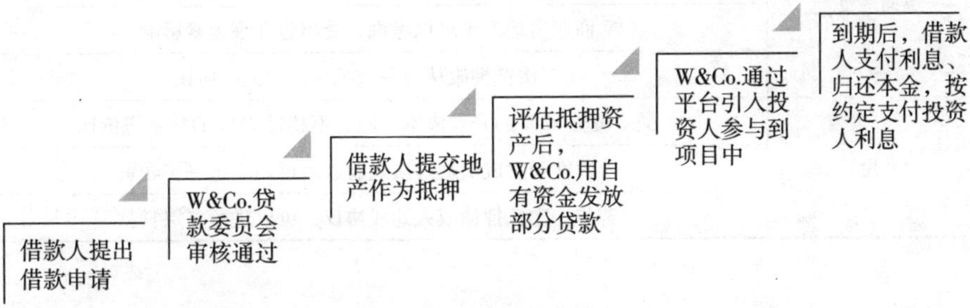

图 8-12 Wellesley&Co. 借款流程

注：贷款委员会（Credit Committee）是 W&Co. 公司中负责审批借款申请的核心，由公司全部 5 名董事组成，当一项申请得到其中 4 人及以上同意时方可获批

Wellesley & Co. 在2014 年4 月的借款额超过 1500 万欧元，位列 Funding Circle 之后，是当月英国第四大 P2P 网贷平台。Wellesley & Co. 还促成了英国 P2P 平台历史上的最大单笔贷款，总额 1080 万英镑的 Burwalls 购买和修缮项目[③]。

---

① 数据来源：https://www.wellesley.co.uk/invest-now/。

② 数据来源：https://support.wellesley.co.uk/hc/en-gb/sections/200473477-Loans。

③ 数据来源：https://www.wellesley.co.uk/borrowers/。

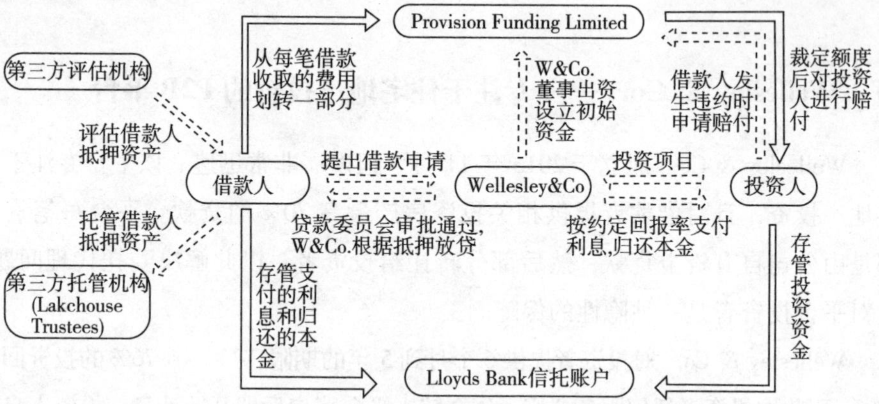

图 8-13　Wellesley&Co. 运作流程

注：图中机构均相互独立，无关联关系

表 8-11　Wellesley&Co. 借款抵押要求

短期融资	地产无人占用
	借款用途不限
	商业房地产也可以考虑，受出售变现因素影响
	二次抵押服从与一次抵押债权人的协议
开发融资	最多覆盖 90% 的开发成本，同时不超过 75% 的贷款房价比
	阶段性开发成果通过质量验收后可用于进一步融资
	若与一次抵押债权人达成协议，可以进行夹层贷款

六、Lending Works——双重保障的 P2P 平台

Lending Works 成立于 2014 年 1 月，其特点是更加周全的投资人保障。Lending Works 采取了准备金和保险政策双重保护来防止贷款逾期还款、贷款违约和欺诈性申请。

准备金由非营利第三方公司 Lending Works Trustee Limited 托管，确保投资者资金安全。保险由英国本土保险公司提供，应对极端风险如重大负面经济事件发生，为投资者提供本金保障。该保险可对最多 10% 的借款总额进行违约保护，远高于目前预期的 1.54% 的违约率①。

① 数据来源：http://www.lendingworks.co.uk/lend-money。

七、eMoneyUnion——首推个人担保贷款的 P2P 平台

eMoneyUnion 是英国首个提供个人担保贷款的 P2P 平台，可向借款人提供 2000～50 万英镑的贷款。eMoneyUnion 根据征信公司 Equifax 提供的个人征信报告以及借款人的工作时间、职业等信息对借款人评定风险等级进行无抵押贷款和个人担保贷款。同时，借款人可利用房地产资产进行一次或二次抵押获取 5000～50 万英镑额度的贷款。

表 8－12　eMoneyUnion 无抵押贷款风险等级信息

无抵押贷款借款人风险等级	Equifax 评分	贷款数量（千英镑）	借款年利率（%）
A1	501＋	2～15	11.7
A2	476－500	2～15	13.9
A3	451－475	2～15	16.2
B1	426－450	2～15	18.9
B2	401－425	2～15	23.8
B3	376－400	2～15	36.7
C1	351－375	2～15	51.6
C2	326－350	2～7.5	67.3
C3	301－326	2～7.5	84.5

资料来源：https：//www. emoneyunion. com/borrower－risk－grade/

表 8－13　eMoneyUnion 个人担保贷款风险等级信息

个人担保贷款借款人风险等级	担保人和借款人 Equifax 评分	贷款额度（千英镑）	借款年利率（%）
AAA	700＋	2～7.5	52.4
AA	650－700	2～7.5	53.2
A	600－650	2～5	54.1

资料来源：https：//www. emoneyunion. com/borrower－risk－grade/

表 8－14　eMoneyUnion 抵押贷款风险等级信息

抵押贷款借款人风险等级	住宅产权资产安全	最大贷款估值比率（%）	贷款金额（万英镑）	借款人贷款利率（%）	贷款固定收益率（%）
S1	二次抵押	75	2.5～25	18	10

续表

抵押贷款借款人风险等级	住宅产权资产安全	最大贷款估值比率（%）	贷款金额（万英镑）	借款人贷款利率（%）	贷款固定收益率（%）
S2	二次抵押	85	0.5~5	24	11
S3	二次抵押	95	0.5~2.5	30	12
F1	一次抵押	50	10~50	9	7
F2	一次抵押	70	10~50	12	9
F3	一次抵押	70	0.5~10	18	10

资料来源：https：//www. emoneyunion. com/lend/yields－and－risk－rating/

对于 S1、S2、S3 和 F3 类贷款，eMoneyUnion 使用 Hometrack 的卓越在线系统进行估值。对 F2 和 F3 类贷款，则由独立特许测量师进行估值汇报。

八、Landbay——专一住宅贷款的 P2P 平台

Landbay 是英国仅有的一个专为住宅房地产贷款投资设立的平台，所有借款人可以获得房产首次按揭贷款的担保。Landbay 的最低投资额为 100 英镑，降低了出借人的投资门槛。与其他 P2P 平台相比，Landbay 更广范围的回报率（年回报率 3.5%~10%）、3 年期不同风险级别（3 种不同的贷款价值范围）以及住宅房地产的首次担保都能够吸引更多的消费者。

Landbay 为储户提供额外的“定心丸”。所有申请均须由 Landbay 安排并由其核定伙伴之一进行估值，并对估值结果做出评价。在此之上，所有的申请都将受到全面的承受能力检查，其中包括 125% 的最低租赁覆盖①。在某些情况下，Landbay 也要求提供个人担保。

Landbay 为借贷者提供了一种有别于银行或者房屋互助会的新投资形式。从 Landbay 平台上申请和获得按揭贷款的过程比银行和房屋互助会更迅速，也更合理。申请会在 48 小时内得到处理，每一项贷款都根据具体情况，由专业的保险人为其提供最快最有效的解决方案。Landbay 提供了自动拍卖（竞标）流程，贷款利率更具竞争力，借款人能够从 Landbay 平台上获得最佳的贷款。

① 数据来源：https：//landbay. co. uk/borrowers/。

美国篇：
两大 P2P 平台的竞技场

第一章　美国 P2P 行业的源起和背景

美国聚集了全球最活跃的人力、物力、财力等资源要素，拥有全球最有创造力的科技创新环境，具备成熟的经济体系和信用体系，为美国的金融创新发展提供了强大的动力。美国金融体系整体来说十分发达，服务范围可以覆盖多元化的金融市场主体，但居高不下的信用卡利率以及 2008 年金融危机的冲击，让个人金融的高需求无法得到满足，这为美国 P2P 的发展提供了广阔空间。敏锐的创业者依托全新的网络技术，充分利用美国完善的信用环境，在明晰的监管政策下发展 P2P 平台。超过 70 亿美元的成交额为美国高规模的信贷市场注入了新活力，满足了个人金融的多元化需求，同时为中小企业融资开辟了新道路。美国的 P2P 平台 Lending Club 目前累计成交额超过 60 亿美元，是全球最大的 P2P 企业。与英国、中国等国家不同，在美国发展得较为充分的主要有两家 P2P 网贷平台：Lending Club 和 Prosper，美国主要成为这两大网贷平台的竞技场。

一、广泛借贷需求为 P2P 行业提供了发展空间

美国的环境鼓励人们提前消费，这种消费习惯刺激着美国的个人小额的金融需求。很多个体和企业由于风险可控，平台设计的借贷成本远低于信用卡成本，都纷纷涌入了 P2P 平台。因此，P2P 平台在美国完整的信用体系下，为银行及小贷机构覆盖范围之外的个人提供借贷服务。此外，在美国的 P2P 平台成立不久，金融危机为美国 P2P 行业的迅速兴起提供了推动力。

（一）低借贷利率、庞大客户群为 P2P 发展奠定基础

美国的个人金融业非常发达，70% 的经济增长由消费贡献①。2013 年美国

① 参见《美国 P2P 个人金融模式》，http://www. beeui. com/p/1537. html。

GDP 总额约为 16.8 万亿美元，个人金融资产规模占 GDP 总额的 70%，其中个人金融中最大的消费是房屋贷款，占个人金融的 70%，此外还有 1.1 万亿美元的学生贷款，0.8 万亿美元的汽车贷款和 0.7 万亿美元的信用卡贷款。

表 1－1　美国个人金融业务规模和结构

	2013 年第四季度未偿债务（万亿美元）	占比（%）
房屋贷款	8.049	70
学生贷款	1.080	9
汽车贷款	0.863	7
信用卡贷款	0.683	6
循环贷款	0.529	5
其他	0.317	3
合计	11.521	100

通过 FICO 评分、征信局数据等评估方法，以 Wells Fargo（富国银行）为代表的美国银行对小企业和个人的风险定价已经评估得非常科学，但美国的银行网点无法覆盖到每个县市，因此借款人迫切需要一个更低的交易成本。在利率市场化已经成熟的情况下，美国征收个人的无抵押借款利率高达 15% ~ 25%（一旦逾期违约率更高），信用卡的年利率一般是 14% ~ 25%，平均利率达到 18%。然而 P2P 平台的平均借款利率只有 11%（3 年期的借款）和 14%（5 年期的借款），因此 P2P 平台的贷款产品对于借款人来说更有优势。①

从消费者角度来看，借款人不只要处理日常的交易消费，也希望通过贷款支付更大的开支，如家庭装修或是创业等。在这种情况下，低利率的私人贷款较银行贷款相比成为更合适、更划算的选择，这为 P2P 平台发展提供了广阔的空间，通过为客户提供低于传统的无担保银行贷款和信用卡的融资利率，使借贷成本更低、过程更为便捷，从而吸引了更多的借款人。

（二）国际金融危机成为 P2P 行业发展的助推器

美国居民存款利率较低，基本处于 5% 以下的水平，促使居民将资金进行个人投资或者消费，其中闲散资金的投资为网贷市场提供资金供给，过度消费的美国居民行为为 P2P 市场提供贷款需求。2008 年国际金融危机导致美国金

---

① 参见 http://www.p2pjd.com/News/10352.html。

融机构开始收缩信贷，危机将很多消费者和个人投资者推到了 P2P 平台，成为行业发展的助推器。数据显示，在金融危机期间，P2P 平台向小微企业和个人提供了超过 15 亿美元的融资。一方面由于高风险的个人投资者在危机中受到严重冲击，很难申请到无抵押贷款，于是把目光投向 P2P 平台来缓解资金压力；另一方面，很多贷款申请被拒的学生，也开始对 P2P 借贷感兴趣，两类借款人给行业的发展带来生机。在金融危机后，2011 年第二季度摩根大通的信贷成本由上年第二季度的 33.6 亿美元压低至 18.1 亿美元。其中营业收入呈现萎缩态势，占上年总营收 38% 的投行业务第二季度营收环比下降 13%，而固定收益部门营收也环比减少 18%。第二季度贷款额由第一季度的 6881.3 亿美元下降至 6861.1 亿美元①。

在这段时间，P2P、P2B 等网贷平台以“银行的替代品”出现，为大量传统借贷市场不涉及的客户群体、信用等级不是“A”的小微企业提供了新的信用审核方式，开始迅速占领市场份额。

二、互联网及大数据技术为 P2P 行业发展提供技术支撑

P2P 平台的创立需要互联网技术和大数据技术做支撑。首先，Web 2.0 的兴起为 P2P 平台提供了重要的契机，在此技术的支持下，网络用户即信息的创造者和信息传播渠道，同时也是信息的受益者。它允许广大的用户不受限制地创造和传播信息，打破了过去 Web 1.0 时代只能接受信息的单一模式，为 P2P 借贷的产生提供了可能性。其次，大数据应用为技术分析和风险评估提供了理论依据，精准的数据挖掘能更有效地分析用户信用，是 P2P 行业持续发展的重要因素。

（一）Web 2.0 技术催生了 P2P 创业

在 2003 年以前的 Web 1.0 模式中，个人是互联网信息的被动接受者，而 Web 2.0 使得个人作为一个主动者参与到互联网的发展之中，如博客、社交网络、即时信息等，并且允许其创作内容，形成了目前互联网最广泛的互动模

① 参见《美国银行业业绩喜忧参半 前景仍存变数》，http://news.xinhuanet.com/fortune/2011-07/21/c_121700851.htm。

式，提供了 P2P 借贷产生的可能性。在 Web 2.0 技术的支持下，借款人可以在 P2P 平台发布借款信息，而投资人可以选择合适组合进行投资。Lending Club 最初就是由 Facebook 上的一个应用发展成为专门的 P2P 借贷公司。在 Web 2.0 时代，每个人都是信息源，由 Facebook 上的成员共同组成 Lending Club 互联网信息源。这种多点跨空间交流的网络技术，摆脱了银行对信息的垄断，为 P2P 行业的产生提供了可能。

（二）信用评级体系、大数据推动发展

在美国完善的信用评级体系下，企业通常会非常重视数据的收集与分析。随着 IT 技术的发展，人们可以很方便地获取各种各样的信息。精准的营销理论在吸收了现代的计算机网络技术后，创造出一种全新的金融行为。谷歌、IBM、YAHOO 等美国企业基于消费数据、信用卡数据挖掘，使其精准营销走在全球的前列。大数据最典型的案例包括传统企业沃尔玛“啤酒 + 尿布”案例，谷歌公司通过大数据分析成功地预测流感爆发等，都为 P2P 对于借款人的信用挖掘和贷款供需匹配提供了参考模式。① 大数据时代提高了信息处理速度和存储能力，将借贷双方的信息更多更有效地储存在 P2P 平台系统当中，运用技术将资金进行高效匹配，风险得以有效预警和分散，这是传统金融理念无法快速实现的。

三、完善的征信体系为 P2P 网贷提供发展基础

在美国，信用维系着社会的良性运转。美国企业间的信用支付方式已占到社会经营活动的 80% 以上，而在个人支付活动中，信用付款方式同样占据主导地位，居民购买汽车、住房和家电等商品普遍使用信用消费。②

美国高度发达的信用社会建立在完善的征信体系之上。美国征信体系从 19 世纪 30 年代开始起步并于 1841 年建立了第一家征信局“商业调查所”（即 Dun&BraadStreet 公司的前身），经过 100 多年的发展，以完善的法律法规、健全的信用服务机构以及巨大的市场需求为一体，构成了美国信用体系的完整构

① 参见 http://www.icxos.com/home/2014/0120/130.html。

② 参见 http://www.sn.xinhuanet.com/2004-03/30/content_1870997.html。

架，形成了以资本市场信用评估机构、商业市场信用评估机构和个人消费市场评估机构为主体的市场化征信格局。

受惠于诚实守信的美国公民及美国良好的社会征信服务，Lending Club、Prosper 等 P2P 网贷平台可以像商业银行一样从市场化的征信公司手中以较低的价格购买到借款人的征信报告。征信报告信息覆盖了借款人的身份信息、信贷信息、公开信息等，全面反映了借款人的风险情况。在此基础上，P2P 网贷平台可以以较低的成本实现对坏账率的控制，投资人可根据自己的风险偏好选择对应的产品，获得较为稳定的收益回报。

（一）征信内容的全面性可以满足 P2P 平台对借款人的风险评估

P2P 行业的特性要求平台有较高的风险评估能力，必须全面获取贷款人的风险信息。美国在 P2P 发展初期就明确了其身份并进行监管，使其可以顺利、合法地获取借款人信息。同时，美国通过立法的方式对征信信息的征集、处理和使用做出规范和要求，使得征信机构可以同消费者的雇主、信贷机构、政府机构等进行合作，从而获取消费者的身份信息、信贷信息、公开信息等全面信息，对其风险做出科学评估。

1. 早期明确对 P2P 的监管，信息获取有法可依

在 P2P 出现的早期，美国法律政策就明确了对 P2P 的监管，省却了 P2P 企业摸索的风险和时间成本，让企业较早有明确的定位和方向。事实上早在 2008 年美国监管部门就明确要求 P2P 企业必须到 SEC 进行登记，同时必须定期向监管部门提供交易信息，并不断更新收益权凭证信息。

这样的监管制度给 P2P 平台设置了监管下限，平台可以像其他借贷机构一样，根据法律规定得到借款人的授权，从征信公司合法获得征信信息。①

2. 完善征信法律体系建设，征信流程规范可控

自 20 世纪 60 年代起，美国在原有的相关征信法律法规的基础上，进一步制定相关法律，完善征信法律体系，形成了以《公平信用报告法》（FCRA）和《格雷姆—里奇—比利雷法》为核心的法律框架体系。这两项法律对个人信息的采集、处理和使用做出了明确规定。整个法律框架体系还包括：《平等信用机会法》《公平债务催收作业法》《公平信用结账法》《诚实租借法》《信

---

① 参见 http://stock. sohu. com/20140820/n403600244. shtml? qq - pf - to = pcqq. discussion。

用卡发行法》《公平信用和贷记卡公开法》《电子资金转账法》《储蓄机构解除管制和货币控制法》《甘恩—圣哲曼储蓄机构法》《银行平等竞争法》《房屋抵押公开法》《房屋贷款人保护法》《金融机构改革、恢复和执行法》《社区再投资法》和《信用修复机构法》。①

整个征信法律体系对信息提供者、信息使用着和征信机构与信息主体之间的关系进行调整，对隐私权、知情权、异议权等个人信用信息权益进行了详细规定，并制定专门的条款对侵犯个人征信权益的行为进行处罚。征信信息使用者必须与信息提供者签订协议才可以进行信息查询或购买信用报告，并且不得在授权的范围和期限外以任何理由使用其信息，更不允许其将信息卖给第三方。

表 1－2　美国征信法规概览②

	法律名称	实施时间	主要原则与内容
基础性法律	《信息自由法》	1967 年	初步解决了应公开信息和应豁免信息的问题，并对公开途径和方式做出规定
	《个人隐私保护法》	1974 年	对个人信息的采集、使用、公开和保密做出了详细规定，政府在使用公民私人信息时要保护公民隐私权
	《联邦破产法》	1978 年	规定一旦债务人申请破产，债权人不能要求拍卖债务人的主要住房、汽车、基本家具和某些珠宝，以保证其有继续工作的能力； 个人在破产清算后容许保留价值 7500 美元的不动产和与住宅有关的个人财产，价值 1200 美元的交通工具和 500 美元的首饰； 债务人在申请破产后生活必须受到一些限制，如他将不被允许使用美容店、出租车等超过基本生活水平的奢侈消费
主干性法律	《公平信用报告法》	1971 年	消费者个人有了解自己的信用报告的权利，同时规范了信用报告的传播范围； 征信机构可以通过搜集和公开正面信息，向金融机构提供符合一定条件的消费者名单，以便金融机构发展新的客户； 规定了信用报告中的负面信息在法律上的保存时间
	《消费者信用报告革新法》	1996 年	放宽了合法使用信用报告的范围；对作为消费者信用信息提供者的金融机构责任和义务做了较为详细的规定；首次允许金融机构将信用报告信息与其下属机构共享； 允许金融机构获得符合一定条件的消费者名单，并在以往的基础上给予其运作上更多的弹性； 通过进一步完善消费者的知情权和争辩权，将确保信息准确并得以即使更正的责任交给了消费者自身

① 参见 http://business. sohu. com/68/30/article200473068. shtml.

② 上海市征信管理办公室. 上海信用服务行业发展报告（2008）[M]. 北京：社会科学文献出版社，2009.

续表

	法律名称	实施时间	主要原则与内容
配套性法律	《诚实借贷法》	1969年	规范了消费信贷中利率的确定、公开事项、可撤销交易以及公告及其程序
	《公平信用结账法》	1975年	保护消费者，反对信用卡公司和其他循环信用交易的授信方在事前提供给消费者不精确的收费解释和不公平的信用条款
	《公平债务催收程序法》	1978年	仅仅适用于与个人打交道的讨债机构——债款催收人，对催债的时间、联系方式与方法等方面做出了具体规定
	《债务收账法》	1982年	法律允许政府机关将拖欠政府债款的债务人资料检送征信机构，并可以委托两家追收公司进行催收。政府也有权向个人机构或其他机构购买向政府申请借款的个人的信用调查报告

3. 征信信息来源广泛可靠，全面反映信用风险

在美国，个人征信以社会保障号为识别码，征信局征集的个人信息主要包括消费者身份信息、信贷信息及公开信息等。征信局通过与消费者的雇主、信贷机构、公共事业部门等合作获得多方数据。每个不良记录会保留七年，信用报告里会留有“R9”的字样，银行看到这个标记将不会批准贷款。

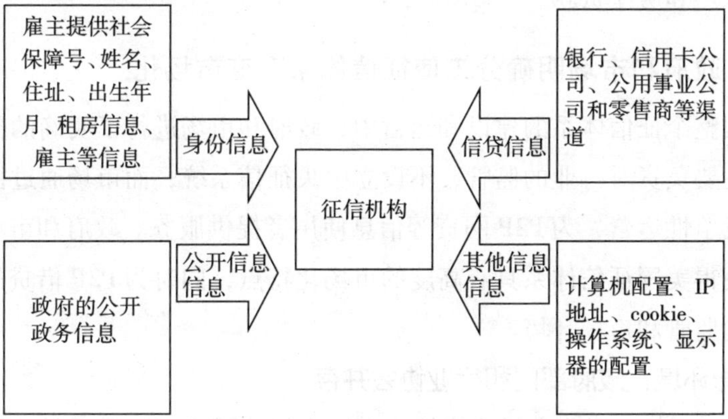

图1-1　美国征信机构信息采集模式

其中，消费者信贷信息不仅包括正面信息，还涉及负面信息，涵盖了信用活动中的五个方面[①]：

(1) 付款记录。检测申请人过去是否按时偿付贷款。包含账户的支付情

① 参见《美国的征信体系概况及借鉴》，http://www.financialnews.com.cn/jj/pl_123/201302/t20130218_26523.html。

况，如信用卡、购物卡、分期付款贷款、金融公司账户和房屋贷款；破产、房屋法拍、因贷款拖欠所购汽车被收回的法律文告，时间越近、数量越大就越严重，破产的记录将在信用记录上保持7～10年。

（2）借款情况。消费者所有账户的借款总额和不同账户的借款额；一定账户上是否显示借款余额；含有借款的账户数目，数目越多，风险越高；信用额度使用比率，比率越高，分数越低；分期付款的账户数目及其变化。

（3）信用历史的长短。信用历史主要包括三个影响要素：一是第一个信用账户的历史长度和所有账户平均的历史长度；二是特殊账户建立时间的长短；三是账户实际使用时间的长短。

（4）新账户。既要看有多少信用卡账户，同时看有多少新的账户；新账户的时间长度；申请新信用卡的次数；申请记录将保留两年时间，上一次贷款人要求信用报告到现在的时间；过去的支付问题发生后，现在的信用历史是否良好。

（5）已使用的信用产品。包括信用卡、零售购物账户、分期付款贷款、金融公司账户和房屋贷款。[①]

（二）政府和市场明确分工使征信体系高度市场化

在美国整个征信体系的建设和运营中，政府和市场进行了明确的分工：政府及协会主要负责对行业的监管，不设立中央征信系统；而市场通过征信公司的高效、竞争性运营，为P2P网贷等信息使用者提供服务。政府和市场的明确分工合作使得美国征信体系具有高度的市场化特点，同时为P2P借贷的发展提供了合适的监管和市场环境。

1. 监管环境：政府部门和行业协会并存

在美国，对征信行业实行监管的核心机构是美国联邦贸易委员会和美国征信局协会。美国联邦贸易委员会对全国的零售企业、提供消费者信贷的金融机构和信用卡发行公司有管辖权，负责消费者信用保护法规的执行。美国征信局协会负责制定征信数据的标准征集模板，统一征信体系的数据采集问题。美国征信局协会制定的标准数据搜集格式Metro1和Metro2使得美国个人征信局能够及时、低成本、高效率地更新数据库，也令信贷机构在上报数据时更为便利。

---

① 参见http://www.financialnews.com.cn/jj/pl_123/201302/t20130218_26523.html。

其他与征信相关的协会还有美国国际收账者协会、国际信用协会、伯尔尼协会、国际保理商联合会、国际保理业协会、信用专业国际社等。①

2. 市场环境：多家征信机构有序竞争

美国的征信市场化程度极高，形成了全面、高效的征信运营体系。在美国市场上，征信主要分为三类市场化运营机构：资本市场信用评估机构、商业市场信用评估机构和个人消费市场评估机构。②

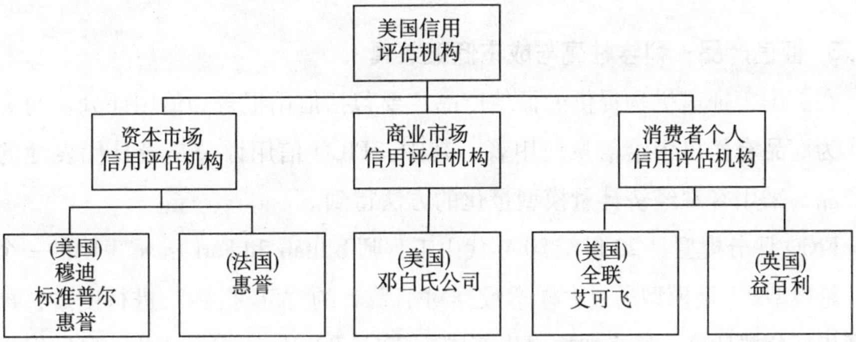

图 1－2　美国信用评估机构

注：图中括号内为公司所属国家

（1）资本市场信用评估机构。美国市场是上以穆迪、标准普尔和惠誉三家评级公司为核心的资本市场信用评估机构，主要对股票、债券和大型基建项目进行评级。这三家公司是世界上最大的信用评级公司，穆迪、标准普尔和惠誉控制了全球 90% 以上的资本市场评估业务。其中，2013 年穆迪的营业收入达到 29.7 亿美元。

（2）商业市场信用评估机构。商业市场信用评估机构即企业征信公司，其评估对象为各类大中小企业，主要业务是对各类企业进行信用调查评级。在美国，邓白氏公司是最重要的企业征信公司，2013 年其在北美地区的收入达 12.34 亿美元。

（3）个人消费市场评估机构。在美国，个人征信市场以全联（Trans Union）、艾可飞（Equifax）和益百利（Experian）三大个人征信公司为核心，

① 参见 http://www.istis.sh.cn/list/list.asp? id = 7292。

② 参见 http://paper.ce.cn/jjrb/html/2014－05/29/content_202495.htm。

其他林立的小型征信公司也均依赖这三家公司。个人征信公司在法律约束下，收集消费者个人的信用记录、制作征信调查报告并向合格使用者有偿传播征信报告。中小企业由于普遍缺乏公开的财务报表和经营记录，所以也通过三大信用局进行征信。三大征信公司每月均进行数十亿次的数据更新，为征信数据的及时性提供保障。2013 年，Trans Union 在美国的信息服务收入为 7.4 亿美元，Equifax 在美国的个人征信业务收入为 10 亿美元，Experian 在北美市场收入 24 亿美元。

3. 征信产品：科学性高与成本低廉兼具

在美国，征信机构提供的征信产品主要包括信用报告和信用评分，两类产品作为商品有偿出售给信息使用者。其中，FICO 信用评分是最具代表性的征信产品，采用客观经济计量模型量化的方法得到。

FICO 评分模型是 20 世纪 50 年代由工程师 Billfair 和 Farl Isaac 发明的一个信用计量模型。[①] 该模型通过大样本数据对消费者的“5C 指标”进行度量，再将深度指标分档计分，最终加权得出范围为 325～900 分的信用评分，然后根据评分进行分段定级，作为信用评估的依据。其中，“5C 指标”一般包括品德（Character）、能力（Capacity）、资本（Capital）、条件（Condition）、担保品（Collateral）5 个方面；深度指标则是对“5C 指标”的深化。

图 1－3　美国个人信用等级对申请贷款的影响

三大征信公司均以 FICO 信用评分为基础制作自己的征信产品，征信产品的量化和及时更新为产品的科学性提供了保障，同时可以大规模地批量生产，为 P2P 借贷行业的低成本使用提供了便利。

① 参见 http://max.book118.com/html/2013/0108/3317368.shtm。

四、美国控股的 Trans Union 公司简介

1. 公司概况

Trans Union 公司成立于 1968 年，目前在美国、非洲、加拿大、拉丁美洲、亚太地区和印度等地设有运营机构，在全球 33 个国家提供服务，已成功帮助 45000 多家企业管控风险、降低成本、优化贷款决策。Trans Union 公司持有全球 5 亿多用户的信用记录，为他们提供借贷咨询服务。[①]。

2. 市场分布

（1）按国家和地区市场分布情况

Trans Union 公司收入主要集中于美国本土市场，2013 年美国本土市场收入占公司全球市场收入的 80%。在美国，Trans Union 公司同 90% 的大型银行、全部的主流信用卡发行商以及 90% 的财险和意外险保险公司保持业务往来，并为数千家医疗保健机构提供服务，同 100 多万客户签署协议提供交互服务，每月更新数据近 20 亿次。

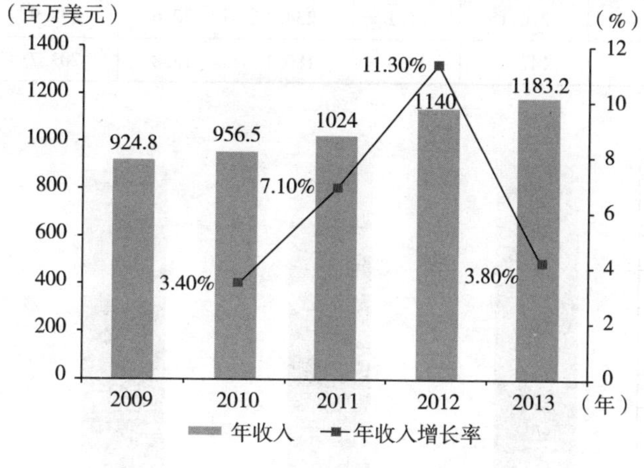

1－4　Trans Union 公司 2009—2013 年年收入及收入增长情况

Trans Union 公司通过三大运营分部开展业务：美国信息服务部（U. S. Information Services，USIS）、国际部和交互部。其中美国信息服务部是收入最多

---

① 本部分数据均引用自 Trans Union 公司 2013 年年报。

的，2013 年收入约占公司全球总收入的 62.6%。

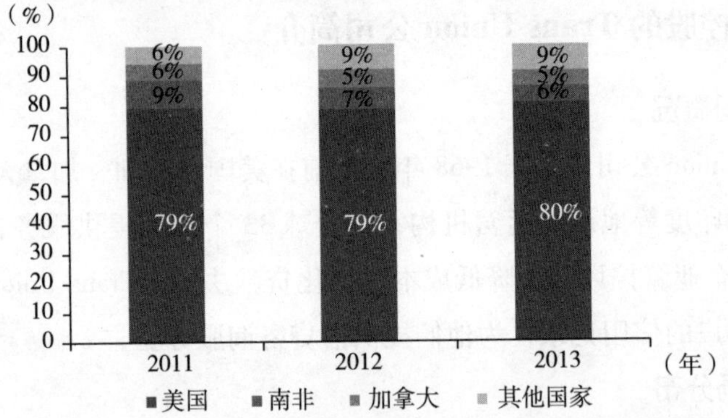

图 1－5　Trans Union 公司 2011—2013 年按国家市场分布情况

表 1－3　Trans Union 公司 2011—2013 年各分部收入规模

Trans Union	2011 年		2012 年		2013 年	
	收入（百万美元）	占比（%）	收入（百万美元）	占比（%）	收入（百万美元）	占比（%）
美国信息服务部	660.1	64.6	725.5	63.6	740.6	62.6
国际部	216.1	21.1	234.4	20.6	238.9	20.2
交互部	147.8	14.4	180.1	15.8	203.7	17.2

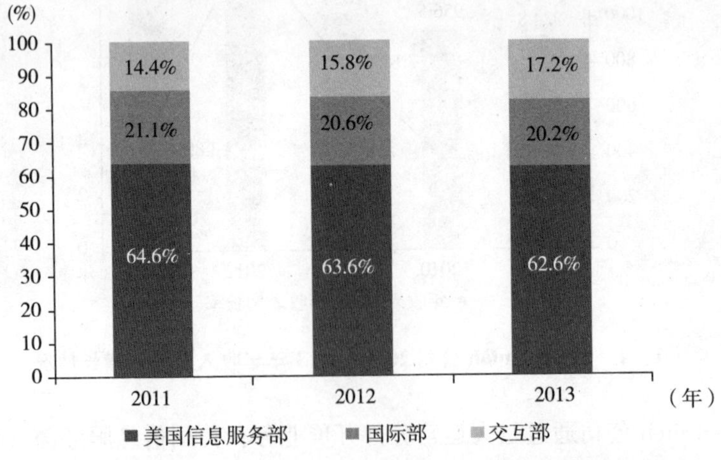

图 1－6　Trans Union 公司 2011—2013 年三个分部收入占比情况

①美国信息服务部。在 2013 年，美国信息服务部（以下简称 USIS）的收

入约占公司总收入的63%，为美国客户提供客户报告、信用评分、信息核查、分析技术、收入管理和决策技术等服务。

②国际部。在2013年，国际部的收入约占公司总收入的20%，向美国以外的全球32个国家提供服务，其业务内容与USIS和交互部相近，同时为特定地区的客户提供汽车信息和商业数据。国际部业务范围可以分为成熟市场和新兴市场。

成熟市场包括加拿大、中国香港和波多黎各，收入约占国际部2013年收入的40%。2013年，成熟市场收入中加拿大业务占64%、中国香港业务占28%、波多黎各业务占8%。

新兴市场按地区可以分为非洲、拉丁美洲、印度市场和亚太地区，收入约占国际部2013年收入的60%。

表1－4　Trans Union 公司国际部近年收入规模　　单位：百万美元

国际部	2011 年	2012 年	2013 年
总计	216.1	234.4	238.9
（1）成熟市场	88.9	91.4	94.8
（2）新兴市场	127.2	143.0	144.1

③交互部。在2013年，交互部的收入约占公司总收入的17%，协助客户进行个人理财并防止被欺诈。其通过公司官网销售交互服务，并签订相关协议。

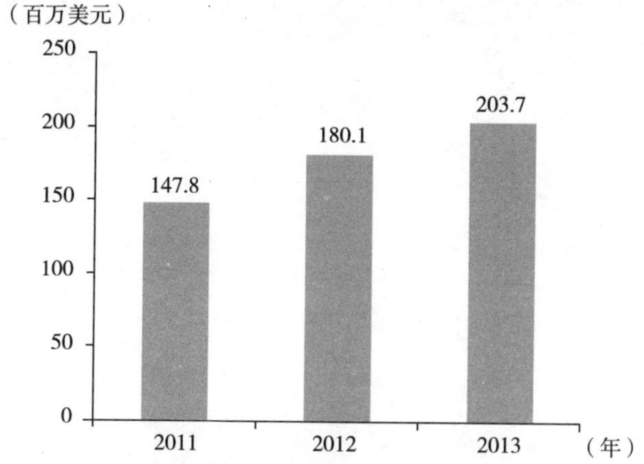

图1－7　Trans Union 公司交互部 2011—2013 年收入增长情况

(2) 按业务类型市场分布情况

①线上数据服务。线上数据服务是实时向获得授权的企业提供消费者的信用信息。线上数据服务所用的数据库中涵盖几乎所有美国成年公民的个人身份信息、借贷信息和历史信用记录。线上数据服务的收入主要来源于消费者跟企业的交易。2013 年，线上数据服务收入占 USIS 收入的 68. 3%。

②信用营销服务。信用营销服务旨在帮助企业主动获取新客户，向已有客户营销以及对已有客户进行风险监控。Trans Union 公司根据企业的特殊要求从消费者信用数据库中提取消费者信息并形成用户群供企业进行针对性营销。同时还可以对企业的已有客户进行风险评估，作为企业营销和风险监控的依据。2013 年，信用营销服务收入占 USIS 收入的 17%。

③决策服务。决策服务用于为企业分析数据并建立相应模型预测结果，从而为其决策提供支持。Trans Union 利用数据库中的消费者信用数据建立针对客户的适用模型，对企业的新旧客户进行商业风险评估。2013 年，决策服务收入占 USIS 收入的 14. 7%。

第二章　美国 P2P 行业的现状及特点

在近十年的发展时间里，美国主要有三家大型的借贷平台，Prosper（全称 Prosper Marketplace，繁荣市场公司）、Lending Club（放贷俱乐部）和 Kiva，整体规模已超过 70 亿美元。Prosper 于 2006 年 2 月成立，是美国第一家 P2P 公司，随后 Lending Club 也于 2007 年 10 月正式上线，并迅速成长。Prosper 和 Lending Club 都位于加利福尼亚州的旧金山，这两家营利性 P2P 平台对潜在借款人进行筛选和信用等级评定，放款人以及越来越多的机构投资者在公司网站上浏览经审核后的借款申请，然后选择购买该公司发行的、与放款人选择的贷款申请相对应的收益权凭证。美国另一家较大的 P2P 公司 Kiva 为非营利公司，成立于 2005 年 10 月，旨在以贷款救助贫困人群，减轻贫困。它允许个人投资者通过发放无息贷款的形式，来间接帮扶世界各地的低收入者，改善其生产生活。

在美国，证券交易协会（SEC）对 P2P 行业进行监管，依据《1934 年证券法》要求 P2P 公司将其产品注册为证券，设立破产隔离制度，注重关注投资者保护。因为 P2P 公司的产品以证券的形式可以在二级市场上流通，所以其具有较高的流动性。

一、曲折中不断发展

美国拥有全球最活跃的创业市场，但 P2P 平台在美国诞生近十年以来，只有 Prosper 和 Lending Club 这两家营利性 P2P 平台以及非营利性 P2P 平台 Kiva 的发展规模较大。截至 2015 年 3 月，Prosper 平台上的交易额已达 30 亿美元，上年 4 月的交易额是 10 亿美元。2014 年净营收达到 8100 万美元，比 2013 年增长了 342%。近期 Prosper 获得了新一轮 1.65 亿美元的融资。据悉该轮融资使 Prosper 的估值从上年的 6.5 亿美元大涨到 19 亿美元，成功晋级 10 亿美元

“独角兽”俱乐部。[①]

截至 2015 年 4 月，Lending Club 累计发放贷款突破 60 万笔，总额突破 76.2 亿美元；Kiva 为用户筹集了 6.9 亿美元贷款，为 160.5 万借款人提供资金。2014 年 12 月 12 日，Lending Club 以 15 美元/股发行，首日报收达到 23.43 美元/股，较发行价大涨 56.20%，成交量近 4500 万股，市值 85 亿美元。[②] 2015 年 2 月，该公司的财报显示，Lending Club 在 2014 财年亏损 3290 万美元，而一年前盈利 730 万美元。之所以出现这一状况，主要是因为营销和产品开发成本远超贷款费用。该公司当年营业收入翻番至 2.13 亿美元。[③] 尽管美国 P2P 行业的发展整体来说充满曲折且平台数量较少，但其依然被业界视为发展典范。

（一）SEC 监管前：成立之初的探索

2006 年 2 月，Prosper 成立，2007 年 10 月，Lending Club 正式上线，美国 P2P 行业开始其探索之路，采用何种方式定价、如何进行撮合交易，成为创业者实践的方向。

1. “双盲”拍卖体系

Prosper 最初建立了一套“贷款拍卖系统”，根据借贷双方的偏好，采用拍卖竞价的方式对用户进行评级，旨在提供最为经济的借款方式，实现公众利益的最大化，即“双盲”拍卖体系。然而，拍卖系统在实际运行中存在操作难、所需时间长等问题，且被证明无法为借款人提供最低利率。随着 Prosper 的发展，该拍卖系统逐渐被根据贷款风险提前设定的利率所代替。

2. 社交网络撮合方式

Prosper 和 Lending Club 的兴起与 Facebook 的风靡基本处于同一时点，两大 P2P 网贷公司均试图将社交网络的概念引入 P2P。借款人和投资人可以根据职业、教育水平等特征共同建立群组，实现同质消费者之间的借贷活动，旨在降低违约风险和贷款利率。然而，随着机构投资者的介入，越来越注重对高信用借款人的选择，很少关注借款人其他方面的特征，严重削弱了群组的必

---

① 参见 http://tech.hexun.com/2015-04-10/174855354.htm。

② 参见 http://tech.ifeng.com/a/20141213/40903662_0.shtml#_zbs_baidu_bk。

③ 参见 http://tech.sina.com.cn/i/2015-02-25/doc-iawzuney0252652.shtml。

要性。

（二）SEC 监管后：集约化发展

2008 年 10 月，SEC 对 Prosper 下达指令要求其暂停业务，必须提交有效的注册申请。而在此之前，Lending Club 已经自愿提交了注册申请。在向 SEC 注册登记期间，Prosper 停止发放新贷款，Lending Club 用自有资金维持新贷款申请，逐渐地，Lending Club 每月促成贷款额远超 Prosper，成为美国最大的 P2P 网贷平台。SEC 对 P2P 实施监管之后，营利性组织以 Prosper 和 Lending Club 为绝对主力，投资人中机构投资者占据的比例也越来越大。

1. P2P 平台集约化

P2P 行业由 SEC 监管以后，新的公司进入 P2P 行业必须向 SEC 登记注册。登记注册需要很高的费用，以 Lending Club 为例，其注册成本为 400 万美元。大多数小机构由于无力承担高昂的费用而选择了关门歇业，同时，以 Zopa 为首的国外 P2P 公司也因此而止步。SEC 的监管将美国 P2P 行业引上了集约化发展的道路。

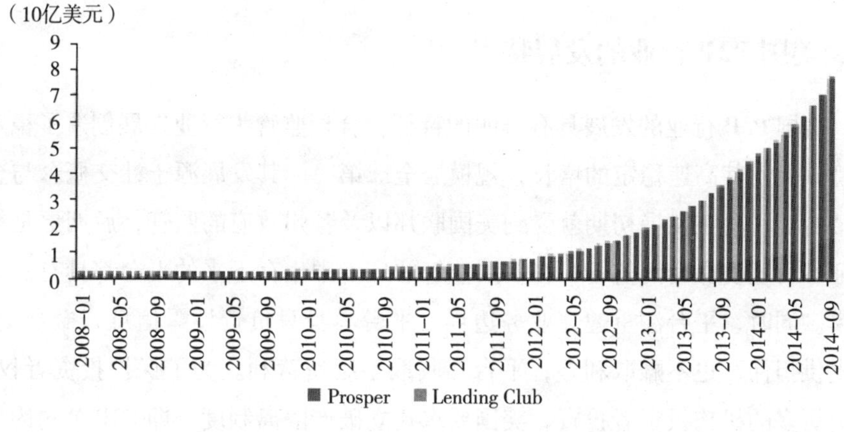

图 2－1　Prosper 和 Lending Club 累计贷款总额之和

资料来源：http：//www. lendingmemo. com/p2p – lending – ebook/

Prosper 和 Lending Club 等渡过登记注册的难关之后，成为美国最具市场统治力的两家 P2P 机构，逐渐迎来了 P2P 业务的快速增长。2009 年 7 月重开以后，Prosper 的贷款总量比以前有所减少，直到 2010 年 12 月平均每个月有 200 万美元的贷款。但是从 2011 年 1 月开始，贷款增长速度再次提高，在 2011 年 1 月至 2011 年 3 月期间，平均每个月贷款额度为 400 万美元。在 2008 年 10 月重新开始运营之后，Lending Club 发展迅速，平均每月发放约 760 万美元贷款[①]。根据最新数据显示，Lending Club 2014 年第二季度平均每月发放约 3 亿美元贷款，可以看出，九年内美国 P2P 发展处于指数型的暴发阶段。

2. 投资者集约化

随着美国 P2P 行业发展越来越成熟，P2P 平台吸引了大量机构投资者的目光。Lending Club 设立了全资子公司 LCAdvisor，接收机构投资者投资，每笔最低额度 10 万美元，后提高至 50 万美元。Prosper 于 2013 年年初聘请富国银行前执行董事和美林证券的全球销售总监作其全球机构销售总监，以进一步吸引机构投资者资金。

另一方面，为防止机构投资者将个人投资者挤出 P2P 市场，两大平台均作出努力，随机选择 20% 的标的在前 12 小时由机构投资者独占，12 小时后对所有投资者开放。[②]

二、美国 P2P 行业的发展特点

美国 P2P 行业的发展具有鲜明的特征，合理监管为行业发展创造了稳定的环境，促使其高速稳定的增长，规模居全球第一。其发展源于社交概念与金融的结合，平台在发展初期就受到美国联邦以及各州政府的监管，后期更是被纳入证券管理委员会的监管，在多层监管的环境中生存下来的平台都具有一定的规模。同时，平台注重遵守业务边界，平台本身只负责披露信息、撮合交易，不提供担保，也不赚取利差，平台靠收取手续费营利。为了保护投资者权益，吸引更多的机构投资者投资，美国要求建立破产隔离制度，即 P2P 公司因经营不善而倒闭，仍可通过这一制度确保 P2P 公司的每一笔债权到期交割完毕，并通过二手市场提高资金的流动性。

---

① 数据来源：PERSON – TO – PERSON LENDING New Regulatory Challenges Could Emerge as the Industry Grows。

② 参见 http://www.wx135.com/articles/20140729/57173.html。

（一）不断调整市场策略和评级模式

美国 P2P 行业自发展以来，先后经历了 Web 2.0 时代的来临、国际金融危机的爆发和监管主体的变化，为了更好地适应变化的外部环境，平台就自身的发展模式进行了很多探索，例如对市场策略、评级模式等进行调整。

Prosper、Lending Club 平台一开始都将社交网络的概念应用到消费者处理资金的过程中，随着机构投资者的加入，群组发挥的效果逐渐淡化，平台根据市场实际需求调整策略。同时，Prosper 平台早期采用了拍卖模式，Prosper 根据“资金的 ebay”理念尝试了“双盲”拍卖体系，即反向拍卖或荷兰式拍卖，通过出价的形式来实现评级。这个拍卖形式被认为可以使公众利益最大化，但在实际的操作过程中，拍卖系统很难操作，一些急需用钱的客户往往高估自己能承受的借款利率，10%借不到就提到 20%、30%，超过了其还款能力[①]，且需要很长时间才能筹措到所需金额。因此在 2010 年，Prosper 改变了原有的拍卖模式，改为根据借款人违约风险提前设定好贷款利率。但 Lending Club 平台一开始就采用评分系统，因此作为后来者，Lending Club 拥有更多的网络访问量，且用更短的时间就能促成贷款[②]。

（二）首创破产隔离制度保障投资者利益

P2P 行业的高回报率吸引了投资圈的一些大型机构投资者，但他们不愿意一笔一笔地做投资，而希望拥有一些收益稳定的可控产品。破产隔离机制功能的设定就很好地满足了大额机构投资者的要求，有效地将基础资产与平台资产隔离，避开了平台的运营风险。破产隔离的设立需要承担大额的商业和监管成本，使规模较小的 P2P 借贷公司不能轻易做大，却为有能力和创造力的公司提供了较为规范的路径和较好的环境。

为了更好地保护投资者利益，吸引机构投资者，美国 P2P 公司将贷款资产独立隔离出来，使其不会受到平台经营不善的影响。Prosper 于 2012 年年底通过设立子公司 Prosper Funding LLC，由 Prosper Funding 向投资者发行证券，成

① 参见《Lending Club 联合创始人：中国具备 P2P 成功的条件》，http://finance.qq.com/a/20140410/021201.htm。

② 参见《美国 P2P 借贷服务行业发展简史》，http://money.163.com/13/0510/02/8UFUNLDM00253B0H.html。

功隔离母公司的破产风险。Lending Club 注册其全资子公司 LC Advisors，以基金的形式管理大型机构投资者的资金，投资于 Lending Club 发行的票据。Lending Club 利用子公司建立 SPV 将贷款打包，卖给更多的大型机构投资者，也使自身获得了规模上的飞速发展。

（三）通过建立二级市场提高资金的流动性

在向 SEC 登记注册期间，Prosper 停止了发放新的贷款，但仍继续运营原有的贷款。相比之下，Lending Club 在登记注册的过程中，虽没有吸引新的放款人，但却用自有资金继续支持新的贷款申请。在付出监管代价之后，两个平台发售的凭证都可以在 Foliofn 这个自我请算的线上交易市场中交易，P2P 的二级市场由此形成。[①]

二级市场的形成不仅大大提高了 P2P 信用凭证的流动性，也使几乎全美国的民众都可以参加 P2P 的交易。在 Foliofn 中，这两个平台分开运营且账户不共用，但平台上流通的债券票据属性一致，交易方式也没有大的差异，因此理论上这些交易能在同一个平台上实现。对这两个平台，Foliofn 都只是建设者及运营者，负责提供交易“场所”，撮合交易双方，不参与做市。在每个时点上 Foliofn 都有大量的权证在售，来确保为交易平台上的投资者提供稳定的票据供给。[②] 二级市场的出现更符合美国资本市场的金融理念，投资者构建成功的投资组合降低了流动性风险，也提供了有效的退出渠道，丰富了 P2P 的投资市场。

（四）较早将 P2P 纳入证券交易委员会的监管

2008 年，在美国 P2P 行业发展到一定阶段后，SEC 认为 P2P 公司的业务涉及证券发行，并将其纳入 SEC 的监管范围，P2P 公司经营须遵守证券业的相关法律标准，且 SEC 本身有较高的准入门槛，有效阻止了不成熟的 P2P 公司加入。高额的登记注册成本也阻止了其他潜在的市场进入者，对投资者进行了一定的保护。

在 SEC 登记注册之后，P2P 平台出售给放款人的信用凭证属于证券类别，

---

① 参见 http://www.huaop2p.com/content.aspx? id=825939318974。

② 参见 http://01caijing.com/html/zl/1446_2290.html。

须遵守相关的证券法律。在新的监管体制下，借款人的贷款由 Web Bank 来发放，然后 Web Bank 会将债权卖给 P2P 平台，P2P 平台再将这些贷款以收益权凭证卖给放款人。同时，运用“暂搁注册”条款，一次性预先注册大量的证券，然后逐步发行，而非单独注册每个证券，这也大大节约了凭证需要花费的时间和成本。通过这种形式，放款人就成了 P2P 平台的无担保债权人，能够更好地发挥证券的特点，规范市场发展，实现去担保化，减少平台成本，投资者风险自担。[①]

SEC 将 P2P 平台纳入监管的原因及相关评价[②]

2008 年 10 月，SEC 认定 Prosper 出售的凭证属于证券，为此对 Prosper 下达了暂停业务的指令，要求 Prosper 必须提交有效的注册申请。SEC 在 Prosper 运营了三年之后的 2008 年才发出暂停营业的指令，部分原因是美国当时经济状况特别糟糕。在发出指令的一个月之前，雷曼兄弟宣布倒闭，美联银行和华盛顿互惠银行也都处在破产的边缘，监管机构和各大金融机构的负责人互相推卸责任，SEC 感到压力，决定转变对 P2P 行业放任自流的态度。

一些业内观察人士认为，SEC 的指令出台时机非常不恰当，在危机爆发、信贷资源日益稀缺的情况下，切断了消费者急需的贷款渠道。登记注册的要求也阻止了其他潜在的市场进入者。事实上，当时英国的 P2P 平台 Zopa 正准备进入美国市场，但鉴于在 SEC 注册的成本高得惊人，Zopa 取销了这个决定。也有评论家认为，鉴于 Lending Club 在 SEC 对 Prosper 下达指令之前就已经自愿向 SEC 提交了注册申请，SEC 本可以将其作为一个测试案例，允许 Prosper 和其他可能的市场进入者在监管范围之外继续运作，以推动市场继续创新和成熟。因为，即使没有 SEC 的指令，P2P 借贷运作从一开始就已经受到美国联邦和各州已有的消费者保护法律和条例的监管。

2011 年 6 月，美国国会下属的政府责任办公室（GAO）提交的报告中，为了衡量针对 P2P 行业不同监管体制优缺点而建立的评估框架强调了三点：一是持续一致的消费者和投资者保护；二是灵活性与适用性；三是效用和效率。

---

① 参见 http://www.xincaijing.com/html/201309/12999.html。

② 参见《美国 P2P 借贷平台：历史现状与展望》，http://iof.hexun.com/2014 - 05 - 14/164767645.html。

按照GAO的上述评估，目前美国对P2P平台的监管并不完全符合GAO提出的最后两条。这主要是因为P2P平台受到了联邦和各州的双层监管，这种双重监管形式要求P2P平台提交大量的文件，从而带来了高额的成本以及其他弊端，不利于P2P行业的模式创新，现今Prosper已经在努力游说国会，希望能够转换到由金融消费者保护局（CFPB）领导的监管体制中。①

① 参见http://www.100ec.cn/detail--6172161.html。

第三章 美国 P2P 行业的发展趋势

在严厉的监管下，P2P 行业在美国呈现集约化的发展趋势，企业的规模效应将愈加显著，新平台的起步与壮大则尤为艰难。Lending Club 的 IPO 显著提高了 Lending Club 甚至整个 P2P 行业的品牌认知，这也有助于吸引更多新的投资人和借款人。P2P 行业在美国仍具有巨大的发展潜力。①

一、发展潜力仍巨大

2013 年第四季度至 2014 年第二季度，美国信贷市场的规模不断萎缩，从 3.4 万亿美元缩减到 2 万亿美元。美国两大主要 P2P 公司 Prosper 和 Lending Club 2014 年第二季度的累计贷款总额接近 60 亿美元，虽然与 2 万亿美元的信贷市场相比仍是沧海一粟，但在信贷市场萎缩的大环境下，美国 P2P 的发展依旧保持着稳定的增长速度。以 Lending Club 为例，Lending Club 2011—2014 年每季度的新增贷款量和额度都保持稳定增长，2013—2014 年第三季度贷款总量保持在 24% ~30% 的增长率。其在 2013 年第一季度实现了正的净收入，2013 年全年净收入 730 万美元。P2P 贷款的平均额度也在增长，这也促进了 P2P 平台的发展，充分显示出 P2P 行业在美国具有巨大的发展潜力。

二、行业呈集约型发展趋势

尽管美国的 P2P 行业发展历史较长，但发展较充分的主要有两三家平台，而且这种格局在未来可能会延续。之所以形成这样的格局，一方面是因为 SEC

① 参见 http://www.wangdaizhijia.com/news/guowai/12274.html。

的注册要求提高了 P2P 市场准入门槛，有效地阻止了一些不具备成熟运营模式的新参与者的加入；另一方面由于平台的客户具有使用黏性，不会轻易尝试新的平台。

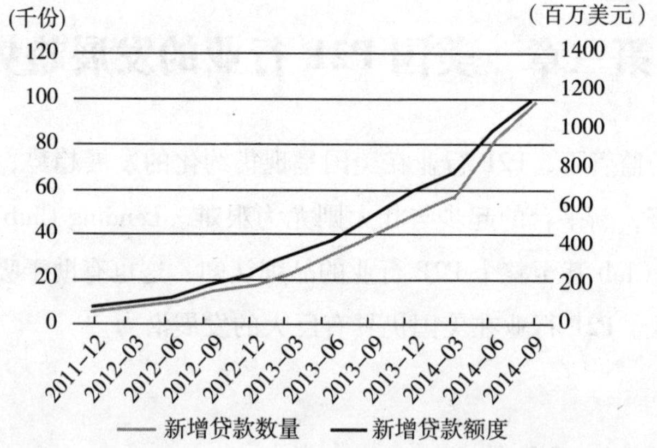

图 3-1　Lending Club 季度新增贷款情况

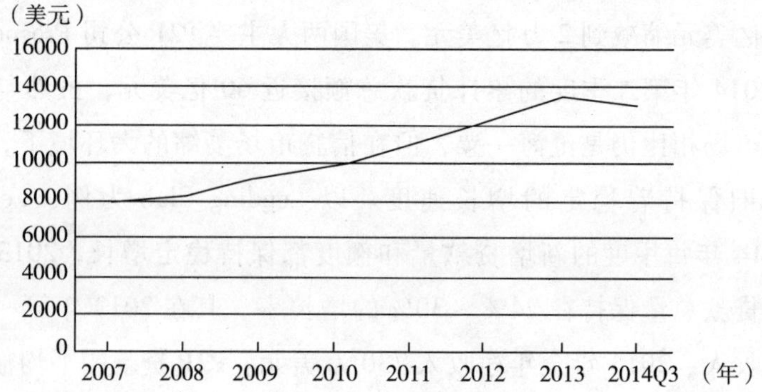

图 3-2　Lending Club 平均每笔贷款额度变化①

由于金融风险投资的复杂性，P2P 公司需要经验丰富的队伍、大量的资金以及成熟的风控体系。随着借款人在某家平台建立了自己的信用度，他们就建立了一个可追踪的信用报告，使得借款更加容易；而对于放款人而言，熟悉了某个平台之后就会产生依赖性。在各平台提供的借款和借贷利率比较相似且投资金额有限的前提下，用户不会轻易地转换和接受新的 P2P 平台。在这种情况

① 数据来源：Lending Club 官方网站。

下，整个行业就呈现集约化的发展趋势，企业的规模效应显著，新平台很难发展壮大。

三、产品丰富，平台 IPO，行业影响力增强

随着规模的逐渐扩大，P2P 平台也在扩展其产品线。P2P 平台在进一步发展过程中也会提供传统金融机构的产品，或者创造出全新的金融产品。2013 年，Lending Club 提出将考虑发放次级贷款的可能性。除此之外，Prosper 和 Lending Club 都在考虑其他类型贷款的可能性，例如学生贷款、机动车贷款和抵押贷款。同时，随着 P2P 平台运作的逐渐成熟和曝光率增加，其本身也积累了大量数据证明其良好的运营情况，通过设立全资子公司能够更好地吸引机构投资者，机构投资者看到了其中的高回报将积极进入 P2P 市场，为市场带来了更多活力。

现今，Lending Club 已经形成了自己的生态系统，围绕着 P2P 行业的上下游，有一群公司为其服务：三大信用局为其提供信用服务，Lending Club 的贷款由 Web Bank 发放，其二级交易平台由 Foliofn 管理，Lending Club 还成立了自己的基金信托公司 Lending Club Advisor，同时也采取开放平台的政策让许多第三方开发者的应用接入平台，完善其生态系统。

2014 年 4 月，Lending Club 公司曾经进行股权融资，注资购买股票的公司包括黑石公司、Rowe Price 集团、Sands 资本公司以及威灵顿管理公司。2014 年 8 月 27 日，Lending Club 向 SEC 提交了 IPO 申请。成为上市公司后，Lending Club 可充分利用所谓的蓝天豁免权（美国证券市场把各不相同的州证券法律条款统称为《蓝天法》），这就意味着各州的限制将解除，Lending Club 对全美 50 个州开放。同时，IPO 给 Lending Club 带来了大量的媒体版面，显著提高了 Lending Club 甚至整个 P2P 行业的品牌认知，有助于吸引更多新的投资人和借款人。①

---

① 参见 http://www.meng800.com/article/content-13-7606.html。

第四章　美国 P2P 行业监管阶段划分

一、间接监管阶段（2005—2008 年）

在此阶段，美国并未对 P2P 行业采取有针对性的监管措施，只是依托现有的法律法规体系在各相关机构职责范围内对行业进行规范。Prosper 等 P2P 平台在灰色地带游走了两年多，据蓝信咨询调查显示，早在 2006 年 Prosper 就曾经寻求 SEC 提供一封监管豁免函以确定其运营方式的合法性，但多次尝试后，美国证监会仍然未予承诺①。

二、正式监管阶段（2008 年 10 月至今）

2008 年 10 月，美国证券交易委员会（SEC）认定 Prosper 出售的凭证属于证券，要求 Prosper 必须提交有效的注册申请，并向它下达停运通知书。自此美国正式介入对 P2P 行业的监管。SEC 这一要求也阻止了其他潜在的市场进入者，P2P 借贷的运作除了受到联邦和各州现有消费者保护法律和条例的监管外，还开始接受 SEC 指令的监管。在 SEC 登记标志着 P2P 网贷平台一个新监管阶段的开始，在新阶段里，P2P 平台发生了更多改变，而且凭证结构变得越加复杂，同时引入机构投资者，更加关注投资者保护。

SEC 迅速介入 P2P 监管，严格把关平台运营，确实起到了清洗市场、提高平台透明度、增强社会信心的作用，但同时也过早地束缚了美国 P2P 发展的手脚，难免压缩了新兴行业的自由成长空间。对新产业而言，很多时候，没有监管政策就是最好的政策。

---

① 李逸海. 英、美两国的 P2P 监管教训与路径[N]. 钛媒体,2014 - 07 - 31.

第五章　美国 P2P 行业监管法律

美国目前尚无专门针对 P2P 行业的监管机构和法律，然而，P2P 公司并非处于无监管的状态，而是根据业务类型来适配现有的联邦金融法律和监管部门，采用多部门分头监管的形式，主要可分为证券监管、电子商务监管和消费者保护三个方面。

表 5－1　美国 P2P 公司适配的联邦金融监管法案

监管类型	监管要求	监管法案
证券监管	信息披露	《证券法》（*Security Law*） 《蓝天法》（*Blue Sky Laws*）等
电子商务监管	合乎程序 数据安全	《统一电子交易法案》 （*Uniform Electronic Transactions Act*） 《电子商务转账法案》 （*Electronic Funds Transfer Act*）等
消费者保护	公平 隐私保护 消费者教育	《公平信任报告法案》 （*Fair Credit Reporting Act*） 《公平债务征缴法案》 （*Fair Debt Collection Practices Act*） 《诚信借贷法》 （*Truth in Lending Act*） 《平等信用机会法》 （*Equal Credit Opportunity Act*）等

资料来源：GAO，Person－to－Person Lending，New Regulatory Challenges Could Emerge as the Industry Grows

一、证券监管强调市场准入和信息披露

（一）市场准入要求及措施

1. SEC 准入要求

2008 年 10 月 24 日，SEC 正式认定包括 Prosper 和 Lending Club 在内的 P2P

平台的运营行为涉及证券销售，并将其认定为销售“附有投资说明的借贷凭证”的机构。要求 P2P 平台在 SEC 登记注册，并向 SEC 提交材料进行登记申请。

2. 证券法

《美国 1933 年证券法》是美国第一部有效的证券业监管办法，也是第一部保护金融消费者的联邦立法。该法案共有 28 条①。

（二）信息披露监管措施

美国金融证券市场建立了一套包括政府、法庭以及自律组织等在内的基本的信息披露制度体系，有效地界定了公司、市场与政府之间的关系，并规范了各主体的行为，通过实施证券法律法规，实现对金融证券市场的集中统一管理。该制度体系可以概括为两个部分和四个层次。两个部分是指金融证券在一级市场上的首次公开披露和二级市场上的持续公开披露，四个层次是指对公开披露的信息有四个层次的监管。

表 5－2　针对公开披露信息的四个层次的监管

监管层次	监管机构	监管措施
第一层次	美国金融证券市场中介机构	会计师事务所、律师事务所以及金融证券评价机构等为发行人以及上市公司提供独立专业意见
第二层次	金融证券市场自律组织	证券交易所和全国证券商协会一方面根据其相关规则来评审公司的上市资格，另一方面自律组织密切监察其上市的公司，对不符合信息披露要求的公司予以制裁
第三层次	联邦证券交易委员会	监督企业向投资者披露重大消息，以便投资者在完全信息的情况下做出投资决策；另一方面监督联邦法律的执行，有权调查涉嫌违反证券法律的行为
第四层次	司法监管	通过一系列金融证券法律规范信息披露行为

资料来源：由本书课题组整理得出

① 参见《美国 1933 年证券法》,http://baike.baidu.com/view/1015657.htm? fr = aladdin. 访问时间：2014 年 8 月 20 日。

二、电子商务监管保护信息和交易安全

美国监管 P2P 公司电子商务涉及的法律主要有《统一电子交易法案》和《电子商务转账法案》，相关条款内容如表 5－3 所示：

表 5－3　美国监管 P2P 公司电子商务涉及的法律及相关规定

法律	相关条款
《统一电子交易法》	1. 如果法律要求记录和签名，电子记录和签名要符合要求 2. 在消费者交易中使用电子记录或者电子签名的商业行为必须预先征得消费者同意 3. 当事人各方约定采用电子手段进行交易，而法律规定一方当事人应以书面形式向另一方当事人提供、发送信息，则如果该信息以在接收时可被接收方予以保留的电子记录形式提供、发送或传递，视为符合法律要求。发送方或其信息管理系统禁止接收方打印或存储一项电子记录，该电子记录视为不可保留 4. 当事人各方协议约定使用某种安全程序检测变动或错误，一方当事人遵此执行，而另一方当事人未遵守约定，在未遵守方如遵守约定就可以检测到该变动或错误的情形下，遵守方可以撤销变动或错误的电子记录所产生的效力 5. 在一定条件下，电子记录可转让
《电子商务转账法》	1. 消费者拥有使用电子转账从银行账户汇入或汇出资金的权利 2. 禁止金融机构以顾客设立电子转账账户或以电子转账方式偿还贷款为授信条件 3. 严禁金融机构将电子提款卡变相成为信用卡

三、消费者权益监管保护消费者合法权益

美国对 P2P 公司消费者保护的监管涉及的法律主要有《公平信任报告法案》《公平债务征缴法案》《诚信借贷法》《平等信用机会法》《金融服务现代化法案》等，相关条款内容如表 5－4 所示：

表 5－4　美国监管 P2P 公司消费者保护涉及的法律及相关规定

法律法案	相关条款
《公平信任报告法》	1. 只有经过许可才能获得消费者的信用报告，并要求个人向信用部门提供正确的信息 2. 贷方拒绝信贷申请人的话，必须根据信贷报告中的信息说明原因 3. 贷方要求发展和落实一套防盗窃信息的程序

续表

法律法案	相关条款
《公平债务征缴法》	1. 对涉及消费者债务的第三方债务收款机构提供指引和做出限制，禁止在催收过程中使用威胁，骚扰和侮辱性行为
《诚信借贷法》	1. 要求贷方就贷款的条件和信贷交易提供统一、可理解的披露 2. 贷款方式的宣传受到监管 3. 借款人拥有及时获知信息披露和信贷处理方式等的权利
《平等信用机会法》	1. 禁止贷方基于种族、肤色、宗教信仰、国籍、性别、婚姻状态、年龄等因素而歧视信贷申请人
《金融服务现代化法》	1. 限制金融机构将消费者“非公开个人信息”透露给非关联的第三方 2. 要求金融机构知会客户其信息共享机制，并且告知客户如果客户不希望他们的信息被无关联的第三方机构获知，他们有权选择“退出”

注：本表格部分参考 http：//www. mycaixun. com/article/detail/263519

美国 P2P 监管体制对于消费者的保护主要关注消费者公平、消费者隐私和消费者意识三方面①。

（一）公平对待消费者

相关监管部门依据《公平信贷机会法》《公允信贷报告法》《公允债务清收习惯法》《多德—弗兰克华尔街改革与消费者保护法》（以下简称《多德—弗兰克法案》）等诸多法律，要求 P2P 公司必须以公平、平等的态度对待所有消费者。美国政府根据《多德—弗兰克法案》创建了金融消费者保护局（CF-PB），负责消费者金融产品和金融服务相关的法律与监管条例的制定和实施，成为消费者遇到不公平交易时的第一联系人，使得消费者在体会 P2P 平台产品和服务质量的同时，也拥有了具体的途径来采取行动，要求 P2P 平台纠正错误。

（二）保护消费者隐私

按照有关隐私和数据安全法律，监管部门要求 P2P 平台不得将消费者（主要是借款人）个人信息透露给无关联的第三方，并且必须向消费者公开平台的隐私政策、实施措施以及相关的风险共享信息。个别州还要求 P2P 平台必须遵守专门的有关隐私与数据安全法律。

① 王朋月，李钧. 美国 P2P 借贷平台发展：历史、现状与展望[J]. 金融监管研究，2013(7).

（三）提升消费者保护意识

主要措施是通过加强信息保护来提高消费者保护意识。SEC 监管后，要求 P2P 平台每天提交贷款列表，保证当有消费者对 P2P 平台提起法律诉讼时，有存档记录来证明其是否存在以错误信息误导消费者。这个措施可以使消费者在申请贷款时免受不实信息的误导。同时，SEC 要求 P2P 平台所提交的注册文件和补充材料中必须涵盖经营状况、潜在风险因素、管理团队构成、公司财务状况等广泛信息。这有助于消费者尽可能多地了解 P2P 平台，理解 P2P 借贷的内在风险，有助于消费者衡量自身风险承受力，开展多元化投资，理智地参与 P2P 平台或其他贷款。

除了监管部门依据相关法律采取的措施外，P2P 平台也自行采取了相应措施来保护消费者利益。如 Lending Club 将投资者的投资上限设为其净财产的 10%，以此减少投资失败带来个人财务毁灭性危机的可能性。Prosper 和 Lending Club 都制订了破产后备计划，一旦平台破产，会有第三方机构来接管平台的运营，继续服务消费者。Prosper 已经创立了 Prosper Funding，保护所有的消费者在 Prosper 破产时免受波及。此外，两个平台都做了大量努力来增强风险管理能力，力求对借款人进行恰当的风险定价，降低违约风险①。

① 参见《美国消费者保护的 P2P 监管及中国启示分析》，http://b2b.toocle.com/detail--6172161.html. 访问时间:2014 年 8 月 20 日。

第六章 美国 P2P 行业监管机构

目前，美国对 P2P 借贷实行多部门分头监管、州与联邦共同监管的管理架构。各个监管机构依托现有法律对 P2P 借贷的业务进行监管。目前，SEC 是整个 P2P 借贷监管的核心力量，其与州一级证券监管部门是投资者保护的主要力量，而 FDIC、州一级金融机构部、消费者金融保护局等则是借款人保护的主要力量。

一、SEC——P2P 网贷的主要监管部门

美国证券交易委员会（SEC）于 1934 年根据《证券交易法》成立，是直属美国联邦的独立准司法机构，负责美国的证券监督和管理工作，是美国证券行业的最高机构。SEC 的管理条例旨在加强信息的充分披露，保护市场上公众投资利益不被玩忽职守和虚假信息所损害。① 美国所有的证券发行无论以何种形式出现都必须在 SEC 注册；所有证券交易所都在 SEC 监管之下；所有投资公司、投资顾问、柜台交易经纪人、做市商及所有在投资领域里从事经营的机构和个人都必须接受 SEC 监督管理。②

二、FTC、CFPB、FDIC——借款人保护机构

除 SEC 之外，FDIC、州一级金融机构部、消费者金融保护局等成为借款人保护的主要机构或力量，是美国 P2P 行业监管机构的重要组成部分，与 SEC 一起实现对 P2P 行业的监管。

① 参见 http://www.baike.com/wiki/SEC。

② 参见 http://baike.baidu.com/link?url=x5GL_Cv4Vbpd91K60GQx-eKQRe9nE0Lqj8QIJg7THxl3XiJ2USC54yGiQTMVg_q8XYb6dVmNiAhugR-BEryrI_。

（一）联邦贸易委员会（FTC）

美国联邦贸易委员会（FTC）是执行多种反托拉斯和保护消费者法律的联邦机构。FTC 的目的是确保国家市场行为具有竞争性，能够繁荣、高效的发展，不受不合理的约束。FTC 也通过消除不合理的和欺骗性的条例或规章，确保和促进市场运营的顺畅。一般而言，FTC 的工作主要是阻止可能给消费者带来危害的行为。当国会、行政机构、其他的独立机构、州和地方政府商议政策需要时，FTC 会提供相关资料。FTC 可以通过不同的方式进行调查。①

（二）消费者金融保护局（CFPB）

2011 年 7 月 21 日，美国总统奥巴马正式签署《多德—弗兰克法案》。根据该法案，美国联储下设金融消费者保护局（CFPB），对提供信用卡、抵押贷款和其他贷款等消费者金融产品及服务的金融机构实施监管，保护金融消费者权益。CFPB 成立以来开展的主要工作及具体措施如表 6－1 所示：

表 6－1　CFPB 的主要工作及具体措施②

主要工作	具体措施
强化金融消费者教育	主要利用四种方式加强消费者教育： 1. 设立专门内设机构——金融教育与消费者参与部 2. 设立消费者咨询免费电话 3. 通过网站提供基础金融知识 4. 增强与消费者的互动
制订或修订金融消费者保护法规	负责制订与联邦消费者金融法律有关的条例、指令和指引。截至 2013 年 2 月末，共提出 10 项法规制订或修订建议，已经发布且较有影响力的金融消费者保护规则有两项：预付卡新规和抵押贷款新规
检查金融机构消费者保护合规情况	1. 资产规模较大的银行。CFPB 可将其职责委托给合适的审慎监管者，但至少选派一名检查人员参与检查 2. 资产不足 100 亿美元的银行（包括储蓄机构）与资产不足 15 亿美元的信用社。由其他联邦审慎监督者负责，CFPB 对于小银行和小信用社消费者保护主要承担协助角色 3. 非银行机构。所有向消费者提供金融产品和服务的非银行金融机构应接受 CFPB 的监管与审查，监管力度应当符合该机构过去所暴露的风险 4. 做好规则执行检查工作。CFPB 于 2011 年 10 月公布了《监管和检查手册》，并根据手册对其职能管辖内的机构进行检查，规定检查的重点是消费者面临的风险和联邦法规的执行情况，检查完毕后 CFPB 发布执行情况公告，通报检查结果

① 参见 http://baike.baidu.com/link? url=4PK1LB8rPXBNg5e1tKUJFFugnbknYpbFSgUbqVL-Ia8eAWCOwUFWWyHTcN3SREUNVjlf7YoOdOLomS0_95C5ua.

② 张丽.美国金融消费者保护局的实践及启示[N].金融时报,2013-04-22.

续表

主要工作	具体措施
构建并负责运作消费投诉及处理体系	1. 投诉渠道。消费者可以通过网站、电子邮件、传真或电话就金融机构侵权问题向 CFPB 投诉。CFPB 还专门针对一系列问题收集金融消费者意见 2. 投诉处理。对于消费者的投诉，CFPB 要求金融机构在 15 日内对消费者的投诉做出回应，并要求其在 60 天内处理完所有投诉。CFPB 可以对违法情况依法进行听证，并提出处理意见 3. 投诉反馈。CFPB 在投诉处理完毕后，需对投诉信息进行汇总，向局长以及其他相关监管机构进行汇报。同时，CFPB 不定期对专项投诉进行整理，发布反馈报告 4. 投诉信息共享和分析。CFPB 建立了投诉数据库，与其他监管机构和联邦、州贸易委员会等相关机构共享，通过数据分析对市场进行实时监控。CFPB 每年定期对消费者投诉情况进行全面分析，并向国会提交分析报告。 5. 消费者救济。CFPB 通过司法或行政处罚所得的罚款，存入美联储设立的"消费者金融民事处罚基金"，用于救济无法获得赔偿的金融产品或服务受害者。
进行金融消费者保护监测和研究	CPFB 内设研究部门，研究、分析并报告金融市场上有关金融消费者产品和服务的现状和未来发展趋势。研究重点分为两类： 1. 金融机构在执行金融消费者权益保护法规方面的情况。与检查情况公告不同，此类报告涉猎范围更广，包括其他联邦机构、法院、投诉等涉及的同类问题 2. 金融消费者保护问题的分析。此类报告涉及消费者金融产品和服务的特征、成本、收益和风险以及如何保障消费者的充分知情权，同时，报告还披露金融产品和服务交易的管理情况，包括产品和服务的成本、费用及数据处理，如信用机构管理消费者数据的调查等

（三）联邦存款保险公司（FDIC）

联邦存款保险公司（FDIC）是美国国会建立的独立的联邦政府机构，通过为存款提供保险、检查和监督金融机构以及接管倒闭机构，来维持美国金融体系的稳定性和公众信心。FDIC 的具体任务如表 6－2 所示：

表 6－2　FDIC 的主要任务①

任务类型	具体内容
存款保险	持续评估和有效管理经济、金融市场及银行体系变化情况对存款保险基金充足性和波动性造成的影响

① 参见《联邦存款保险公司》，http://baike.baidu.com/view/3561843.htm? fr = aladdin。

续表

任务类型	具体内容
监管和消费者保护	FDIC 的监管计划提高了存款机构的安全性和合理性，保护了消费者的权益。FDIC 根据风险资本比例将投保银行分为五个等级：资本状况良好、资本充足、资本不足、资本严重不足和资本极端不足，当一家银行资本不足时，FDIC 会向这家银行发出警告。当资本严重不足时，FDIC 会改变对银行的管理，并迫使银行采取其他纠正措施。当银行出现资本极端不足时，FDIC 会宣布银行破产并接管银行
破产管理	FDIC 的重要任务是保护已投保银行和储蓄机构的存款人，为大多数账户提供最高 10 万美元的存款保险。对于部分退休账户，这一上限提高到 25 万美元。一旦某家机构倒闭，FDIC 就成了接管人，负责处理倒闭银行或储蓄机构

第七章　美国 P2P 行业监管效果评价

美国的金融监管体制极其庞大和复杂，交叉监管明显。P2P 作为新兴的替代性金融行业，美国目前也尚未出台专门的 P2P 监管法案，而是根据既有的法律法案和监管部门管理 P2P 公司，这样保证了新型金融有法可依、有司可管，有利于金融行业乃至社会的和谐与稳定。针对 P2P 行业，美国在消费者保护、信息披露等方面采取了一系列监管措施，进一步规范行业发展，但是美国 P2P 监管在取得成效的同时也有其不足之处，对 P2P 行业的发展带来了一定影响。

一、监管“一刀切”打击了行业发展

2008 年 SEC 将 P2P 公司纳入监管，Prosper 和 Lending Club 两家较大的平台在 SEC 进行了注册，但很多小型 P2P 公司因无法承受高昂的注册费用而被迫倒闭。因此，美国 P2P 行业受到严重的打击。SEC 作为证券销售行业监管的主体，在传统的金融行业中，对确保行业信息公开有着关键的作用。SEC 对投资人的保护，基于对受监管企业信息的强制性公开。然而，P2P 借款平台作为一个信息平台而不是债券交易商，本身设立的目的就是在既保护借款人隐私的前提下，又保障借款人信用信息的公开。SEC 无法提高 P2P 平台审查借款的水平，同时也给 P2P 平台的运行增加了诸多不必要的法律程序，增加了 P2P 平台的法务成本，这些都将最终转嫁给 P2P 平台的使用者。

综上所述，有效监管的前提是监管主体的有效性和监管方法的合理性，不合理的监管不仅起不到保护投资人的作用，还可能增加交易成本，甚至增加投资人所面临的投资风险，美国 SEC 对 P2P 行业的不正当监管已经暴露了诸多问题，美国国会也已经责成美国审计署对 P2P 行业进行了重新详细的调查，为其重新审视美国 P2P 行业监管问题做好了铺垫。

二、监管方式的合理性被质疑

在 1990 年的 Reves 案中，最高法院曾明确规定了为借入者的消费需求进行的融资所产生的借贷凭证并不应被认定为证券，但相当比例的网贷借款人的资金用于消费需求。因此，SEC 对 P2P 公司监管的合理性是值得商榷的。

美国 P2P 公司在发展过程中基本都经历了业务模式的转变。以 Lending Club 为例，它在两年内经历了从本票模式（2007 年 6 月至 2007 年 12 月），到银行模式（2008 年 1 月至 2008 年 3 月），再到证券模式（2008 年 10 月至今）的转变。每一次业务模式的转变，都与美国监管机构对 P2P 网贷行业监管要求的变化分不开。在此过程中，公司的基本业务其实并无变化，却适配着不同的法律和监管机构，难免让我们怀疑这种监管模式的可靠性。

三、既有监管体系僵化

现行体制下的监管方案应用于 P2P 行业，缺乏灵活性。如现行的监管体制强调信息披露的重要性，SEC 要求 P2P 公司不断补充发行说明书附属材料，而借款人信息等在接受监管前就已经公布在其官方网站上，SEC 仍要求 P2P 公司上报此类信息，其必要性值得怀疑。现有的信息披露原则对于拥有大量中小客户的 P2P 平台来说成本过高，不利于整个行业的长期发展。再者 SEC 虽然要求 P2P 公司进行信息披露，但并不就披露的借款人信息进行审查。将 P2P 公司纳入 SEC 的监管体制下，可能会给投资者造成安全的假象，从而降低了投资谨慎度。显然现有的金融监管体制并无法解决这些新兴金融行业带来的新问题。

第八章　美国 P2P 平台典型案例

一、Lending Club——美国最大的 P2P 网贷平台

（一）平台简介

Lending Club 成立于 2006 年 10 月，最早通过 Facebook 应用开展业务。公司成立后增长势头迅猛，至 2015 年 4 月累计完成贷款总额达到 76.2 亿美元，是其竞争对手 Prosper 的 3 倍，已成为全球最大规模的 P2P 平台。2007 年 10 月 Lending Club 网站正式上线，全面开始 P2P 网贷服务。随后通过与 Web Bank 签订合作协议，获美国证券交易委员会（SEC）批准转变为证券模式后，Lending Club 将业务拓展到美国大部分州，并迅速超越了 Prosper，成为美国 P2P 借贷市场的主要服务平台。Lending Club 的发展历史如下：

2006 年 Lending Club 成立于特拉华州。

2007 年 7 月 Lending Club 发放了第一笔贷款，并出现在 Facebook 的第一批应用里。

2007 年 8 月募集到了 1000 万美元的 A 轮融资，彻底转变为 P2P 借贷公司。

2008 年 4—10 月公司暂停出售收益权凭证，集中处理了包括申请 SEC 的认定与声明等问题。

2008 年 10 月 14 日 Lending Club 在 SEC 注册，取得证券发售资格。走向全面发展之路。

2011 年 3 月 31 日累计投资者达 2.06 万人，借款人达 2.5 万人。

2012 年 11 月同期公司现金流入大于流出，实现盈利。

2014 年 8 月 27 日公司正式向 SEC 提交上市申请文件，原计划融资额度为

5 亿美元。

2014 年 12 月 12 日，公司正式上市，估值高达 80 亿美元。[①]

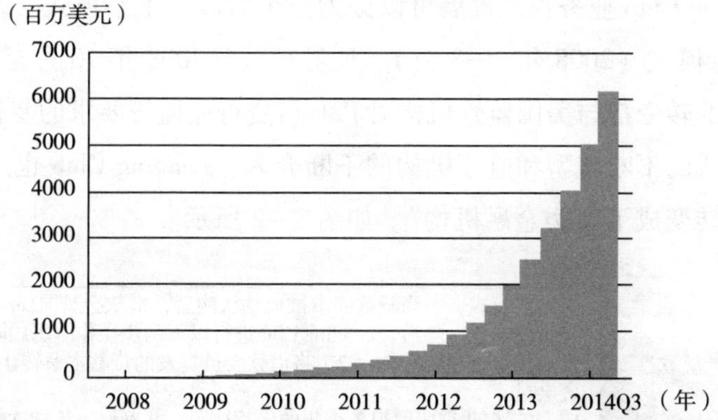

图 8－1 截至 2014 年第三季度 Lending Club 的累计贷款总额

资料来源：https：//www. lendingclub. com/

1. 创立缘由

在经济环境上，创始人 Laplanche 于 2000 年创建 Match Point（后来被 Oracle 收购）时遇到了资金周转问题，发现信用卡透支的利率高达 18%，即便是有多年良好信誉也不会带来利率上的优势。信用卡公司对所有客户收取同样的利率，用信用好的客户来供养信用较差的客户。如果能把前 10% 或者 20% 信用度好的客户区分出来，他就能给这些人提供更低的贷款利率。同时，通过给信用好的人借款，也能够得到和信用卡公司一样的回报。基于上述原因，他产生了 Lending Club 的初步设想。

与此同时，行业里已有 Propser 为 P2P 奠定了一定的前进基础，Prosper 采用的是拍卖模式，投资者可以决定他们自己发放贷款的利率。但 Laplanche 却认为，因为投资者通常没有足够的消费信贷知识来做出准确的判断，让市场决定利率并不是最好的策略，网站根据贷款风险提前设定利率可能会更好。在社交网络兴起的文化环境下，Lending Club 选择成为 Facebook 的应用来扩大知名度。Facebook 给平台带来了诸多关注，但从流入量和贷出量来说，并没有获得巨大的成功。Facebook 的用户比较年轻，没有信用记录，用户也没有大额资金

① 资料来源：LC 招股说明书，虎嗅网，东方证券研究所。

进行投资。

2. 业务发展历程

Lending Club 业务模式发展可以分为三个阶段：本票模式（2007 年 6—12 月）、银行模式（2008 年 1—3 月）、证券模式（2008 年 10 月至今）。每一次业务模式的转变都与美国监管机构对 P2P 借贷行业监管要求的变化分不开。随着业务模式的不断转型和监管机构的不断介入，Lending Club 也逐渐从简单的社交应用转变成了“类金融机构”。如图 8－2 所示。

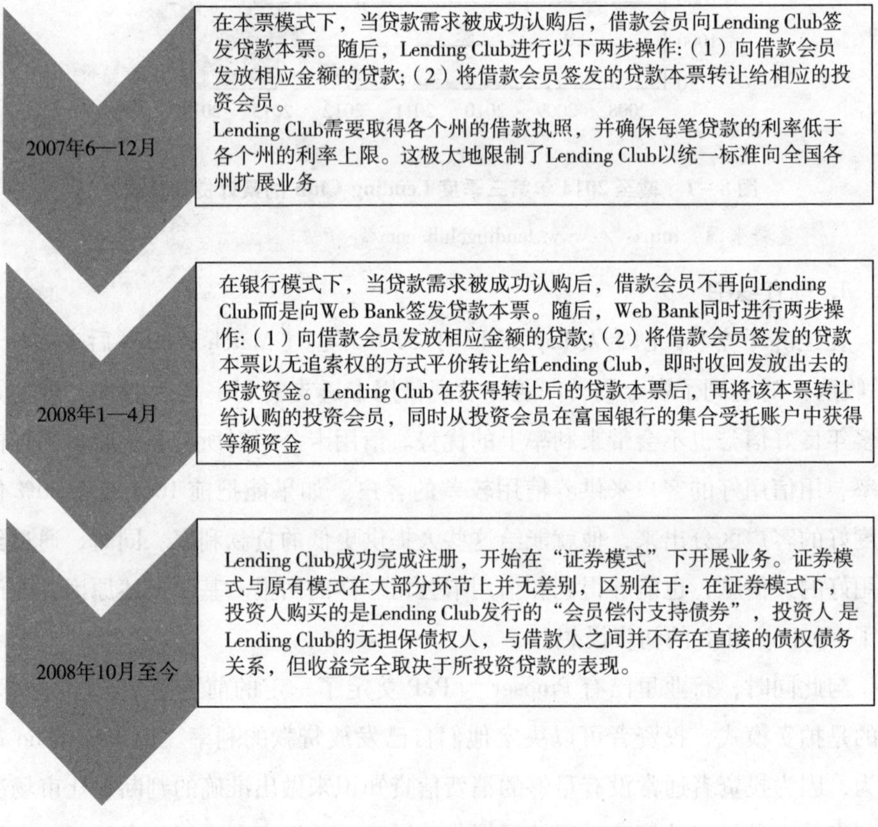

图 8－2 Lending Club 业务模式发展进程

（二）平台运营特色

1. 第三方信用评估＋自身评级

充足有效的评定信用的信息对平台进行合适的风险控制提供了支持，赋予了更合理的风险定价。除了用 FICO 评分数据，Lending Club 还仔细调查借款人的详细信息，比如借贷目的、额度需求、违约历史、贷款人是否拥有房产、收入情况、教育背景、职业、负债收入比、邮件、电话、住址、计算机 IP 地址等信息。这些一开始是通过手工操作积累经验，后来逐步进行自动化，更多地享受互联网带来的优势。同时对 FICO 评分要求很高，在客户信用等级评定中，其详细核实客户信息，并且只给所有申请人中前 10% 左右贷款，信用条件比行业领先的 Prosper 更为严格。

2. 证券化 + 破产隔离

SEC 将 P2P 交易中形成的收益凭证归为证券，让 P2P 更好地利用资本市场的要求创造更多产品。Lending Club 注册其全资子公司 LC Advisors，以基金的形式管理大额机构投资者的资金，投资于 Lending Club 发行的票据。Lending Club 利用子公司建立 SPV 将贷款打包，卖给更多的大型机构投资者，将基础资产以更有保护的形式出售给更有投资能力的个体。在这一过程中，平台充分利用证券化的特点扩大自身业务，也是其能成为全球规模最大的 P2P 平台的重要因素之一。

3. 逾期债权转让

Lending Club 除了和 Web Bank 合作最终过渡到证券化，还和 Foliofn 合作让其在追讨逾期债权方面发挥作用。美国在金融行业的分工非常明确，有专门从事低价收购呆、坏债权，再进行催收的机构，遇到坏账的债权人可以将债权转让出去以降低自身风险。Lending Club 与 Foliofn 合作向用户推出线上债权交易平台。在这个平台上，出借人可以打折出售自己的逾期债权，专业的投资者通过分析和判断之后，会选择购买逾期债权，再利用收购坏账盈利。[①]

（三）平台运营框架

Lending Club 运营框架的核心是有镜像关系的贷款和票据。每笔贷款和票据均有相同的本金、利息、期限、现金流特征，这类票据被称为收益权凭证，类似于证券化中的转手证券。通过贷款和票据的安排，尽管 Lending Club、Web Bank 和借贷双方之间存在复杂的契约关系，但从信用风险的角度来看，投资人和借款人之间如同有直接的债权债务关系，而 Lending Club、Web Bank 则如同不介入借贷交易。所以，在 Lending Club 的运营中，涉及贷款的发放和

① 参见东方证券研究的相关研究报告。

转让以及票据的发行和交易，跨越了银行和证券两个领域①。

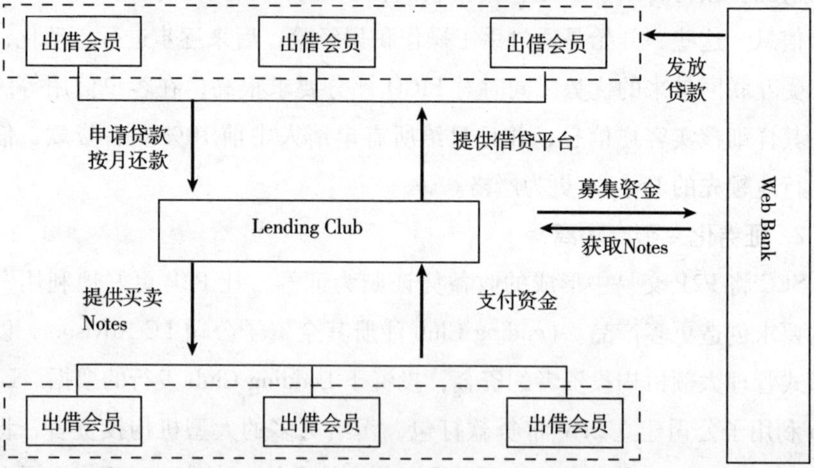

图 8－3　Lending Club 运作基本框架

1. 运作流程

投资人购买的是 Lending Club 按美国《证券法》规定发行的票据。在投资者认购票据时，实际上相关票据并没有发行，对应的贷款也没有发放。当认购足额时，票据才会向投资者发行，Lending Club 收到认购款（历史统计表明，99% 的票据被全额认购）。同时，Web Bank 会发放对应的贷款，然后贷款转让给 Lending Club。每个系列的票据均对应着一笔贷款，两者之间存在类似镜像的关系。如果不考虑 Lending Club 向投资人收取的服务费，借款人每个月对贷款偿付多少本息，Lending Club 就向持有对应票据的投资人支付多少。如果借款人对贷款违约，对应票据的持有人也不会收到 Lending Club 的支付（即 Lending Club 不为投资人提供担保），但这不构成 Lending Club 自身的违约，所以 Lending Club 不承担与借贷交易有关的信用风险。对 Web Bank 而言，因为向借款人贷款以及向 Lending Club 转让贷款几乎同时发生，也不承担与借贷交易有关的信用风险，在一定程度上类似托管银行的角色。贷款的信用风险实际上完全由投资人承担。

---

① 参见《谢平互联网金融报告连载 8：P2P 网络贷款》，http://01caijing.com/html/gdpl/1445_3493.html. 访问时间：2014 年 9 月 10 日。

2. 贷款用途

借款人必须在申请过程中向 Lending Club 披露其贷款用途。其中近 80% 的用途是以集合债务贷款或偿还高利息的信用卡欠款。其他用途的贷款包括房屋装修、小生意和买房买车等。

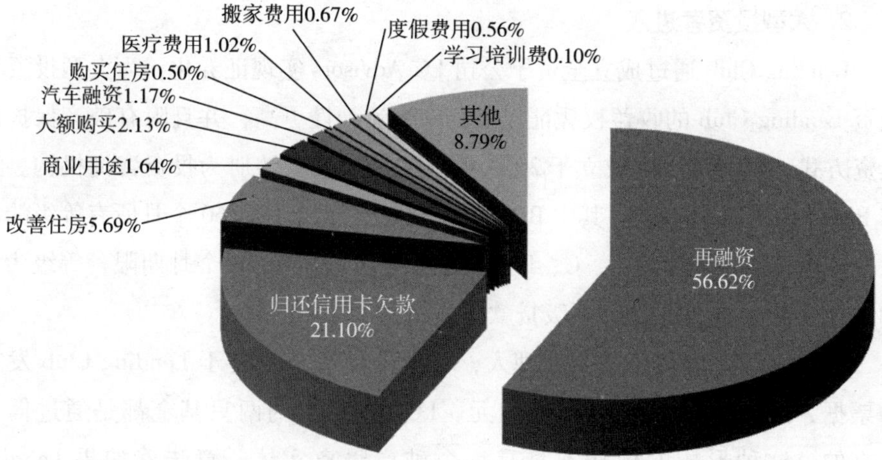

图 8-4 Lending Club 借款用途分布

资料来源：https：//www.lendingclub.com/

（四）平台吸引大量投资者

1. 设立二级交易平台

Lending Club 在 2007 年成立时并没有设立交易平台。在当时，并没有其他途径来售出权证，一旦投资者投资于某个贷款，投资者就只能一直持有相应的权证直到其到期。2008 年 Lending Club 在 SEC 登记注册之后，投资者所购买的收益权凭证就像股票一样，被视作证券，可以在二级市场上交易。

Lending Club 选择 Foliofn 来管理其二级交易平台。二级平台使得大部分州的投资者都可以参与 P2P 借贷。Lending Club 上市前只能在 28 个州对个人投资者开放业务，但是通过这个交易平台，Lending Club 的业务可以对几乎全部州的投资者开放。只有哥伦比亚、堪萨斯州、马里兰州、俄亥俄州、俄勒冈州和韦尔蒙特州的居民无资格参与平台的交易。在公司上市后这些限制也被去除了。[①]

① 参见 http://www.wangdaitiandi.com/news/show/5846。

在公司上市前，考虑到很多州的居民无法直接参与 Lending Club 平台，所以二级交易市场有很多买家。很多投资者已经在二级交易平台上建立了非常成功的投资组合。在每个时点上都有大量的权证在售，确保了为交易平台上的投资者提供稳定的票据供给。①

2. 大型投资者进入

Lending Club 通过成立全资子公司 LC Advisors 实现证券化，为大型投资者投资 Lending Club 的收益权凭证提供了一个流动性更高，并且附有破产保护的投资方式。LC Advisors 成立于 2010 年，在 SEC 登记注册为投资咨询机构。它有 BBF、CCF 两只基金。其中 BBF 基金投资于 36 个月和 60 个月所有等级的贷款，重点投资于等级为 B、C、D 的贷款。CCF 投资于 36 个月期限，等级为 A 和 B 的贷款，重点投资于 A 级贷款。

LC Advisors 类似于基金经理人，募集外部资金投资于 Lending Club 发行的票据，最低投资额度为 50 万美元。LC Advisors 的两只基金都是通过信托持有的，这种形式的信托本身是一个破产隔离实体，意味着如果 Lending Club 破产，投资者的资金可以得到保护，能更好地满足大型机构投资者的投资要求。

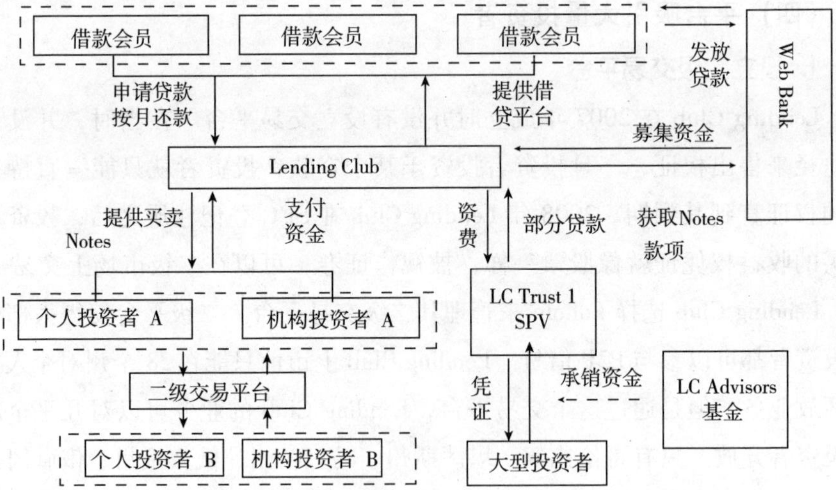

图 8-5 Lending Club 运作框架（含全部投资者）

① 第一财经新金融研究中心. Lending Club 简史[M]. 北京：中国经济出版社，2013.

（五）平台借贷信息

表 8-1 Lending Club 借贷信息①

	投资者	借款者
要求	投资人的收入和财富（用净值来衡量）达到一定的标准，在 Lending Club 的投资不得超过财富的 10%	只有 42 个州的居民有资格申请 Lending Club 贷款； 申请者必须是年满 18 岁的美国公民或永久居民，且有一个有效的社会安全号码； 申请者应有一个有效的银行账户； 申请者 FICO 评分应为 660 分或以上； 申请者有的债务对收入比率应低于 35%（不包括住房抵押贷款）； 三年信用记录，在过去 12 个月内没有拖欠、最近破产（7 年内）、开放的税收留置权、撇账或非医疗集合账户； 信用分数在 740 分以上，过去 6 个月内不得超过 9 次信用调查； 信用分数在 740 分以下，信用报告在过去 6 个月内不得超过 4 次信用调查； 申请者不可透支信用卡，其信用卡循环使用率要低于 100%； 在信用报告中应拥有超过 3 个账户，其中两个是分开的
额度	最低投资金额为 25 美元	个人贷款额度为 1000 ~ 35000 美元，商业贷款额度为 15000 ~ 100000 美元
期限		三年或者五年
收取的费用	服务费：借款人每次还款，Lending Club 会从投资者账户中减去 1% 作为服务费，服务费四舍五入到美分，每次最低的管理费是 1 美分；	管理费：管理费会根据贷款期限和等级变动；② 滞纳金：每个借款人能得到 15 天的宽限期来支付他们每月的贷款分期付款，但在该日期之后将收取滞纳金。这笔费用将按 5% 的未付分期金额或 15 美元中较高者收取。每笔逾期还款费用只收取一次
	追索费：假设贷款逾期，追偿的费用会比较高，Lending Club 因此向投资人收取追偿费。如果违约时间在 60 天以内并且自贷款发放日不足 90 天，收取 30%，其他情况下则收取 35%，如果追偿不成功则不收取。	付款失败费用：如果借款人的银行拒绝提款而导致自动付款失败，那么 Lending Club 将向借款人收取 15 美元的支付失败费用。Lending Club 可能会进行多次尝试来处理贷款支付。而每次失败的尝试都将收取 15 美元的费用； 支票处理费：Lending Club 希望所有借款人从他们的银行账户进行自动付款，如果借款人决定通过支票支付，那么每笔付款将收取 15 美元的支票处理费

① ［美］瑞顿．Lending Club 简史［M］．第一财经新金融研究中心译，北京：中国经济出版社，2013.

② Lending Club 不收申请费，借款人申请贷款是免费的，但每一个成功获得的贷款的借款人将支付一次性的筹款管理费用。

表 8-2　管理费收取标准

贷款期限	A			B	C	D	E	F	G
子级	1	2~3	4~5	1~5	1~5	1~5	1~5	1~5	1~5
36 个月（%）	1.11	2.00	3.00	4.00	5.00	5.00	5.00	5.00	5.00
60 个月（%）	3.00	3.00	3.00	5.00	5.00	5.00	5.00	5.00	5.00

资料来源：https：//www.lendingclub.com/

注：管理费会根据贷款期限和等级变动

（六）平台风险控制

Lending Club 的风险定价充分利用信用分数和具体贷款的实际情况。Lending Club 根据借款人的 FICO 信用评分以及其他信用特征，得到一个模型次序，将信用评级从高到低分成 A 到 G 共 7 个等级，每个等级从高到低又细分成 1~5 共 5 档（实际上共 35 个信用评级）。贷款金额或期限越长，信用评级下调档次越多。贷款金额达 35000 美元最高下调档次可达 6 档，贷款期限 5 年最高下调档次可达 8 档。贷款利率与信用评级挂钩，等于基准利率与风险、波动率调整之和。其中，风险、波动率调整的目标是覆盖贷款的预期损失。评级越低，贷款利率越高。

表 8-3　贷款利率的定价机制　　单位：%

贷款利率		档次				
		1	2	3	4	5
信用评级	A	6.03	6.49	7.12	7.69	8.39
	B	9.17	10.15	10.99	11.67	12.49
	C	12.99	13.35	13.98	14.49	14.99
	D	15.61	16.29	16.99	17.57	18.24
	E	18.99	19.52	20.20	20.99	22.15
	F	23.43	24.08	24.50	24.99	25.57
	G	25.80	25.83	25.89	25.99	26.06

资料来源：https：//www.lendingclub.com/

Lending Club 的核心竞争力是其打分与决策系统。Lending Club 采用 FICO 打分系统对客户初步筛选，再利用更多的用户行为与交易数据，自有打分以及信贷决策模型对客户进行进一步评估，以制定差异化的融资条款，结合外部评级、内部评级挑选排在最前面的 10% 的客户。Lending Club 实现了较同业更严格的信用标准，同时，通过非标准化资产的有效证券化、逾期债权转让，Lending Club 将个人债权对接到资本市场体系中，将平台风险显著降低。Lending Club 在发展到证券模式之后，相当于将贷款打包，设计成固定收益类理财产品，这种证券化行为显著提高了流动性。

二、Prosper——美国第一家 P2P 网贷平台

（一）平台简介

Prosper 成立于 2005 年，是美国第一家 P2P 网络借贷平台，专注于个人贷款业务。Prosper 成立初期，贷款采用拍卖模型。2010 年 12 月平台贷款改成固定价格模型，由平台根据贷款风险提前审定贷款利率。

2008 年 11 月，SEC 对 Prosper 发出了暂停发售票据的命令。在向 SEC 登记注册期间，Prosper 停止发放新的贷款，但是继续运营原有的贷款。2009 年 7 月 Prosper 重新开始贷款业务。除了在 SEC 登记之外，Prosper 还需要在选定的州证券监管部门登记，以得到允许向该州居民推出和发售收益权凭证。

2013 年 1 月，Prosper 宣布获得由红杉资本领投的新一轮 2000 万美元投资，而其目前的投资者 Accel Partners 和 Google 前 CEO 施密特的 Tomorrow Ventures 等都继续跟投。加上这轮融资，Prosper 总计已获得 9500 万美元投资①。2014 年 5 月，Prosper 完成了 7000 万美元的融资，由旧金山投资公司 Francisco Partners 领投，另外两家风险投资公司 Institutional Venture Partners 和 Phenomen Partners 跟投②。

Prosper 鼓励借款者在博客、Facebook、推特和其他社交网站发布其借款信息，吸引更多投资人出资。对于借款投标期结束后未满标的项目，平台规定已投金额达到申请金额 70% 以上时亦可发放贷款。

（二）平台借贷信息

Prosper 平台会员必须年满 18 周岁。放款人最低投资金额为 25 美元，最高

---

① 参见 http://36kr.com/p/200946.html。

② 参见 http://tech.sina.com.cn/i/2014-05-05/15059359380.shtml。

可投资 500 万美元，平均投资回报率达 8.89%；借款人年均借款利率为 6.73% ~35.36%，借款期限分为 1 年、3 年和 5 年，借款金额为 2000 ~35000 美元。截至目前，平台为 250000 人提供 20 亿美元的借款。Prosper 公司已有 92% 的员工加入平台投资人队伍。

表 8-4 Prosper 借款利率和投资收益率 单位:%

风险等级	借款利率	收益率	预计坏账率
AA	6.05 ~8.09	4.23 ~4.93	≤1.99
A	8.74 ~11.99	5.29 ~6.53	2 -3.99
B	12.24 ~14.85	6.49 ~7.05	4 ~5.99
C	15.35 ~19.20	7.24 ~7.82	6 ~8.99
D	19.60 ~23.44	7.91 ~8.75	9 ~11.99
E	24.24 ~28.00	8.96 ~9.80	12 ~14.99
HR	28.74 ~30.09	9.98 ~10.21	≥15.00

1. 借款人要求

注册成为 Prosper 的借款人，需满足三个条件：（1）必须是缅因州、北达科他州及爱荷华州以外的美国合法居民；（2）须拥有社会保障号码和银行账户；（3）在 Experian 公司取得的信用评分至少达到 640 分。Prosper 依据借款人在平台上的历史借款数据对借款人做出风险评分，风险评分为 1 ~11 分；其中 11 分代表风险最低，1 分表示风险最高。Prosper 根据信用评分和风险评分将借款人信用从优到良依次分为 7 个等级：AA、A、B、C、D、E 和 HR。[①]

Prosper 在借款审核中，还严格限制借款人的第二次借款，要求必须和上次借款相隔 6 ~12 个月，避免借款人通过“借新还旧”来周转贷款。

表 8-5 Prosper 各信用等级的借款金额及期限

风险等级	借款金额和期限
AA	2000 ~20000 美元，3 年 20001 ~35000 美元，3 年和 5 年
A	2000 ~35000 美元，3 年和 5 年
B	2000 ~35000 美元，3 年和 5 年

① 参见 http://www.midai.cn/article/1497。

续表

风险等级	借款金额和期限
C	2000～30000 美元，3 年和 5 年
D	2000～25000 美元，3 年和 5 年
E	2000～10000 美元，3 年和 5 年
HR	2000～4000 美元，3 年

Prosper 根据借款人的风险评级，按借款金额的收取一定比例的费用，费用直接从借款中扣除。提前还款或提前还部分借款不收取任何费用。

表 8－6　Prosper 借款费用比例

风险等级	费用占比（%）	
	3 年	5 年
AA	2	3
A	4	5
B	5	5
C—HR	5	5

2. 投资者服务

Prosper 为投资者提供快速投资通道，投资人只要设定一个基本的或详细的投资标准（如收益率、借款期限等），就可以通过平台搜寻符合条件的借款项目。投资者通过审查、比较符合条件借款项目的相关信息，选择合适借款项目并最终确认投资金额。

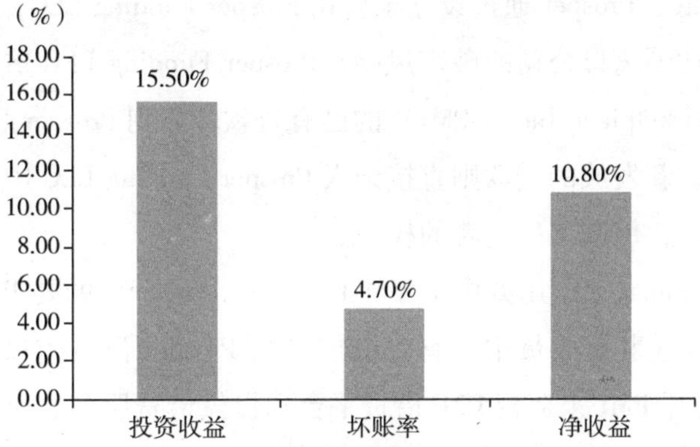

图 8－6　Prosper 投资者投资收益、坏账率和净收益

Prosper 卓越理财计划为投资人 25000 美元以上的最新投资提供优先级服

务，由平台专业的投资分析师执行最优投资策略，帮助投资人在更短时间内获得最大化的投资收益。投资分析师根据投资者提供的投资总金额、各风险等级投资金额比例和投资期限等简要信息，制订并执行合适的投资计划，投资人可享受优越的投资服务。

3. 平台主要借款用途

表 8-7 Prosper 平台借款用途

种类	备注
偿还债务与信用卡	/
家庭房屋装修	/
短期贷款	/
车辆贷款	小汽车、卡车、摩托车、汽艇
个人商业贷款	/
婴儿育养贷款	/
订婚戒指融资	/
婚礼贷款	/
朋友 & 亲人贷款	借款人邀请朋友和亲人注册 Prosper 账户并作为投资人进行投资
绿色贷款	用于太阳能技术、水保护系统、节能绿色屋顶和绿色窗口等绿色能源
军人贷款	PCS（个人通信服务）或家庭搬迁费用、家庭房屋装修、购买家具和电器、度假，礼物……

（三）平台风险控制

1. 设置破产隔离载体

2012 年年底，Prosper 通过设立子公司 Prosper Funding LLC，由其向投资者发行证券，成功隔离母公司的破产风险。Prosper Funding LLC 成立后，原法律实体 Prosper Marketplace Inc.（PMI）的已有贷款转移到 Prosper Funding LLC 的资产负债表中，新发放的贷款则直接记入 Prosper Funding LLC 中。即当 Prosper 面临破产问题时，保证了投资者的权益。

Prosper Funding LLC 其实并没有员工，只是按照 SEC 的要求设有董事会成员和理事。5 名董事会成员中，有 2 名成员与 Prosper 没有附属关系。Prosper Funding LLC 委托 PMI 来运营 P2P 借贷平台和提供借贷服务，所有的员工都会继续留在 PMI。①

---

① 参见 http://blog.sina.com.cn/s/blog_4c90572d0101b3u0.html。

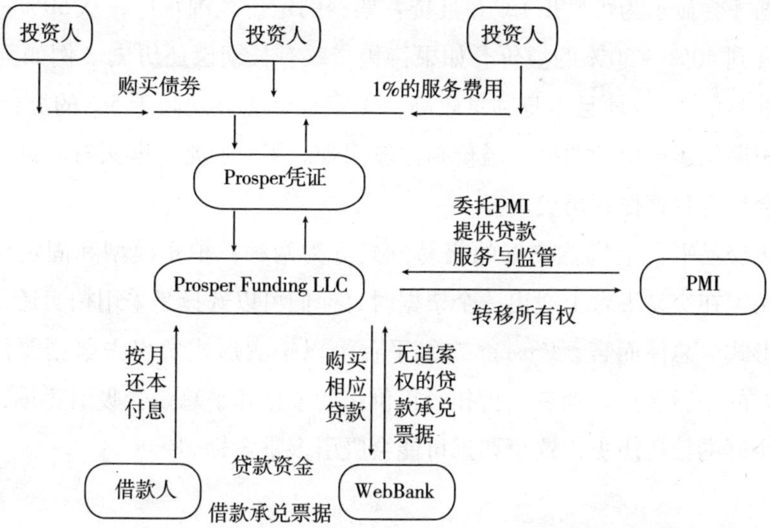

图 8－7　Prosper 破产隔离模式

2. 客户资金第三方托管

Prosper 平台的客户资金并不转入 Prosper 的公司账户，而是转入 Prosper 在富国银行为客户开立的特别托管（FBO）账户，类似于中国的“第三方存管”账户。客户资金在转账清算时直接进入美国自动清算所（Auto－mated Clearing House，ACH），Prosper 的公司账户和公司管理人都无法接触到客户资金，也不可能挪用客户资金。①

（四）建立二级交易平台

Foliofn 建立于 1999 年，是在美国证券委员会（SEC）注册的自我清算的经济交易商。Prosper 与 Foliofn 合作建立了二级交易平台，用户必须同时注册 Prosper 和 Foliofn 成员方可参与该二级平台交易。由于并非美国所有的州都允许 P2P 网络借贷，Prosper 只允许来自零售平台的那些州的投资者进行二级交易。

在 Foliofn 平台上进行交易收取票面金额 1% 的费用，此外 Prosper 每月向 Foliofn 支付固定的费用。在二级交易市场上只能销售未逾期的当期票据（只有

① 参见 http://lebolunwen.com/h/jinron/dianziyinxing/2451.html。

当期票据才会显示为可卖出)，并且贷款票据的定价范围很广，从50% ~60%的折价直到40% ~50%的溢价。如果待售贷款有长期偿还历史（例如至少12个月的准时偿还)，而且本身利息较高，卖家有可能得到高于5%的溢价 。对于只有短期偿还历史的票据，溢价则比较困难。买家通常在购买有溢价的票据之前都会注意观察偿还历史。

二级交易平台上贷款票据的交易方式分为两种：拍卖模型和固定价格模型。当卖家在交易平台上卖出一个票据时，他们可以选择是采用拍卖还是固定价格的形式。总体而言，Prosper 二级平台上以拍卖形式卖出去票据要比固定价格形式的稍微多点。拥有大折扣销售价格的票据几乎总是会吸引竞标，如果还有一个好的偿还历史，这个票据可能会吸引多重竞标。[1]

三、Kiva——世界上第一个非营利 P2P 网贷平台

（一）平台介绍

成立于 2005 年 10 月的 Kiva 是世界上第一个提供在线小额贷款服务的非营利性组织，其创始人马特·费兰纳里在去乌干达、坦桑尼亚、肯尼亚拍摄农村创业事迹的活动中，萌发了创办 Kiva 的想法。Kiva 服务的对象是发展中国家收入非常低的企业和个人，成立之初的 Kiva 就确立了以贷款联系贫困人群，减轻贫困的宗旨。这一平台并非直接贷款给借款者，而是通过小额贷款机构间借贷款，由小额贷款机构负责寻找与筛选借款者。运用全球互联网和小额贷款金融机构，让人们只放贷 25 美元也能帮助减轻贫困。

截至 2015 年 4 月，Kiva 累计贷款总额达到 693869250 美元，其中有 1281637 位用户提供出借资金。Kiva 建立合作关系的小额贷款机构已达到 296 家，遍布全球 84 个国家，从全球吸引了 450 名志愿者，贷款回收率达到 98.72% 。[2]

---

① 参见 http://01caijing.com/html/zl/1446_2290.html。

② 参见 http://www.kiva.org/about。

（二）平台特点

1. 非营利性公益平台

美国的创业者充分利用 P2P 交易架构的特点，建立 Kiva 这类非营利 P2P 公司，以贷款联系贫困人群，减轻贫困为宗旨，将 P2P 的思想运用到公益行为当中，利用全球每个人的力量为穷困人群造福，突破了空间的限制。Kiva 在运行过程中，不向放贷者支付利息，也不向合作伙伴索要回报，其生存发展的资金来源于社会捐赠、企业赞助、基金会等，员工大多为志愿者，工资成本很低。这给微金融组织提供了新的思路。

2. 与小贷公司合作，获得优质借款人，降低平台风险

不同于 Lending Club 和 Prosper，Kiva 更多地选择与小贷公司合作，来降低平台风险，减少平台成本，使之能更持久的运营。与此同时，贫困人群接触到网络的机会很少，小贷公司在借款人群和平台之间提供了良好的网络接口（即 P2P 网贷）的功能，让平台能更好地服务那些“长尾”人群。

（三）平台的运作流程和盈利模式

Kiva 提供的是无息贷款，借款人不必支付利息。此外，Kiva 也不会向合作的小额贷款机构收取利息。不过，小额贷款机构会向借款人收取非常低的利息维持日常经营，至于那些收取高利息的小额贷款机构，Kiva 一般都不会与之建立合作关系。Kiva 的运营费用大多来自个人贷款者、中小企业、商业公司及社会组织的捐款。Paypal 让他们免费使用在线支付服务，Google 和 Yahoo！给他们提供免费的关键词搜索服务，YouTube 给他们提供了 1.2 亿个免费的 banner 广告，联想也向他们捐赠了电脑。

（四）平台借贷信息

为了能够申请 Kiva 贷款，借款者必须符合以下条件：（1）借款者要投资的行业符合 Kiva 现在所触及的领域；（2）借款金额及期限不超过 Kiva 设定的最大额度；（3）借款人必须是已获得小额贷款机构借款未超过 30 天或将在 90 天内获得小额贷款机构借款的人群。

同时，借款者可以申请的贷款数额为 25～50000 美元；最高还款年限可达 20 年；Kiva 只借贷美元；还款的方式多种多样，可以每月或每周都定期还一

部分款项，也可以在还款到期时一次性偿还所有贷款。

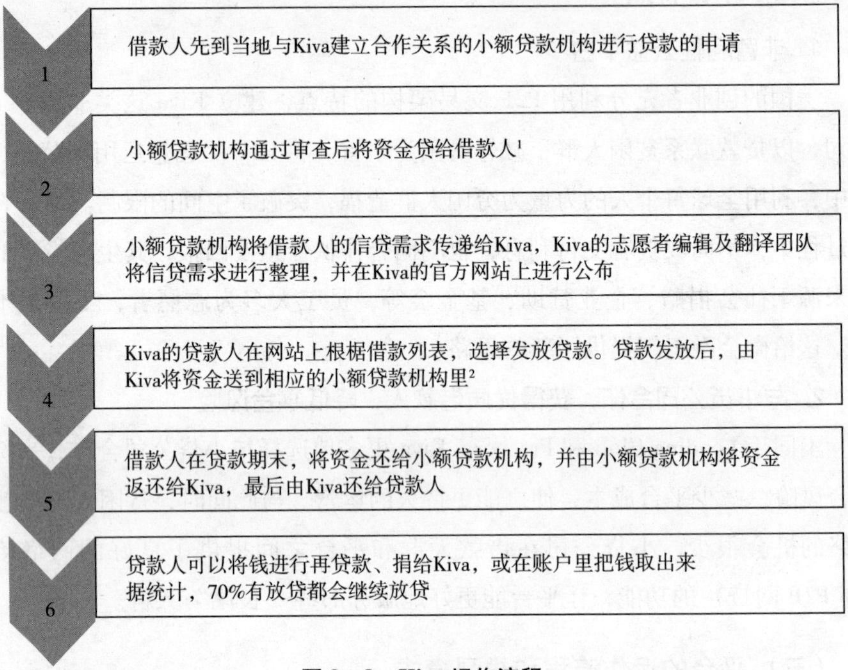

图 8－8　Kiva 运作流程

资料来源：http：//www. kiva. org/about/how/more#jqmWrapper

注 1：在决定为借款者放款后，小额贷款机构有两种选择：（1）先将申请者资料发给 Kiva 进行筹资，等获得足够的目标资金以后，贷款给申请人；（2）小额贷款机构用自己的资金尽快贷款给申请人，然后将借款者资料发给 Kiva 进行筹资，等待 Kiva 的贷款到达来弥补资金空缺。现在 Kiva 大部分的贷款都是用第一种放款形式。

注 2：借款项目只有在筹集到 100% 所需资金以后才可以发放给小额贷款机构，如果在 30 天之内无法筹集到 100% 的所需金额，则 Field Partner 得不到任何资金；能否借款成功完全取决于贷款者的决定，Kiva 不保证所有的借款申请都成功；借款项目能筹集到的最大金额为最初申请的额度，不存在溢出贷款。

（五）平台风险控制

美国完备的资本市场理念促使每个优越的金融机构都会第一时间做好自身的风控问题。依托平台的有效运营模式，Kiva 首先通过提醒、建议贷款分散给不同国家的人，从而降低借款人的风险；其次，Kiva 严格审查与其合作的各地小额贷款机构的资信，降低小额贷款机构的风险；最后，Kiva 采用美元结算，如果美元对当地货币升值超过 10%，贷款人将不得不承担超过 10% 部分的货币损失。

四、其他特色的网贷平台

（一）面向学生贷款起家的 SoFi

网络借贷平台 SoFi（Social Finance）成立于 2011 年，总部位于美国旧金山（斯坦福大学附近），员工数为 200 人。作为一家 P2P 借贷公司，SoFi 由四位斯坦福大学 MBA 学生创立，最初面向斯坦福大学学生和毕业生提供贷款，资金由斯坦福校友众筹。SoFi 起步时是专注于学生群体的 P2P 借贷平台。这与美国巨大的学生贷款市场密切相关。多种原因使得美国学生贷款市场在 2012 年超越了信用卡贷款和汽车贷款，成为美国最大的贷款市场。[①] 2014 年，美国消费者金融保护局表示，美国大学学费逐年增长，美国学生贷款总额已达 1.2 万亿美元。

SoFi 的特色在于依据学生所在的学校、成绩、努力程度等信息，为更优秀的学生对接获得认证的投资人，为他们提供更低利率的助学贷款。SoFi 从学生贷款起家，金融服务遍及美国各地，业务扩展到抵押贷款、个人贷款、再融资贷款（Refinancing Loan）与合并贷款（Consolidation Loan）等领域。在联邦政府将学生贷款利率下调至 3.9% 后，公司转做再融资贷款。再融资贷款是一种“以原有贷款申请新贷款”的业务，由公司在 2012 年推出，面对已有学生贷款的毕业生，对他们提供低于原有贷款利息的新贷款，学生可以从 SoFi 借到新资金，一次性偿还以前高息的学生贷款（SoFi 提供的利息为 4.6%，学生以前的贷款利息为 6.8%），由此节省费用。[②]

截至 2015 年 3 月 8 日，彭博社报道称，2015 年 SoFi 可能融资 5 亿美元，公司估值高达 35 亿美元。SoFi 计划于第二季度秘密提交招股说明书（美国营收在 10 亿美元以下的公司可不公开），并计划于 2015 年下半年上市。根据市场环境，SoFi 可能还会调整上市计划。截至 2015 年 4 月，SoFi 官方网站称，SoFi 已经提供超过 20 亿美元贷款，借款人平均贷款数额为 11783 美元。[③]

---

① 参见 http://www.weiyangx.com/9558.html/2。

② 参见 http://www.weiyangx.com/9558.html。

③ 参见 http://tech.qq.com/a/20150308/006285.htm;https://www.sofi.com/。

据学者分析，SoFi 之所以能在 P2P 网贷行业中崛起，第一是美国现有市场环境下 SoFi 独特的借贷模式。银行等机构因为法规条例等管制，只能向学生市场提供统一利率的贷款。就读哈佛、斯坦福等顶级名校、同时有借贷需求的学生群体，其所组成的还款率更高的“优质市场”，面对银行这种统一的利率其实是“不太公平的”。SoFi 专注于服务这个优质群体，风险更小，同时报酬更大。第二是 SoFi 不仅只做这个优质市场，还试图做大。不同于其他 P2P 网贷平台把眼光只放在小额消费贷款上，SoFi 更喜欢做大钱。SoFi 集齐了一堆热情的土豪以发展更多模式的贷款业务，扩大规模。2014 年，它成为美国本土第一家提供房屋贷款的 P2P 网贷平台。①

（二）面向中小企业贷款的 OnDeck

OnDeck Capital（简称 OnDeck）是一家向中小企业提供小额贷款的在线平台，可利用算法快速向中小企业放贷，贷款金额为 5000 ~ 250000 美元，期限为 6 ~ 18 个月，利率为 18% ~38%。OnDeck 在美国得以发展，与中小企业贷款难的背景有密切关系。据联邦存款保险公司（FDIC）数据显示，单笔低于 25 万美元的小额商业贷款在银行总放贷中的比例从 2004 年的 20% 降低到 2014 年第二季度的 13%。富国银行 - 盖勒普小型企业指数（Wells Fargo - Gallup Small Business Index）显示，只有 25% 的小型企业认为获取信用是件容易的事，这也从另一方面反映了美国小型企业贷款市场规模和潜力的巨大。

针对上述问题，OnDeck 评估贷款申请的过程简单又快速。2009 年 2 月，OnDeck 推出第一代“OnDeck Score”，引入 200 多个数据指标以评估一家企业的信用。2009 年，为加速贷款申请进程，OnDeck 开始搜集银行数据，2012 年，第三代“OnDeck Score”诞生，可用于衡量企业信用的数据指标已超过 800 个。现在，用户在 OnDeck 上完成贷款申请只需要几分钟，经过 OnDeck Score 评分后，OnDeck 当天就可以决定是否放贷，并把钱打到申请人账户上。②

OnDeck 于 2014 年 12 月 17 日在纽交所上市，首日发行价为 20 美元，大涨 34%。在此之前，OnDeck 已完成八轮融资，共从包括 Google Ventures 和 Tiger Global Management 等风投公司获得 4.09 亿美元投资。据其官网称，截至

---

① 参见 http://36kr.com/p/219505.html。

② 参见:http://www.newbillion.cn/jrsc/5825.html。

2015 年 4 月，OnDeck 已经放贷了 20 亿美元。在福布斯 100 家最具前景的企业中排名第 11 位。先后被《商业周刊》《华尔街日报》《纽约时报》等美国主流媒体报道。①

与 Lending Club 这样的互联网金融公司相比，OnDeck 更像是具有大数据能力的小贷公司，OnDeck 主要借款给小微企业。OnDeck 的资金主要来自高盛、Fortress 信贷集团等金融机构，息差是公司的主要业务收入。

Lending Club 和 OnDeck 在 2014 年年末共同上市，标志着美国 P2P 行业掀开了历史性的一幕。

此外，美国还有一些特色的 P2P 平台。比如 2009 年 2 月诞生在美国亚特兰大的 Kabbage，它是一家为网店提供营运资金支持的在线供应商小企业贷款平台。Kabbage 开始只是向 eBay 网店提供服务，后来扩展到 Yahoo、Amazon、Shopify 和 Etsy 等电商平台。另外还有美国最大的 P2P 应收账款交易市场 The Receivable Exchange（TRE），卖家通过在该平台上将其应收账单进行拍卖可快速、低成本的获得融资，而买家则通过投资该类资产获得低风险收益。②

---

① 参见：https://www.ondeck.com/company/。

② 参见 http://www.yicai.com/news/jrtt/2015/04/4605350.html。

中国篇：
世界 P2P 爆发的大舞台

第一章　中国 P2P 网贷的主要模式

P2P 网贷是通过平台将有资金闲置的个人投资者和有资金需求的小微企业或工薪阶层对接，实现双方资金融通的过程。在中国 P2P 行业蓬勃发展的同时，新的业务模式也在不断涌现，P2P 家族增添了很多新的成员，如 P2B/P2C 等。

一、狭义的 P2P 模式

狭义的 P2P 模式的借款端仅为自然人，资信审查针对借款人个人的信用情况。借款的目的主要是个人消费，且往往没有任何资产作为抵押，相对应的借款额度也比较低，实际借款金额大多在 10 万元以下。在征信体系尚未完善的金融市场，依靠个人信用建立的狭义 P2P 模式存在的潜在道德风险可能会比较大。拍拍贷平台是经营此类狭义 P2P 业务的典型平台。

二、广义的 P2P 模式

我们常说的 P2P 是一个广义的概念，外延涵盖 P2B/P2C、P2G、P2N 等新模式。

（一）P2B/P2C 模式

P2B 模式，即 Person - to - Business（个人对企业）；或 P2C 模式，即 Person - to - Company（个人对公司），是指个人和企业通过第三方平台进行的相互借贷。英国金融行为监管局（FCA）将 P2P 模式和 P2B 模式统称为借贷类众筹，并适配同一套监管办法。P2B 模式与狭义 P2P 模式的不同点在于，此类平台只针对企业（主要是中小微企业）提供融资服务。借款企业及企业所有者（实际控股的大股东）要为贷款提供企业及个人担保，且基本上没有纯粹的无抵押信用借款。企业借款金额往往较为巨大，动辄上百万甚至上亿元。因资金量巨大，P2B 平台通常会对借款方的资信（企业融资信息的真实性、质押抵押物的有效性等）进行严格的考察，且因有实物抵（质）押，风险更为可控。但从资产组合理论的角度来看，P2B 模式是将多个投资者的资金放进同一个篮子里，使非系统风险增大。积木盒子、招商贷、红岭创投等平台主营 P2B 业务。

（二）P2G 模式

所谓 P2G 模式（个人对政府项目），主要为具有政府信用介入的项目提供融资服务，包括政府授权国企直接进行融资、政府或大型国企的供应商应收账款质押担保融资、国有担保公司担保的项目融资。[①] 网贷平台大拇哥财富为其中代表之一。

（三）P2N 模式

随着 P2P 网贷的发展，寻找借款人和担保公司这两项专业性较强而又复杂的工作逐渐被独立出来，交由一些专业的小额贷款公司或担保公司来完成，即 P2N 模式（个人对多机构）。P2N 中的“N”一般为多家机构，即借款人来源于网贷平台合作的小贷公司或担保公司，并由其提供担保，平台不参与借款人的开发及本金垫付。[②] P2N 模式有两个特点：一是出借人不再直接对接借款人，其直接对接的对象是贷款机构；二是网贷平台同时有可能演变为小贷公司的代理人（因小贷公司有监管，通过 P2N 模式的网贷平台可以增加其表外收入），成为渠道商。典型企业如开鑫贷、有利网等。

---

① 闫瑾. P2P 衍生四大新生存模式[J]. 北京商报,2014(11).

② 闫瑾. P2P 衍生四大新生存模式[J]. 北京商报,2014(11).

第二章　中国 P2P 行业发展现状

一、P2P 网贷平台呈暴发式增长

自 2006 年“宜信”成立以来，中国 P2P 发展已八年有余。纵观其发展概况，可以看出目前基本面良好。根据 2015 年 1 月网贷之家正式对外发布的《中国 P2P 网贷行业 2014 年度运营简报》，截至 2014 年 12 月末，我国目前正在运营的 P2P 网贷平台（香港、澳门特别行政区除外）1575 家。自 2007 年第一家 P2P 网贷平台拍拍贷上线以来，中国 P2P 平台步入稳定增长阶段，2013 年尤其增长迅猛，同比增长率达到 350%。截至 2014 年 12 月，本年新增 P2P 平台 900 家。尽管遭遇过平台“跑路潮”的负面影响，中国 P2P 行业还处于迅猛发展的阶段。

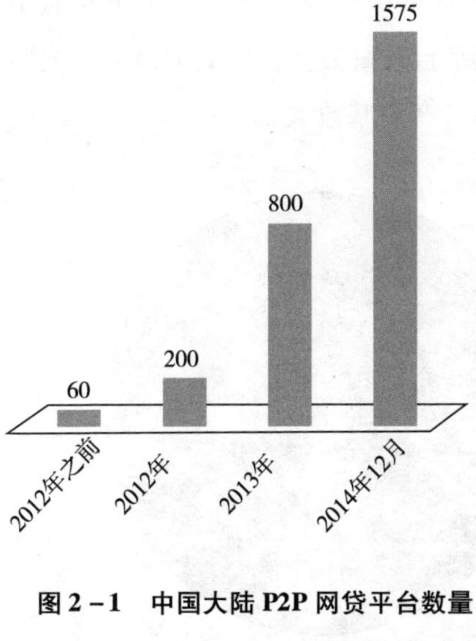

图 2－1　中国大陆 P2P 网贷平台数量

中国大陆 P2P 的暴发式增长不仅体现在网贷平台数量的增长上，还体现在 P2P 网络贷款成交额上。网贷之家发布的 2014 年网贷简报数据显示，全国网贷平台交易规模从前五年累积的31亿元，至2014年年末累计成交量超过3829亿元。中国作为全球最大的P2P交易市场，预计未来两年内仍然保持200%左右的增速发展，市场前景广阔。除此之外，一些传统金融机构、上市公司、风投和国有企业资本的注入，打破了网贷行业以往的草根形象，正在加速行业的快速发展、洗牌与净化。

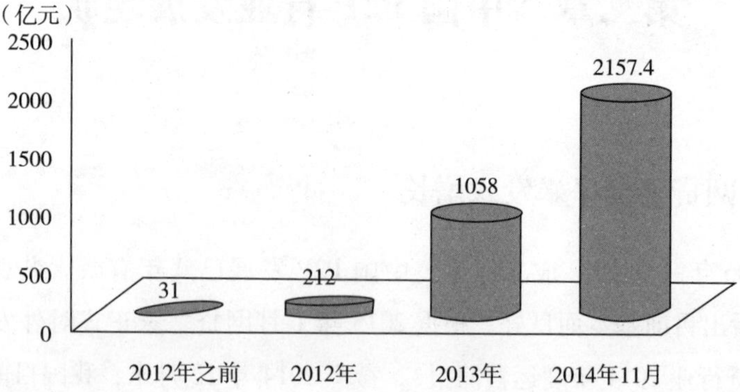

图2－2 P2P网贷成交量①

从P2P网贷平台地区分布来看，继拍拍贷在上海成立以后，中国大陆P2P网贷平台越来越呈现遍地开花的趋势。截至2014年年末，除西藏、青海、吉林，大陆31个省级行政区域中有28个成立了P2P网贷平台，其中广东、浙江等经济发达大省的网贷平台数量最多、成交量最大，主要还是因为这些地区经济发展良好，人口众多（客户基数大）。

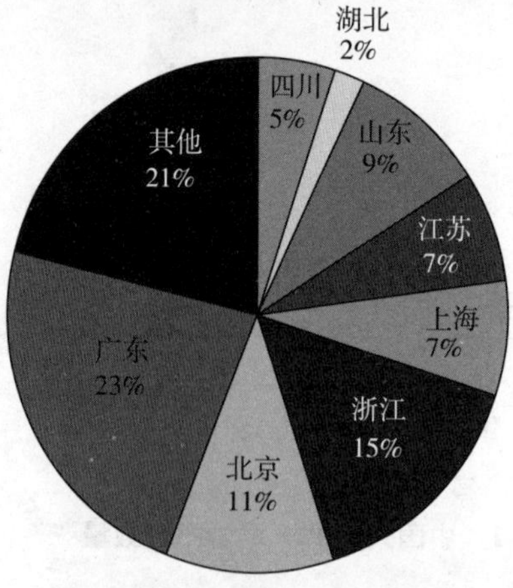

图2－3 中国大陆P2P网贷平台地区分布占比

① 数据来源：网贷之家，http://www.wangdaizhijia.com/。

网贷平台的注册资本金规模不等，小到几万元大到数亿元。但从总体来看，中国大陆P2P网贷平台注册资本金的平均规模呈现增长态势，尤其是银行财团等资金雄厚的企业逐渐涉足P2P行业，直接促进了P2P网贷平台注册资本金总体规模和平均水平的增长。

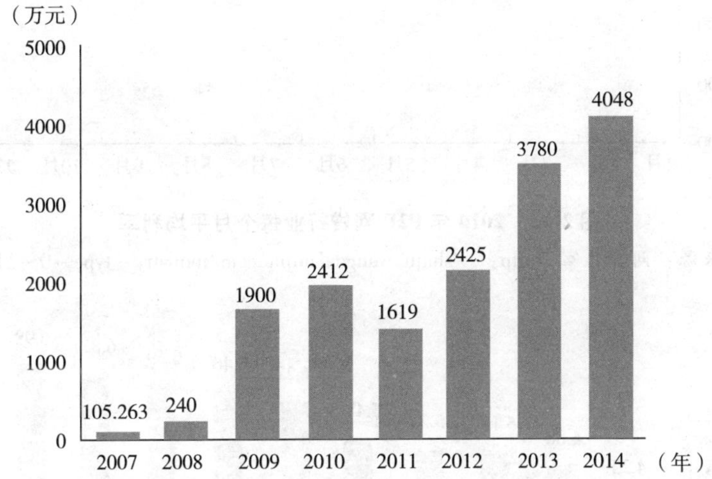

图2－4 中国大陆P2P网贷平台平均注册资本金

资料来源：综合网贷之家，网贷天眼，壹零财经数据库数据

二、P2P网贷平台及投资人趋于理性

随着网贷行业逐渐向成熟发展，平台及投资人更加理性，借贷利率逐渐向较低的市场化利率靠拢。越来越多的上市公司、国企、基金公司、银行、保险公司等涉足网贷，它们秉持着严格风控的经营原则，风险小，利率低。据网贷之家的数据显示，2014年P2P网贷的综合年利率有下降的趋势，参见图2－5。

中国大陆P2P网贷平台的平均借款期限都不长，据网贷之家统计，2014年网贷行业平均借款期限为5.76个月，大部分借款期限在1—6月，参见图2－6。这是因为大部分平台都在起步阶段，长期借款风险较高，难以满标。平台更愿意发放中短期借款标，或者将长期借款拆分成短期标吸引投资者。但是随着P2P市场的逐渐成熟，平均借款期限呈上升的趋势。此外，随着行业平均借款利率的理性下降，也将促进更多的长期借款需求者进入P2P行业。

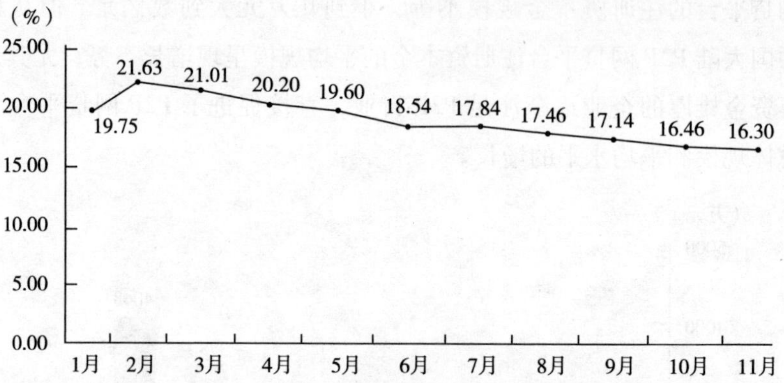

图 2－5　2014 年 P2P 网贷行业每个月平均利率

资料来源：网贷之家，http：//shuju. wangdaizhijia. com/industry－type－0－11. html

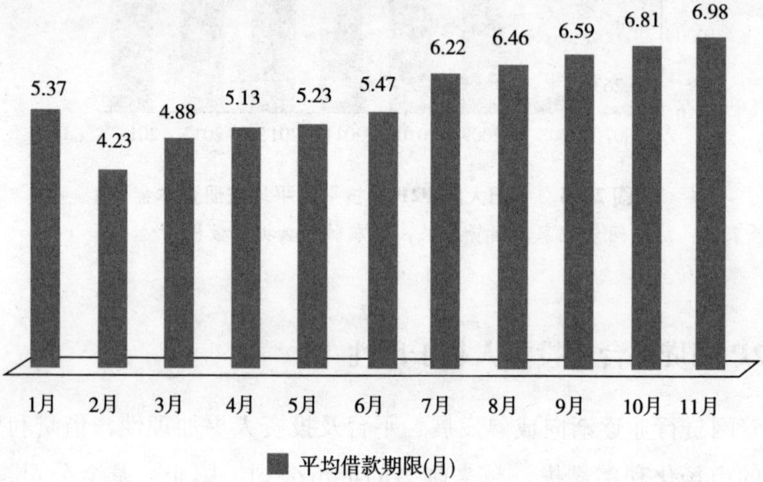

图 2－6　2014 年 P2P 网贷行业平均借款期限

资料来源：网贷之家，http：//shuju. wangdaizhijia. com/industry－type－0－11. html

随着各网贷平台媒体宣传力度的增大和社会认知度的提高，将有更多人参与网贷行业。而随着网贷行业成交量的增长，平均借款利率的下降，借款人数的增长速度将高于投资人的增长速度。2014 年 11 月，全国借款人数为 13. 54 万，投资人数已达 80. 90 万。

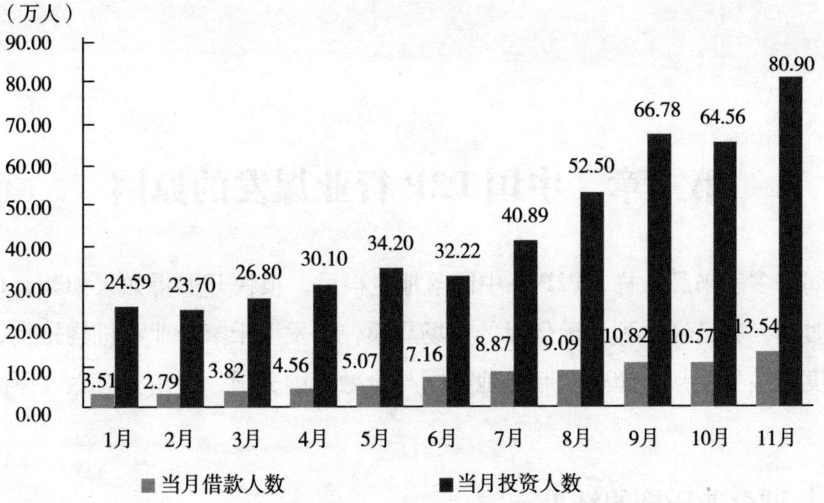

图 2－7　2014 年网贷行业累计借款、投资人数

资料来源：网贷之家，http：//shuju. wangdaizhijia. com/industry－type－0－2. html

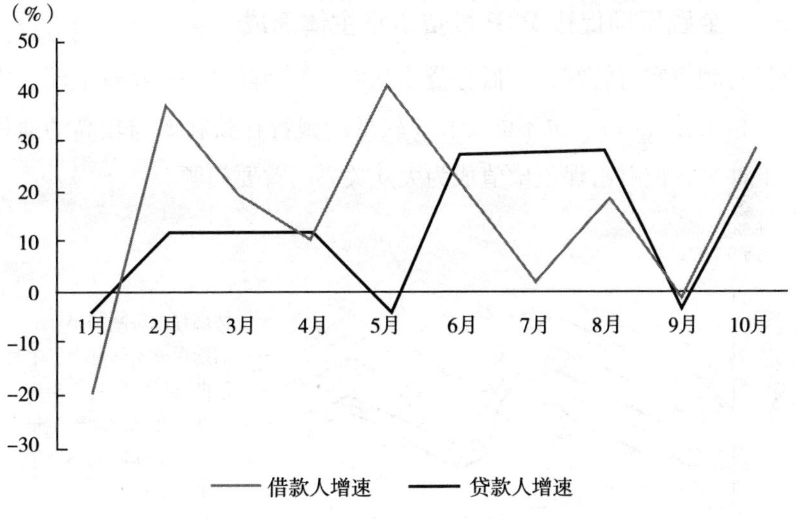

图 2－8　2014 年网贷行业借款人、投资人增速

资料来源：网贷之家，http：//www. wangdaizhijia. com/

综上所述，中国大陆 P2P 网贷行业发展势头迅猛，市场潜力不断被开发，前景广阔。

第三章　中国 P2P 行业爆发的原因

同许多舶来品一样，P2P 在中国落地生根后，很快开展得如火如荼，仅仅几年时间，就已经达到了千亿级的市场规模，引发上千家企业和机构抢食，其知名度与接受度甚至超过了起源地英国与金融大国美国，这主要有六大原因。

一、长期金融压抑的结果

中国的 P2P 其实发挥着推动金融改革的作用，是金融压抑下的必然需求。金融压抑促使 P2P 网贷双方主体市场进一步形成。

（一）金融压抑促进 P2P 投资市场主体形成

央行对利率实行管制，压低存贷款利率。然而随着物价持续上涨，中国居民消费价格指数（CPI）也不断增长。较低的银行存款利率与较高的通货膨胀率之间的冲突，使财富保值增值成为大众关心的首要问题。

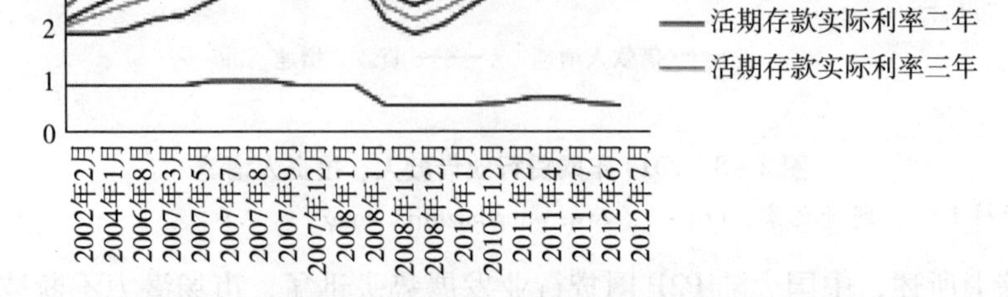

图 3－1　金融机构人民币存款基准利率

资料来源：中国人民银行、央行最近的一次基准利率变化是 2012 年 7 月

与金融压抑相对的，是中国国民经济改革开放 30 多年来的快速发展，尤其是 2001 年加入世界贸易组织后，通过进一步加入全球经济的分工与合作，中国经济不断加速，进入飞速发展的十年。这期间，国民总收入和储蓄存款余额也稳步提高。到 2007 年年底，中国城乡居民储蓄存款已达到 17 万亿元，2013 年已达到 44.7 万亿元。

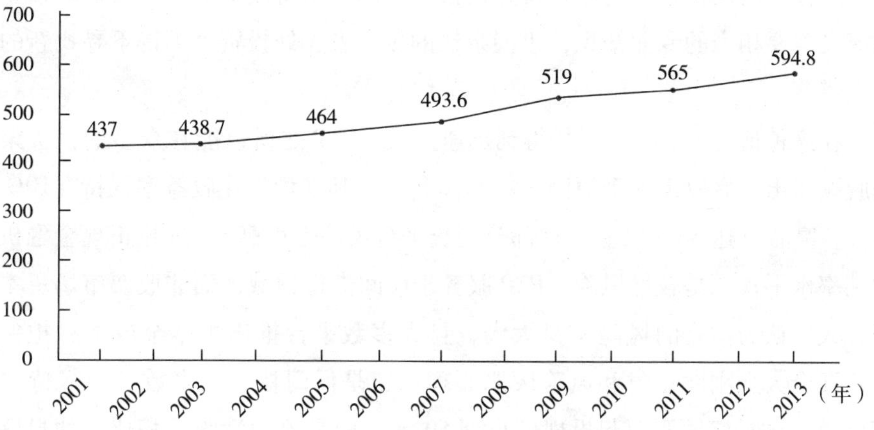

图 3-2　居民消费价格指数（1978=100）

资料来源：中华人民共和国国家统计局，http://www.stats.gov.cn/

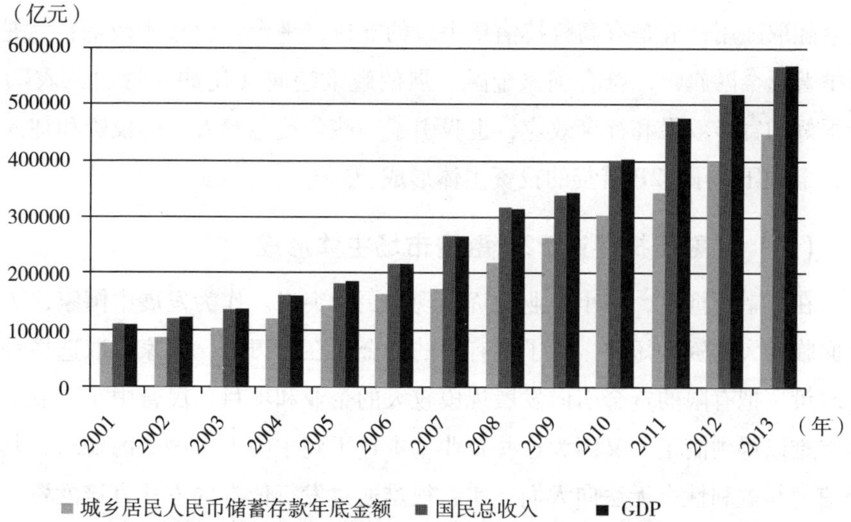

图 3-3　2001—2013 年中国 GDP、国民总收入及居民储蓄水平发展状况

资料来源：中华人民共和国国家统计局，http://www.stats.gov.cn/

受资本逐利性的驱使，必然有一部分储蓄存款分流到其他投资增值渠道。在这些渠道中，银行的理财产品投资金额门槛比较高（一般为 5 万元起），而且收益率较低（年化收益率在 4% ~6%），限制了大部分人的理财需求。股票、基金等由于专业门槛限制，风险巨大，且中国的股票市场由于自身结构性问题，具有强烈投机性，受政策引导严重。房地产虽然很热，但投入资金较大，且投资周期较长。近年来黄金白银等商品价格持续下滑，而投资邮票、钱币等又需要相当的专业知识，手握余钱的投资者无处投资，不得不寻找新的投资渠道。

在这种情况下，P2P 网贷得到迅速发展。P2P 之所以能在众多的投资渠道中脱颖而出，有以下几个原因：一是高利率，其平均年化收益率保持在10% ~20%，高者可达 30% 以上（这部分网贷平台风险也很高），远超正规金融机构的利率水平；二是较低风险，P2P 服务于民间借贷领域，而非股票市场资本投资，人们认为借贷的风险不是太大，且大多数平台推出了本金或本息担保模式，迎合大众刚性兑付和风险厌恶心理；三是低门槛，大多数平台坚持“小额分散”的投资原则，起投规模小到 50 元；四是流动性强，相比其他投资渠道，P2P 投资期限周期灵活，从一天至三年不等，有的平台自 2014 年下半年来推出诸如“活期债”融资项目，且年化收益率高达 8% 以上，甚至可以做到资金随取随用；五是有高科技信息手段的支持，平台运营成本较低；六是 P2P 高举普惠金融旗帜，符合国家金融发展的政策趋向（比如支持“三农”），起着很好的宣传效果和社会效应，也吸引了一些公益慈善人士的投资和加入。由此，金融压抑下 P2P 借贷的投资主体形成。①

（二）金融压抑促进 P2P 融资市场主体形成

在金融压抑下，中小企业融资难现象更为突出。作为发展中国家，中国一度面临巨大的资金短缺，为了把有限的资金用在刀刃上，国家采取选择性的信贷政策，把有限的资金引向发展规模较大的企业和项目，民营中小企业的融资需求难以得到满足。又因为这些企业基本达不到中国上市融资的要求，其社会公信力与盈利性也无法向人们证实，很难通过发行债券的方式直接融资。而以银行为中介的间接融资也往往由于中小企业本身规模小、风险大、信用级别

---

① 参见 http://ido.3mt.com.cn/Article/201401/show3430296c31p1.html。

低，又缺少足值抵押物或可靠的担保资质而贷款无门。

P2P网络借贷提供了一种金融换媒的创新性融资机制，借贷双方以P2P平台为中介自愿达成交易，极大地节约了交易成本，且手续简便、操作灵活，在提高金融资源配置效率的同时，也能有效地解决中小企业融资难的问题。由此，金融压抑下P2P网贷的融资主体形成。

二、技术进步促进互联网与金融结合

作为金融业务与互联网技术长期融合发展的产物，大数据、云计算、互联网以及移动互联网技术的飞跃发展为P2P网络借贷提供了技术基础，使得通过网络平台进行融资成为可能，为借贷双方提供了快捷的信息交流平台。采用互联网大数据技术、反欺诈技术、电子签名技术等进行风控审核，利用自动投标技术进行投资者分散投资、分散风险等，都使得P2P行业风险控制能力大大加强，既降低了成本，也提高了效率。技术进步促进了P2P行业的发展与成熟。

三、监管套利的存在

虽然英国是P2P发展的起源地，美国是闻名遐迩的金融圣地，二者的P2P行业发展规模和速度却远不及中国，这与中国金融监管套利空间的存在不无关系。

在英美等金融大国，金融法律制度向来比较健全完善，尽管互联网金融或替代性金融属于新兴事物，但已有的金融监管体系就可以在一定程度上对P2P行业进行职能监管，如客户资金的保管规则、远程营销规则、投资者保护规则等。而且英美等国对金融创新的反应速度比较快，包括P2P网贷在内的互联网金融与传统金融规制之间不存在很大的监管套利空间，各类金融机构在长期竞争过程中所形成的市场格局相对固定，新的业态很难在短期内轻易挤占原有业态的市场空间。

中国互联网金融的迅猛发展，更大原因在于国内尚未出台针对互联网金融的监管措施，目前的监管比较宽容，给了该行业很大的发展和创新空间。一方面，尽管自 2014 年以来，银监会等机构对 P2P 行业进行密切调研，针对监管问题举办多次内部闭门会议，但截至目前监管机构尚未对 P2P 行业的准入门槛提出要求，资金托管和信息披露等方面也无明确的监管，行业存在较大的金融风险，却又不像其他涉及资金流动的金融机构一样接受严格的风险管制，使大量公司趁机涌入 P2P 市场套利；另一方面，银行为了突破监管部门对其通道业务的收紧之势，也开始涉足 P2P 业务，规避银监会对贷款额度、存贷比、拨贷比等的监管限制，进行监管套利。

四、民间借贷的转型

作为最早出现的信用形式，民间借贷具有上千年的历史，并与商品经济的产生、发展同步。在中国，民间借贷在社会主义改造完成之前比较活跃，但在计划经济时期规模和范围都很小，甚至基本消失。改革开放后，中国的民间借贷逐渐发展起来。尽管中国法律在一定程度上承认并保护自然人之间、自然人与企业之间的民间借贷，但由于民间借贷随意性高，相应机制建设尚不完善，常发生负面案例，容易演变为非法集资甚至集资诈骗案件，如前几年轰动一时的吴英案、曾成杰案。

P2P 借贷以信息化技术为武器，对民间借贷、小额贷款公司、微金融或者说民间金融进行改造，通过建立 P2P 信息中介服务平台，公开借贷交易信息，让投资人和借款人聚拢在一起，改善了传统民间借贷具有地域局限性的缺点，扩大了整个市场的范围，是民间借贷新的渠道和运作模式。

因此，在近几年，有越来越多的民间借贷走向互联网金融，加入 P2P 网贷行业。

五、互联网金融的利好政策出台

中央和一些地方政府明确 P2P 网贷为互联网金融创新的典型应用模式，政策支持日益明朗。在 2013 年 11 月，中共十八届三中全会通过的《中共中央关于全面深化改革若干重大问题的决定》中，正式提出“发展普惠金融，鼓励金融创新，丰富金融市场层次和产品”。P2P 网贷为没有受到传统金融服务体系重视的农民、学生、小微企业主、工薪阶层等高成长人群筹措资金，普惠金融的理念得以发展。

2013年12月初，中国支付清算协会牵头发起成立了互联网金融专业委员会，这个带有“四分之一官方背景”的自律组织吸纳了包括拍拍贷、宜信等9家P2P机构，此举亦被媒体解读为P2P行业“转正”的信号。

2013年，在《中共中央关于全面深化改革若干重大问题的决定》中，共18处提及“金融”。其中，至少有两方面与互联网金融行业直接相关：第一是允许民间资本发起设立中小型民间金融机构；第二是发展普惠金融。互联网金融很大程度上是源自民间金融（借贷），普惠金融是互联网金融的基本精神之一。随着互联网金融产业化趋势的加强，2013年下半年以来，在北京（如石景山区、海淀区、门头沟区）、上海、杭州（如江干区）和深圳等互联网金融公司集聚的一线城市，均密集出台了相关产业政策，包括《黄浦区关于建设外滩金融创新试验区的实施意见细则（暂行）》（2013年9月）、《黄浦区人民政府关于印发黄浦区建设外滩金融创新试验区实施意见的通知》（黄府发〔2013〕18号）、《北京市海淀区人民政府关于促进互联网金融创新发展的意见》（海行规发〔2013〕3号）、《石景山区支持互联网金融产业发展办法（试行）》（北京市石景山区金融服务办公室，石金融发〔2013〕48号）、《深圳市人民政府关于支持互联网金融创新发展的指导意见》（深府〔2014〕23号）等。在中部的一些具有区域特色的中小城市（如江西省赣州市、赣县、瑞金市），地方政府也积极组织互联网金融知识培训及招商活动，推动互联网金融业的稳健发展。①

各地政府出台的相关法规给予互联网金融行业一系列政策支持，包括为相关企业提供资金、场地支持，鼓励持牌金融机构从事互联网金融业务，对有条件的互联网金融企业给予财税优惠，强调“基础设施”建设，包括人才培育、信用体系、研究创新、法治环境，明确支持使用信用体系和建设数据共享交换平台等。这些法规的出台，一方面说明各地对互联网金融的重视，另一方面也对其他城市和部门有示范作用。若能顺利落地，并得到各部门的配合实施，将对互联网金融行业的发展有实质的利好。

① 邓建鹏，乔哲，陈海洋．互联网金融产业政策的分析与思考［J］．互联网金融，2014（1）．

六、深化金融改革给予 P2P 网贷更多机会

中国的金融改革是伴随整个经济体制改革和对外开放进程而启动和不断深入的。自 1978 年改革开放以来，中国金融改革不断深入，相继确立与发展了中央银行体制，恢复、建立与改革了商业银行和各种非银行金融机构，单设了金融监管机构、确立了专业化金融监管体制、构建和开放了金融市场，等等。尤其是接下来对利率市场化、人民币汇率形成机制、资本账户开放等的改革，将对整个正规金融机构产生很大的影响，也给予 P2P 网贷更多的机会，有利于 P2P 网贷行业深入更多领域，更加规范化操作。P2P“合理合法性”将得到进一步承认，规模将再一次扩大。

综上，与英美等金融发达国家相比，我国的 P2P 网贷行业虽然面对当前存在的监管不完善、信用评级系统缺失等问题，但在金融环境落后、银行贷款利率歧视、投融资渠道缺乏的背景下，其拥有巨大的发展空间。

第四章　中国 P2P 平台的发展脉络与逻辑

一、P2P 行业的发展阶段

中国 P2P 大致可分为三个发展阶段：

图 4－1　中国 P2P 发展三阶段

在起步阶段，全国的网络借贷平台发展到 25 家左右，活跃的平台只有不到 10 家，2010 年年底 P2P 借贷行业成交规模 13.7 亿元。

此后 P2P 行业步入爆发增长阶段，到 2013 年年底已突破 800 家，累计成交规模达到 1209.9 亿元。同时这一阶段也是 P2P 行业“倒闭潮”频发的阶段，各种平台诈骗与跑路的丑闻层出不穷，既体现了 P2P 发展的蓬勃生机，也暗含了发展的困境与危险。

2014 年以来，各大上市公司、银行、国有资本和风投等大资本密集介入 P2P 行业。如前文所述，行业平均的贷款利率趋于降低，P2P 的行业规模与行业影响力也进一步增大。大资本的进入将对 P2P 网贷的“草根”模式形成冲击。出身“草根”的 P2P 平台实力有限，信誉度较低。大资本的背后是大集团，此种机构拥有多年的风控经验和客户积累，更容易获取投资者长期信任或大笔资金投入。

二、P2P 平台的两大阵营

目前平台据其背景，主要可以分为两大阵营：“草根”体系 P2P 与大资本体系 P2P。众所周知，中国 P2P 起源于“草根”，2013 年和 2014 年各大资本的介入，使得 P2P 网贷行业的四大梯队正式形成。

（一）“草根”体系 P2P

“草根”体系 P2P，是 P2P 平台最初的发展形态，通常注册资本金不高，风控能力有限，但是收益率高；创始人本人多出身“草根”，无强大的金融机构等的支持。据《2013 年 P2P 投资者调查报告》显示，大部分投资者年收入在 10 万元以下，年收入 20 万元以上的占比仅 15%，这些投资者在传统金融机构的门槛面前，并没有多少理财机会，而低门槛的 P2P 平台却给他们提供了投资机会。出于强烈的资本逐利性，这些投资者对 P2P 的热情很高，即使有平台倒闭的现象，也未能打击其积极性。“草根”体系 P2P 平台是中国最早发展的平台类型，也是如今占比最大的 P2P 平台。

P2P 网贷行业目前尚无进入门槛和明确的监管要求。自 2011 年起，P2P 的从业者数量迅速增长，大多为白手起家的创业者。目前知名的几大 P2P 平台，包括拍拍贷、人人贷等，都有或曾经有“草根”性质。这一类型的平台，通常依靠互联网进行销售，开展自主业务或民间借贷业务，产品收益率从 10% ~30% 不等，竞争对手是信托、担保公司、小贷公司、地下钱庄等。其具体业务模式各不相同，后面将借助几个典型平台的案例分析进行阐述。

（二）大资本体系 P2P

大资本体系 P2P 主要指拥有上市公司、金融机构、实力雄厚的民间资本集团及国有资本等背景的 P2P 平台。随着 P2P 平台的持续火热，自 2013 年开始有大资本介入 P2P 行业，2014 年更是迎来了众多大资本体系 P2P 的密集进入。

1. 上市公司阵营

随着互联网金融的日益火爆，越来越多的上市公司开始加入，纷纷设立互联网金融平台，而这些平台大多涉及 P2P 网贷业务。

上市公司做 P2P 业务有其必要性。首先，传统融资渠道的匮乏无法满足其庞大的金融市场需求。原来的金融行业并不开放，现在难得有这个机会，上市公司加快对其的布局，与抢占金融资源的目的有一定关联。上市公司选择发展 P2P 平台，也是公司进入资本市场、实现产融联合的重要战略步骤。如果是制造型企业，如熊猫烟花（2015 年 4 月改名为熊猫金控）还可以做供应链金融，在风险可控的情况下用应收账款进行质押贷款。其次，主营业务的持续低迷也是公司选择转战金融的重要催化剂。

上市公司做 P2P 业务也有其可行性。有的上市公司手握海量潜在融资者（如诺普信和新希望有许多种植业和养殖业相关的中小企业数据）的数据资源，这是其开拓网络借贷的天然便利。上市公司的业务拓展需求更旺盛，而目前互联网金融确实是一个很好的突破口——门槛比较低，技术要求不高，注册审批比较简便等。另外，上市公司有比较好的资金实力和公信力，相比没有上市公司背书的 P2P 公司，更容易招揽投资者。此外，上市公司的商业运作能力也更强，运营 P2P 平台的效率更高。当然，个别上市公司介入 P2P 业务，不排除其市值管理的需求。自 2014 年年中以来，介入 P2P 业务的上市公司，其股价连续涨停的现象并非个例。

2. 金融机构阵营

（1）银行财团系 P2P。银行财团系 P2P 平台普遍起步较晚，但发展态势良好。目前有三种经营模式：一是银行自建 P2P 平台，代表为招商银行的小企业 e 家投融资平台；二是财团旗下设立独立法人的 P2P 平台，代表为平安集团的陆金所；三是银行财团部分入股 P2P 平台，代表为国开行子公司入股的开鑫贷。

①银行自建 P2P 平台。2013 年 9 月，招商银行上线“e + 稳健融资项目”。银行自身拥有丰富的资产端资源，征信系统、风控体系较为成熟，扩展 P2P 业务水到渠成。所有银行系 P2P 平台上线都遭到热捧，融资速度极快。

银行系 P2P 项目普遍收益较低，年化收益率往往在 7% 左右，远低于中国 P2P 行业的利率平均水平（2013 年 P2P 行业的平均利率为 25.06%①）。但银行的良好信用对投资者而言是一枚价值巨大的“定心丸”，投资者对银行系产品有着天然信赖。在“P2P 跑路潮”频发的当前，有大量的投资者愿意将资金投入银行背景的 P2P 平台。

① 参见 http://www.wangdaitiandi.com/news/show/2049。

银行系 P2P 平台往往都打着“银行风控、低风险”的旗号。银行在信贷业有着多年的经验，风险识别、管理、评价的能力都得到了广泛的认可。此外，银行可以直接连接到央行的征信系统，自身有着丰富的客户信息储备，在风控方面条件优越。基于银监会的管理和约束，银行系 P2P 平台往往对投资者并不明确提供“本息担保”的承诺，但都会以安全准备金或安全兑付凭证等方式为投资者提供一定比例的兑付保障。

虽然银行从事 P2P 行业有其天然的优势，但银行系 P2P 平台仍坚持着审慎发展的原则，提供的 P2P 项目并不多，占据的市场份额也较小。一些银行仅是为了逃脱监管对银行贷款的贷款额度、存贷比、拨贷比等的限制而进入 P2P 行业，上线的 P2P 项目往往都来自于线下项目池，本身就已具备申请线下贷款的资格。这与非银行系 P2P 平台的经营观念有较大差别。

②财团旗下 P2P 平台。财团旗下 P2P 平台数量较少，但特征鲜明。平安集团旗下设立的陆金所是财团旗下 P2P 平台的典型代表。财团旗下 P2P 平台往往实质上由两部分组成：P2P 中介平台和与为平台融资项目提供担保的担保公司。两者都是隶属于财团的独立子公司，彼此间建立了严格的防火墙制度。财团旗下 P2P 平台有担保公司进行担保，业务更为完整透明；平台与担保公司的高度关联性也减免了项目的重复考察和手续费用，最小化了业务成本。但业务规模也由此受到资金量的限制，只有实力雄厚的财团才有可能做大做活。这是由于中国对融资性担保公司的业务规模有明确的规定：融资性担保公司的融资性担保责任余额不得超过其净资产的 10 倍。以陆金所为例，为陆金所提供担保服务的平安融资担保（天津）有限公司的注册资本为 2 亿元，这也就意味着陆金所最高的融资额度为 20 亿元人民币，若要扩大融资规模，仍须继续追缴资本金。但陆金所目前的担保业务显然已超过 10 倍杠杆的要求，面临着融资担保业务压缩的问题。另外，民间一些规模较小的资本管理公司集团亦设立了类似平台。

③银行财团部分入股 P2P 平台。银行财团也通过部分入股或合作参股建立 P2P 平台拓展业务，综合运用双方资源和优势。以国开行的全资子公司国开金融与江苏省内国有控股企业江苏金农共同投资设立的开鑫贷为例，开鑫贷的经营模式是与江苏的小贷公司合作，由小贷公司提供优质贷款项目并进行担保。而合资入股的江苏金农负责小贷公司云服务平台的开发，对小贷公司有详细准确地把

握。国家开发银行与江苏金农合资建立 P2P 平台发挥了两者的优势，实现了共赢。陕西金融控股集团与国家开发银行陕西分行联合推出的金开贷亦类似。

（2）小贷金融系 P2P。P2P 网贷的实质是开放了借贷过程中的资产端和资金端，而在资产端有丰富经验的小额贷款公司等金融机构很容易进入 P2P 行业。小贷公司往往由于融资渠道单一、不得跨区经营等问题而发展受限，发展 P2P 业务则可以打破区域限制、高效快速地募集资金。2011 年起，中国 P2P 行业进入爆发阶段，大量小贷公司类的金融公司进驻这一行业，借助互联网突破地域、融资规模、放贷规模、客户群的限制。对于没有小贷金融背景的 P2P 平台，与小贷公司类的金融公司牵手合作发展资产端的经营模式也颇为常见，比如有利网。

3. 国有资本阵营

国有资本阵营的 P2P 平台越来越多是一个趋势，这不仅可以丰富国有资本的产品、业务线，同时对 P2P 行业也是正面积极的信号，说明 P2P 已经在更好的层面获得认可，有利于 P2P 行业建立标准和规范。这不仅是传统金融与互联网金融的良好融合，也是未来金融行业的发展趋势之一。

这些大资本体系 P2P，例如紫金所、蓝海众投、海金仓等，通常资本金雄厚，能够开拓更大规模的业务，风控能力高，产品收益率较低，只有 7% ~ 10%，其竞争对手一般是银行理财及保险产品。

三、P2P 平台的业务逻辑

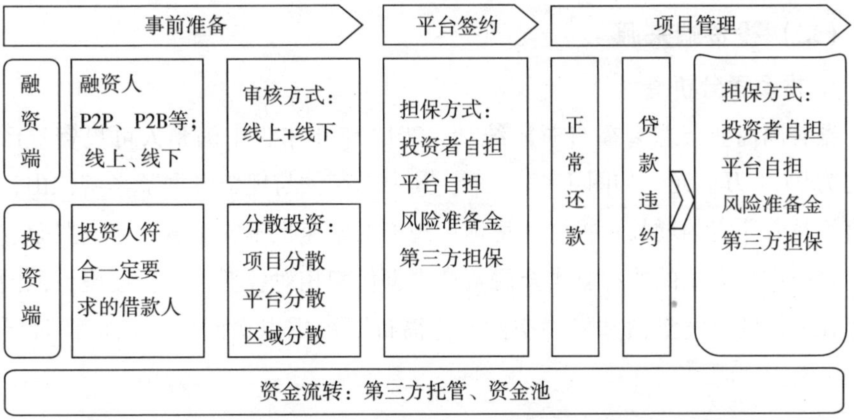

图 4-2　P2P 平台业务逻辑

由图 4－2 可知，P2P 平台涉及的参与者众多，包括资产端的借款者、资金端的投资者、担保公司、小贷公司等，未来还很可能引入央行监管及银行进行平台资金托管。

（一）融资端来源

P2P 平台开展业务的第一步是寻找借款人。英美 P2P 平台借款人与投资人都主要来自线上，成本甚低，平台作为信息汇集方和提供方为借款人与投资人服务，几乎不存在资金池的问题。

中国 P2P 平台的业务模式自国外引入之后，由于金融相关环境的显著差异，融入了不少“中国元素”。部分平台本身系线下贷款机构出身，如银行、小贷公司等，自身即拥有丰富的贷款项目池。在提供线下贷款的过程中，传统业务融入互联网因素可以获得更广阔的资金来源和发展空间，同时可以规避一定的金融监管限制。由此设立的 P2P 平台借款端业务往往来自于线下客户，并通过线上平台发布贷款信息吸引资金流，也就是俗称的 O2O 模式。O2O 模式往往具有地域性特征，借款端项目多来自于平台、分支机构或关联方所在地，区域风险集中，且平台业务规模受限。但本地化的贷款业务更有利于对贷款方的审查和风控，投资者的资金安全性可能更有保障。招商银行的小企业 e 家投融资平台和联合贷等属于此类模式。

大部分 P2P 平台都在线上设立了融资入口，允许个人或企业线上申请借款。借款人来自全国各地，平台根据自身的风控手段对借款人进行纯线上资信审核或线上线下双审核。拍拍贷和第一车贷等属于此类模式。

（二）投资端来源

1. 投资者分析

据美国商业杂志《福布斯》统计，2013 年年末，中国私人可投资资产总额约为 94.1 万亿元，如图 4－3 所示。其中，存款与现金占据了半壁江山，并一直维持着稳定的增长；投资性房地产规模的增速也不容小觑；而以股票、基金、理财产品为主的非存款类金融资产占据份额相对较低，增长缓慢，但同时也存在广阔的市场空白和发展空间。《福布斯》重点访问了大众富裕阶层①，

① 大众富裕阶层指个人可投资资产在 60 万～600 万元人民币的中国中产阶级群体和高端人士。

其中41.7%的受访人群参与了互联网金融投资。[①]

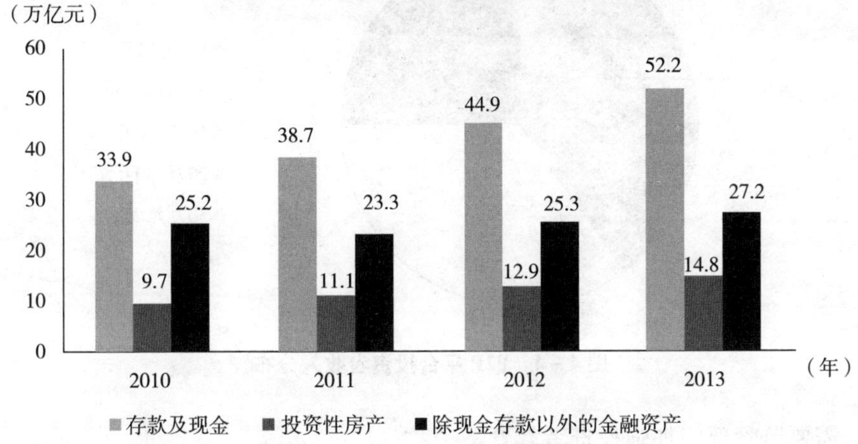

图4-3 中国私人可投资资产总额

互联网金融本身具有低门槛、低限额的“阶层”属性，中低收入阶层也可通过互联网金融满足自己的理财需求。P2P行业亦是如此。数据统计表明，25%的P2P投资者年收入在5万元以下，60%的投资者年收入在10万元以下[②]（如图4-4所示），属于“尾部”消费者。虽然单个人投资能力薄弱，但积水成渊，整体的“长尾效应”不可小觑。值得注意的是，该部分投资群体对投资往往缺乏必要的了解，有片面追求高收益而轻视风险的倾向，也由此承受着超过自身承受能力的风险。

2. P2P平台对投资者的要求

P2P网络借贷和任何金融产品一样，投资者获取收益的同时也承担着风险。但很多投资者并不具备基本的金融知识或风险收益认识，也不了解分散风险的基本方法，往往酿成损失。英国P2P平台根据P2P产品的不同，对投资者有不同的要求。以专注票据融资的MarketInvoice为例，它要求投资人必须为资深投资者、高净值个人或企业机构。[③] 而中国绝大多数P2P平台允许所有年满18周岁的大陆公民成为平台投资人，这或许是投资者保护的一种缺

① 参见http://finance.ce.cn/rolling/201404/16/t20140416_2669347.shtml。

② 数据来源：每日经济新闻&网贷之家：《2013 P2P投资者调查报告》，2013年10月。

③ 资深投资者要求持有CFA证书或持有其他同类证书等；高净值个人要求净资产25万英镑以上；企业机构无特别要求。

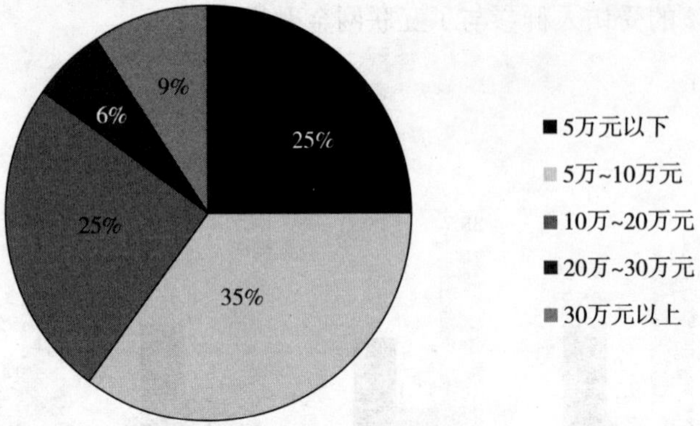

图 4-4　P2P 平台投资者收入分布

失，需要监管部门加强投资者教育。

国内个别 P2P 平台设有面对特殊投资人的项目标，如面对职业投资人的专项标、低风险低收益的新手标等，对拥有不同风险承受能力的投资人加以识别并提供风险相配的项目，这正是 P2P 行业良性发展的可能趋势。

3. 投资者的分散投资策略

分散投资是 P2P 投资者最常用的分散风险的方式。投资者将资金分散投资在不同标的、不同地域、不同平台的项目，可以在不降低收益的同时降低甚至完全消除非系统性风险。

(1) 同一平台不同项目分散投资。如果投资者特别看好一家 P2P 平台，就会将大量资金投到该家平台，并将资金拆成若干份，投在平台不同的项目上，以满足分散投资降低风险的需求。非职业投资者精力有限，往往只重点考察一家或几家 P2P 平台。因而在同一家平台利用不同项目分散投资是行业内广泛使用的方式。这种投资模式易于操作，也有降低风险的效果。Lending Club 就曾通过数据分析向投资者说明，若将资金等值分散投资在平台 150 笔（或以上）项目上，就一定可以获取正的收益。但该种分散投资方式并不能消除平台本身的风险。尤其是国内一些 P2P 平台上线即集资诈骗或虚构借款标的，风险更是巨大。若投资人选中这种违规的平台，所投资金可能全军覆没。

(2) 本地不同平台分散投资。一些投资者有优先选择本地 P2P 平台进行投资的倾向，也更愿意选择抵押（质押）物在本地的 P2P 项目。这样投资者可以实地考察监督所有的平台和项目，进一步降低风险。但该种模式的缺点在于：目前国内 P2P 平台多集中在广东、北京、上海等区域，对许多投资者而言，本地优质的 P2P 平台可能数量不多，选择范围相对较窄。

(3) 不同区域分散投资。不同区域分散投资是最到位的分散投资模式，一些投资者跨区域选择实力雄厚、业务规范的 P2P 平台进行投资，规避非系统风险。但若外地的平台出现问题，投资者的维权相对比较困难，尤其对一些小额投资者而言，维权成本可能远远超过可能的收获。因此，对投资者而言，在当前监管缺失的条件下，预先选择靠谱的 P2P 平台乃不二之选。

(三) 风控手段

风险控制是指公司采取各种措施和方法，消灭或减少风险事件发生的各种可能性，或减少风险事件发生时造成的损失。风险和收益的博弈是金融的本质，P2P 行业同样也是如此。如何做好风险控制是 P2P 行业面临的最大挑战。我们从以下几点总结和分析 P2P 平台的风险控制手段。

1. 项目审核方式

(1) 线上审核。部分经营线上贷款的 P2P 平台采用纯线上的方式审核贷款项目，即 P2P 平台是纯粹的网络中介，只负责制定规则和提供交易平台，包括信用审核等的整个业务流程都在线上完成。线上审核须建立在较完善的征信体系和大数据分析之上，通过多维度的数据核准借款者的信用。审核借款者资质的方法主要有身份证信息核实、银行对账单校对、互联网碎片信息分析、视频验证等。线上审核有信息透明、交易成本低、不受区域限制的优势，但同时也存在着数据获取难度大、信用评估体系难以建立、信用贷款坏账难以赔付等问题。国外最大的 P2P 平台 Lending Club 即采用线上审核的方式，通过信用评分和大数据模型为借款人设定合理的信用评级和安全的借款额度。但在中国，央行的征信体系尚未覆盖到 P2P 行业，互联网金融大数据也不甚充足，想要建立准确立体的信用评估体系十分困难。目前虽然有一些颇有知名度的大数据公司，但其使用效果与准确性在一些 P2P 公司里有争议。目前采用纯线上审核的 P2P 平台少之又少，规模较大的只有拍拍贷等平台。

(2) 线上线下双审核。纯线上审核对数据和数据建模的要求比较高，若线上信用审核不准确，必然会导致高逾期率和高坏账率。很多借款人和小微企业并没有完整有效的信用记录，无法采用纯线上审核的方式进行信用评估。为此，大部分经营线上贷款的 P2P 平台都实际上采用了线上线下双审核的方式。即借款人通过线上平台提交借款申请，平台在审核线上数据的同时，也通过借款人所在城市的门店、加盟商或代理商，在线下审核借款人的资信、还款能力等情况，注重实地考察和实物抵押。第 1 车贷等都采用线下线上双审核的方式核准贷款业务。

（3）线下审核。P2P 平台对来自线下“项目池”的贷款项目采用线下审核的方式。P2P 平台通过在各地门店受理贷款项目，平台工作人员面对面与借款人完成借款信息采集、信用信息核实、抵押（质押）物验收等工作。拥有线下“项目池”的 P2P 平台通常是由线下贷款机构过渡而来，可以依靠自身的贷款经验和本地优势挖掘更多可靠的信息。信用审核可靠性往往比较高，但同时也会受到本地化发展的限制，前期业务规模受限，边际成本很高。

2. 损失贷款的吸收方式

（1）投资者自担模式。损失贷款（即坏账）由投资者自担的方式，对于投资者而言，即无担保模式。这是美国 P2P 网络借贷的原貌，即平台仅发挥信息中介的功能，贷款逾期和坏账的风险完全由投资者自担，平台并不对投资者做出本金保障或本息保障的承诺。但 P2P 进入中国后，发生了诸多“异化”。由于国内征信体系不完善，无担保的平台很难取得投资人的信任，导致平台大都不得不采用一定的资金担保模式。最初坚持做无抵押、无担保贷款的拍拍贷和点融网也不得不对此妥协，相继推出了本金保障计划。但它们并不对单笔贷款进行保障，而是保障长期客户分散投资行为下的整个“投资盘子”。

点融网开启本金保障计划

点融网对满足本金保障条件的投资人提供 100% 本金保障，当坏账发生时，如坏账金额大于累计净收益金额，点融网会对差额部分进行全额自动赔付。

投资人需满足的本金保障条件为（须同时满足两条）：

1. 在点融网成功分散投资 10 笔以上：从第一笔投资起，如果三个月内成功投资 10 笔以上，则本金保护从第一笔投资开始生效；如果三个月内投资少于 10 笔，则本金保护从第 10 笔成功投资开始生效。

2. 单笔投资不超过此类借款金额的 10%（对同一笔借款的多次投标视为一次）。[①]

（2）平台自身担保模式。平台对投资者提供资金担保的模式在中国起步较晚，但发展迅速。如今许多 P2P 平台都对投资者提供不同形式的资金担保，借款违约风险由平台自担。

平台自身担保模式是指 P2P 平台自身为投资人提供一定条件下的投资安全保障，主要是平台利用自有资金收购借款人的违约债权。平台自身担保模式的实质是将投资人的投资风险转化为平台自身的经营风险，平台用自有资金对违约贷款买单。这种模式本身蕴含着极大的风险。第一，目前 P2P 平台并无明确的资本金准入门槛，很多中小平台的自有资金并不充足，根本无法利用自有资金为所有的违约债权买单，往往出现较大数额的借款违约就会直接导致平台的倒闭，平台的资金担保承诺也会成为一纸空谈，给投资人带来损失。第二，提供自身担保的 P2P 平台已经具有了融资担保公司的实质，但杠杆率又远远高于法律对融资性担保公司杠杆率的要求。即使是有雄厚资金实力的大型 P2P 平台，承担过多的代偿业务也会导致风险过于集中，很容易诱发系统性风险而导致行业动荡。因此，自 2014 年以来银监会等机构负责人不断提出平台应该去担保化的要求。

（3）风险准备金模式。风险准备金模式是目前比较流行的资金担保模式。P2P 平台通过从借款人的借款额或投资人的投资收入中抽取一定比例的资金，直接划拨至平台专门设立的风险准备金账户。投资人的出借本金与利息一旦遭遇坏账，就从风险准备金中计提，以此保障投资人的资金安全。但风险准备金只是综合历史坏账率提取的一定比例的风险准备资金，并不能保障万无一失。若出现大面积的坏账，依旧可能击垮 P2P 平台，使其无法真正履行保障本金或本息的承诺。不过，综合比较各种保障方式，由于风险准备金在平台控制之下，这种模式目前相对比较可靠。微贷网、新新贷等平台采用此种模式。

---

① 参见点融网官网发布的相关规则。

(4) 第三方担保模式。第三方担保模式是指 P2P 平台与第三方担保机构合作，由第三方担保机构为投资者的资金提供保障。第三方担保模式保障了 P2P 平台信息中介性质的纯粹性，不吸储、不放贷，只为借贷双方提供信息服务和交易平台。

在第三方担保模式中，P2P 平台受理贷款项目，担保公司对贷款项目进行审核与担保，同时赚取一定比例的担保费（通常为总额的 3% ~5%）。通过引入第三方担保，P2P 平台既节约了风控成本，又降低了平台风险，是目前较为安全的 P2P 借贷模式。

值得注意的是，第三方担保模式同样也没有消除投资者的投资风险，而是把风险转嫁给了担保公司。在这种模式下，担保公司的资质至关重要，需要投资者仔细分辨。

（四）资金流转

P2P 借贷是投资人和借款人通过第三方平台完成的资金借贷行为，必然涉及客户资金流转的问题。目前国家并未对 P2P 资金流转过程提出明确的监管，“资金池”模式和第三方资金托管模式并存。

1. “资金池”模式

“资金池”又称现金总库，是将资金汇集到一起，形成的像蓄水池一样的“资金池子”。“资金池”模式的运作易于资金的统一管理和调配，提高了资金配置效率，同时可以降低交易成本。但也必然存在投向不明、期限错配、资金和资产难以一一对应等方面的风险。

在 P2P 借贷过程中，如果投资人的资金经由 P2P 平台的账户流向借款人，平台就有对交易资金进行归集再匹配，即设立资金池的条件。P2P 平台的账户就像个“黑盒子”，平台用户无法得知资金的具体运作过程。对于 P2P 平台来说，投资端和借款端都不断有资金流入流出，除非出现极端情况，资金池总能沉淀一定的资金，完全可以通过债权错配、期限错配等方式获取更大的收益。这一切都不为投资人所知，蕴含着一定的风险。

债权转让模式的 P2P 借贷往往会产生资金池。债权转让模式是指借贷双方不直接签订债务债权合同，而是通过第三方个人[①]先行放款给借款者，再经由

---

① 我国法律禁止非金融机构发放贷款，但保护个人发放的贷款。因此贷款是由第三方个人而非第三方平台发放。

第三方个人将债权转让给投资者的方式。其中第三方个人与平台高度关联，一般为平台的内部核心人员。投资人和借款人都只与第三方个人（P2P 平台）产生借贷关系。债权转让模式下，资金的真实流转过程完全被掩盖，很容易出现期限错配和流动性错配。且平台对借款人的信息披露不够透明，就算是平台“自融”，他人也无从验证，这种模式也因此而备受争议。“宜信”在早期是债权转让模式的主要代表。在债权转让模式中，借款人先向宜信公司申请贷款，宜信的信用审核部门对借款人的资质进行审核，并通过宜信 CEO 唐宁的自有账户为符合条件的借款人提供借款，并签订借款合同。然后宜信将多个债权打包分割，转让给不同的投资人。借款人和贷款人都是多对多的关系，资金分散给多个借款项目。

2. 第三方资金托管模式

(1) P2P 第三方资金托管。在“资金池”模式下，P2P 平台参与了资金的流转与运作，不再是单纯的信息中介。该种模式下资金的去向和使用得不到有效的监管，平台合规性风险较大。目前，国外 P2P 网贷绝大多数都采用第三方资金托管模式管理资金，以实现信息流与资金流的隔离。这也是中国监管层鼓励的 P2P 资金流转方式。

为实现 P2P 网贷的第三方资金托管，P2P 平台须在银行或第三方资金托管机构为每个投资人和借款人建立独立的账户，当投资人的资金达到借款人的要求时，资金由投资人的账户直接转入借款人的账户。在此过程中，平台无权对借贷资金进行操作。

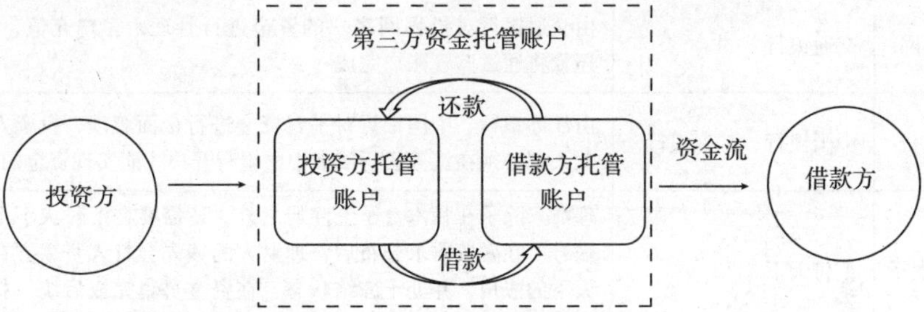

图 4-5　第三方资金托管流程

第三方资金托管有效实现了 P2P 平台与业务资金流的隔离，借贷交易过程中投资人的资金不再经过平台的自有账户，平台对资金不再有操作权。资金流动过程透明可见，也易于对P2P平台资金流的统计和监管。一定程度上杜绝了P2P平台非法集资、自融等的可能性。但是，资金托管并不能保证平台虚构假款标的。2015年爱增宝事件即是一个例子。

（2）第三方支付平台托管 VS 银行托管。第三方托管是P2P平台合规合法化发展的必备条件，但当前实现银行第三方托管的仅有四家平台，其中红岭创投与平安银行达成托管合作过程历经一年，且深圳政府在其中发挥重要作用。与银行合作难的原因：一是银行不了解P2P业务模式，且未建立相匹配的系统和流程；二是P2P的法律地位尚不明确，在2015年以前，大多数银行还在观望。想通过银行进行第三方托管对于很多P2P平台来说，目前还是难以达成，因此只能退而求其次，即选择第三方支付机构。目前针对企业端口的第三方支付平台发展迅速，主要有汇付天下、快钱支付、通联支付、汇付宝、易宝支付等。其中汇付天下是首家做P2P资金托管的支付平台，也是与P2P公司合作最多的机构。但是第三方支付平台收费过高，且安全性、服务规范性等与银行相比还有一定距离。

表4-2　目前P2P平台第三方托管情况

平台名称	第三方托管银行/支付	托管模式
红岭创投	平安银行	据称投资者的资金账户由平安银行进行管理，双方签订《全面金融服务战略合作协议》，合作包括资金融通、账户管理、资金结算、综合性金融服务等
钱多多	中国农业银行	全面涵盖钱多多平台上发生的每笔资金交易，以及平台沉淀资金的现金管理
投哪网	交通银行	由交通银行对投哪网客户的资金进行管理，客户充值、提现、还款将通过监管账户完成
开鑫贷	中国银行、江苏银行	由江苏银行、中国银行对平台资金进行全面管理，投资人和借款人都必须在江苏银行或者中国银行开户才能实现资金的交易
积木盒子	汇付天下	理财人除了在积木盒子上注册之外，还需要在汇付天下上注册账号。在融资需求公布后，理财人的钱先会打入贷款方在汇付天下的账户，并处于冻结状态，在资金募集完成后统一打到贷款企业账户①
人人贷	招商银行上海分行	仅为风险准备金托管，并非真正意义上的第三方托管

① 参见《积木盒子创始人董骏：短期盈利不是目标》，http://tech.163.com/13/1121/08/9E6L95C7000915BF.html. 访问时间：2014年8月20日。

（3）第三方资金托管两大陷阱。

①引入第三方支付平台≠第三方资金托管。目前P2P网贷平台都在一定程度上和第三方支付平台开展了合作，但这并不等同于第三方资金托管。此种模式下，客户只是通过第三方支付平台的网银入口付款给P2P平台，资金最终仍然进入了P2P平台自身的账户，并不是真正托管在第三方支付平台。平台仍然有能力动用这一部分资金。

②风险准备金托管≠第三方资金托管。部分P2P平台将风险准备金托管在第三方（比如银行），这也并不等同于第三方资金托管。风险准备金只是P2P平台按一定的比率（通常小于5%），从交易额中提取，用于违约贷款赔付的资金，它所占的比重非常小。而绝大多数资金还是处在平台自身的账户中，平台可以随意调配和动用，蕴含着巨大的风险。

人人贷的风险准备金第三方托管

人人贷于2014年年初与招商银行上海分行签订了风险准备金托管协议。根据该协议，人人贷在招商银行上海分行以公司名义单独开设风险准备金的专款专用账户，对该部分资金进行托管。人人贷在每月的第一个工作日和招行上海分行核对上月末风险备用金余额数据，招行上海分行同样会在每月初出具人人贷风险备用金的资金托管报告。人人贷将自2014年1月1日起，每月公布风险准备金的数额及使用情况，以供用户监督。[①]

四、热点事件梳理

P2P网贷行业在中国的兴盛是从“互联网金融元年”2013年开始的，相关重大事件见下表。

---

① 参见http://news.xhby.net/system/2014/01/13/019951363.shtml。

表 4-3　2013—2014 年 P2P 网络借贷行业大事件

时间		事件
2013 年	1 月	金融支付领域的平台汇付天下开设“P2P 托管账户系统”，为 P2P 行业第三方资金托管建设搭建桥梁
	6 月	央行首次将目光投向网络信贷行业，发文《支付业务风险提示》，要求商业银行、支付机构加强网络信贷平台管理
	8 月	央行等八部委成立“互联网发展与监管研究小组”，调研互联网金融，关注 P2P 网贷
		中国小额信贷联盟发布《个人对个人（P2P）小额信贷信息咨询服务机构行业自律公约》，以促进 P2P 行业的阳光化、规范化发展
	9 月	招商银行小企业 e 家投融资平台上线，银行首度试水 P2P 行业
	10 月	P2P 网贷行业月成交额首次破 100 亿元
		行业初现“跑路潮”，该月 20 余家 P2P 平台倒闭，打压投资者信心
	11 月	十八届三中全会通过《中共中央关于全面深化改革若干重大问题的决定》，正式提出“发展普惠金融，鼓励金融创新，丰富金融市场层次和产品”，为 P2P 网贷指明方向
		央行划界三类 P2P 涉嫌非法集资，分别为资金池模式、不合格借款人导致的非法集资和庞氏骗局
		央视大篇幅报道 P2P“跑路潮”，行业纷纷呼吁监管
	12 月	浙江省发布首个融资担保公司与 P2P 网贷平台合作规定的政府文件《关于加强融资性担保公司参与 P2P 网贷平台相关业务监管的通知》
2014 年	1 月	乐网贷负责人以非法吸收公众存款罪被捕，P2P 首涉非法吸存罪
	2 月	央行支付清算协会互联网金融专业委员会召开 P2P 座谈会，开展 P2P 行业调研
	4 月	博鳌亚洲论坛上宣布由银监会牵头来承担对 P2P 监管的研究
		百度大规模清理 P2P 网贷平台，下线 800 余家不良 P2P 平台
	5 月	银监会发布《关于办理非法集资刑事案件适用法律若干问题的意见》，划出 P2P 网贷平台“四条红线”
		全国首家由政府批准成立的省级互联网金融行业组织广东互联网金融协会正式成立
		习近平主席出席亚信峰会，强调在加强金融风险控制的同时加强金融创新
	6 月	民生加银、广发基金、博时基金等纷纷涉足 P2P，P2P 行业深入传统金融领域
	9 月	百度再次清理 P2P 网贷平台：要求 P2P 推广平台的综合利息不得高于年化 18%
		国务院召开互联网金融闭门会，讨论银行与 P2P 合作等问题

第五章 中国 P2P 行业的风险与短板

尽管从目前的发展态势来看，中国 P2P 方兴未艾，但其中的风险和挑战也不少。综观中国 P2P 平台发展所面临的问题，既有来自自身的，也有受外部环境影响的。当前中国野蛮生长的 P2P 行业即将面临第一次转型，其中所面对的暗礁险滩不在少数。

一、P2P 自身风险重重

（一）面临多重风险

1. 违约风险

虽然目前大部分 P2P 网贷平台都是有不同形式的担保，但担保的有效性值得质疑。首先，有些 P2P 平台自身为投资者提供担保，承受着很高的风险。其次，对具有第三方担保机构的平台来说，一旦平台发生大规模违约事件，担保机构是否具有足够大的资本规模来进行赔付还是一个问题。若担保是无效或弱有效的，投资人仍面临着较大的 P2P 平台违约风险。

2013 年既是中国互联网金融元年，也是 P2P 平台网络案件频发的一年。在这一年，发展与挑战共生，荣耀与尴尬并存。自 2013 年以来，在上千家 P2P 网贷平台中，因限制提现、倒闭、卷款跑路、被黑客攻击等出现网站运作困难甚至停止运营等问题的平台近 300 家。P2P 平台“跑路潮”重创了整个 P2P 网贷业的声誉。

P2P 频现“跑路潮”

P2P 行业迅猛增长，为金融业带来新鲜血液的同时，跑路事件也层出不穷。截至 2014 年 11 月 30 日，在国内（不含港澳台地区）上千家 P2P 网贷平台中，出现了因限制提现、倒闭、卷款跑路、被黑客攻击导致网站运作困难甚至因此停止运营等问题平台共288家[①]。其中，广东、浙江、江苏、上海四省的问题平台数量共计146家，占到全部的50.7%，投资者已被套牢的资金超过20多亿元，个别平台吸收的资金在亿元以上。

例如，2013年4月，众贷网因经营不善、风险把控出现问题而倒闭；2013年5月，酷跑金融实际控制人跑路；2013年6月，非诚勿贷因人为将长期借款拆成短期标的发布遭到挤兑；2013年7月，网赢天下逾期提现达1.2亿元；2013年10月，天力贷逾期提现高达6300万元；2013年11月，铜都贷待收款项高达1亿元。特别是在2014年4月，旺旺贷跑路。该事件与以往恶意卷款跑路、集资诈骗的网贷平台不同，旺旺贷有一定的规模，有真实有效的工商营业执照、ICP备案、组织机构代码等各种资质。该事件重创了整个P2P网络借贷业的声誉。业内人士分析称，目前出现跑路的原因无非有两种：一种是因经营管理不善，资金链中断，对市场的定位不准确，从而导致“被跑路”；另一种则是从起初就抱着诈骗的心态，在监管不明朗的情况下钻空子。[②] 目前，网络借贷行业的发展仍然面临诸多不确定性，同时也面临着严峻挑战，未来在相关政策陆续出台的情况下，网络借贷行业也将随之健康发展。

P2P平台跑路的原因不外乎三点：

第一，由于经营不善而导致资金链断裂。经营不善主要是因为平台的自融、对外担保等现象比较集中，当其经营管理和风控能力上出问题时，平台无法赔付相应的款项，只能选择跑路。如东方创投使用投资人的资金购置房产，最后无法兑付投资人的提现要求，导致资金链断裂。

第二，具有一定主观恶意而跑路。这是因为在第一批自融、担保平台出现问题后，剩下的经营者明确感到业务模式的无法持续性，具有一定主观恶意而跑路。

第三，本质是恶意诈骗，为快速捞金成立平台。目前P2P网贷平台处于无准入门槛、无行业标准、无监管机构的“三无”状态，因此吸引了大批鱼龙

---

① 数据来源:根据零壹财经数据库统计。

② 参见 http://tech.sina.com.cn/i/special/forefront/p2ppl/。

混杂的创业者，有些其实是打着 P2P 的名头给自己的企业融资，有些则干脆是个骗局，吸引到一定的资金就卷款跑路。这一类型的平台，可能公布的网站和项目都是虚假的。中国的国情是债务追偿法律体系模糊不清，受制于执法机构的客观能力，执法力度有限，很难追回投资者损失的钱款；基础数据不健全，平台间有关欺诈、违约的信息难以共享；缺乏适当的监管，因此它们的跑路对市场造成的毁灭性打击也最大。

实际上到目前为止，真正因为经营不规范而跑路的平台已不是“倒闭潮”的主体，频频发生跑路的主要都是恶意欺诈的平台。这充分说明了两个问题：第一，经过数年的市场竞争，现存平台的质量比之前有了大幅度的提高；第二，诈骗跑路的平台严格意义上不能归咎于行业，无论哪个行业，哪个领域，都有诈骗行为，无非因为网贷行业目前尚缺乏比较明确的准入门槛而导致诈骗更多而已。这随着立法、监管等一系列的跟进，相关违法行为将被有效遏制。

针对频发的 P2P 网络案件，中国人民银行对“以开展 P2P 网络借贷业务为名实施非法集资行为”做出了界定：第一类为理财——资金池模式；第二类为不合格借款人导致的非法集资风险行为；第三类为典型的庞氏骗局。①

因此，平台的跑路现象，一方面反映出市场的不规范，另一方面也凸显出政府监管的重要性。

2. 信用风险

以企业从银行贷款为例，企业必须要出具最近三年的财务报表，尤其是现金流量表，因为它反映出的问题直接和企业是否具有足够的偿还能力挂钩，而所谓的抵押物其实只是一种被动状态下的风险对冲工具而已。但是在目前国内网贷行业中，由于不存在相关监管要求，没有一家平台会将企业的财务报表予以公布，这导致就算专业级别的 P2P 投资人士也只能根据对平台专业度的有限认识进行投资，这种投资其实和“盲投”近似，对平台的风险控制能力要求更高。在现实情况下，投资者往往会比较看重平台的背景等外在因素，而无法达到资金的最有效配置。因此，要降低信用风险，P2P 机构就必须做好信息监督，将股东、管理者、交易程序等资料公开，强调充分的信息披露，建立起投

---

① 参见 http://tech.qq.com/a/20131126/009498.htm。

资者对 P2P 平台的评价体系。

另外，P2P 网贷平台风险控制的核心是数据整合、模型构建和定量分析。但由于网上刷信用、改评价等行为的存在，数据真实性、可靠性将直接影响信贷质量。此外，大部分 P2P 网贷平台还缺乏长期（特别是跨经济周期的）数据积累，风险计量模型的科学性也有待验证。①

一些 P2P 平台的客户资金与平台资金未有效隔离，常有卷款跑路事件发生；部分 P2P 平台同时承担筹资、中介和担保职能，对资金来源缺乏监控，放贷行为缺乏资本约束，对外宣称违约率很低，背后依靠的却是搭建资金池，拆东墙补西墙，信用风险不断积聚。②

3. 流动性风险

一是“拆标”引起的流动性风险。部分 P2P 平台采用把长期借款标的拆成短期，把大额资金拆成小额，从而造成了期限和资金的错配，一旦遇到大规模挤兑，极易引发流动性风险。

二是平台流程设置造成的投资者投资前后的资金损失。目前热门的 P2P 平台如陆金所、民生易贷等，自投标之后很容易抢标，投资者必须时刻刷新其项目进度条，尽早下手。这通常会使投资者在满标之日提前几天投资（充值），而这几天项目投资不算利息。目前，只有极少量平台没有充值环节，投资者资金直接进入借款方账户。另外，当借款者还款付息后，平台的提现流程需要 1~3 个工作日，在提现期间的时间价值也没有在利息上得到提现。因此，通常在 P2P 平台上，投资者的资金会损失 6~8 个工作日的时间价值，一定程度上具有流动性风险。

4. 技术安全风险

P2P 网贷平台依托的是计算机网络，网络系统自身的缺陷就带来了技术安全风险。互联网本身具有传播面广、虚拟性高等特点，一旦发生网络安全问题，有可能造成系统的不稳定。自 2013 年以来，网贷平台受黑客攻击的不在少数，其中最常见的是 DDOS 流量攻击，易引发网站瘫痪，致使投资者恐慌，造成不利影响。P2P 网贷的一个重要特征是在大数据基础上对信息的分析和挖

---

① 参见 http://paper.people.com.cn/gjjrb/html/2014-08/04/content_1460720.htm。

② 参见 http://paper.people.com.cn/gjjrb/html/2014-08/04/content_1460720.htm。

掘。当个人交易数据等敏感信息被广泛收集时，实质上对客户账户的安全提出了很大的挑战。

5. 声誉风险

对金融产品而言，收益与风险相伴。通常 P2P 业务用高收益作为营销手段，但对风险的揭示并不充分，诸多平台打出“100% 安全”“100% 收益有保障”等宣传广告。中国投资市场还不成熟，广大普通投资者投资经验不足，对风险预估能力有限，一旦投资失败，对全行业的声誉都会带来负面影响，并将严重冲击社会稳定。

（二）信用体系无法满足 P2P 行业发展需求

P2P 网贷发展的基础是良好的个人信用体系。英美等国的征信体系历史悠久，发展较为完善，P2P 行业相对健康。中国征信体系经历了从企业征信到个人征信、从局部试点到全国统筹的快速发展阶段，形成了以《征信业管理条例》和《征信机构管理办法》为法律框架，以中国人民银行征信中心为核心征信机构的社会征信体系。

然而，随着 2011—2015 年 P2P 网贷平台在中国的暴发式增长，中国征信体系无法满足以 P2P 网贷为代表的新兴、新型互联网金融行业征信的需求，局限性逐渐凸显。一方面，P2P 网贷行业发展迅猛，尚未能及时制定相应法律法规，对其法律身份进行界定，从而无法接入央行征信系统；另一方面，中国征信行业的发展与 P2P 网贷发展相比，仍具有明显的滞后性，如征信法律建设不足、征信信息覆盖性差、征信产品单一等。这些都增加了 P2P 网贷平台的运营成本和运营风险。

1. P2P 网贷法律身份不明，多个征信渠道受阻

P2P 网贷的监管缺失直接导致其法律身份不明，难以像小额贷款公司、融资性担保公司等机构一样接入央行征信系统。鉴于此，部分 P2P 网贷平台也开始了探索其他征信途径的实践，然而由于 P2P 网贷对征信的高要求和征信系统建立的复杂性，致使 P2P 网贷征信频频遇阻。

（1）央行仅接受放贷机构接入其征信系统。2013 年 3 月实施的《征信业管理条例》明确规定，金融信用信息基础数据库接收从事信贷业务的机构按照规定提供的信贷信息，故从事信贷业务的机构都应该接入央行征信系统。但

央行《放贷人条例》界定是否放贷机构的关键点在于用于放贷的资金必须是自有资金，严禁吸收存款；然而 P2P 网贷的监管缺失直接导致其法律身份不明，不符合放贷机构的界定，使得 P2P 公司难以像小额贷款公司、融资性担保公司、汽车金融公司等机构一样接入央行征信系统。

(2) P2P 自建征信系统具有较大局限性。接入央行征信系统受阻，尚无可以依赖的市场化征信公司，部分 P2P 网贷平台开始探索自建征信系统的道路，但面临资金实力不足、数据获取渠道有限、信息完整性不够等重重困难。

研发建立一套自有征信系统，前期需要投入大量专业人员，对于绝大部分 P2P 网贷平台来说，尚不具备如此的资金实力。其次，数据是征信系统的生命。P2P 网贷行业在中国起步较晚，在近两千家平台中，以“草根”创业的平台居多，较短的时间内尚未积累足够的用户数据用以支撑征信系统建设。同时，已有的用户数据类型单一，难以全面反映借款人的风险信息。虽然已有平台开始尝试同电商平台（如淘宝、敦煌网等）、社交平台（如微博、人人网）等网络平台合作共享平台信息，但与专业征信信息所需要的维度相比，仍相去甚远。最后，征信系统建成后，尚需较长时间来经历市场检验其对坏账率的控制效果。

P2P 网络借贷平台在自建征信系统的实践中，必须通过建立行业联盟、实现同业间数据共享，才能有望建成实效有用的征信系统。就目前而言，P2P 网贷平台自建征信系统的局限性太大，实践探索收效甚微。不过，自 2015 年始，芝麻征信等具有互联网背景的征信公司，由于有阿里、腾讯等巨头的大数据积累，将在一定程度上改变上述状况。诸如银湖网等 P2P 企业已经开始采用芝麻征信的产品。银湖网与芝麻信用管理有限公司（蚂蚁金融服务集团旗下品牌）达成战略合作，双方会把自有资源互换互用，通过“黑名单”分享，芝麻分评定等措施，能够更好地针对信用类借款用户进行信用评估以及贷后追踪。通过结合芝麻信用的评分体系以及基于芝麻信用数据库中大量的用户网络交易及行为数据，对用户进行信用评估，这些信用评估将帮助银湖网对借款用户的还款意愿及还款能力做出决策判断，丰富了借款人资质评估手段。

2. 征信行业难以满足 P2P 征信需求

P2P 网贷行业的借款人主体为个人消费者和小微企业的特殊性，因此其对借款人信息的采集、处理、共享及使用等有特殊要求。但中国目前的征信行业发展与 P2P 征信需求相比较为滞后，征信信息仍以银行信贷信息为主、行业内信息共享较差，难以满足 P2P 征信需求。

（1）未形成规范征信过程的相应法律。2013 年颁布实施的《征信业管理条例》和《征信机构管理办法》作为中国征信体系的制度框架，极大地推动了中国征信法律体系的建设，对征信业发展中的具体问题做出了说明和规定，但在征信活动的实际开展过程中，征信机构对数据主体信息的采集、加工和使用面临较大困难，难以界定因过度采集信息带来的侵害信息主体等违规行为。

在英国，《数据保护法》规定了征信信息的采集原则；在美国，《公平信用报告法》和《格雷姆—里奇—比利雷法》两项法律对个人信用信息的采集和共享，特别是对有关消费者个人信息的使用做出了明确规定。中国应以已有行业法律法规为基础，尽快健全中国征信法律体系，明确规定个人信息的采集使用范围，明确规定政府信息公开范围，合理界定企业商业秘密与信息公开的关系等。

（2）现有征信信息未实现全社会、立体化覆盖。在中国，由人民银行组织建立的信用信息基础数据库基本覆盖到国内每一个参与信用活动的企业和个人，并为其建立了信用档案。征信系统收集的企业和个人信息以银行信贷信息为核心，还包括社保、公积金、环保、欠税、民事裁决与执行等公共信息，但仍然存在一些不足之处。

①未实现对征信数据主体的全社会覆盖。截至 2013 年 11 月底，数据库收录 8.3 亿多自然人，收录企业及其他组织近 2000 万户。但仍有近 40% 的自然人主体尚未被覆盖。另外，在已经覆盖的数据主体中，多数都缺乏信贷记录，在数据库中仅有 48% 的企业和其他组织有贷款卡，35% 的自然人有贷款记录。其他企业或自然人在贷款时仍属于首次信贷活动，征信反映的信息不够充分。

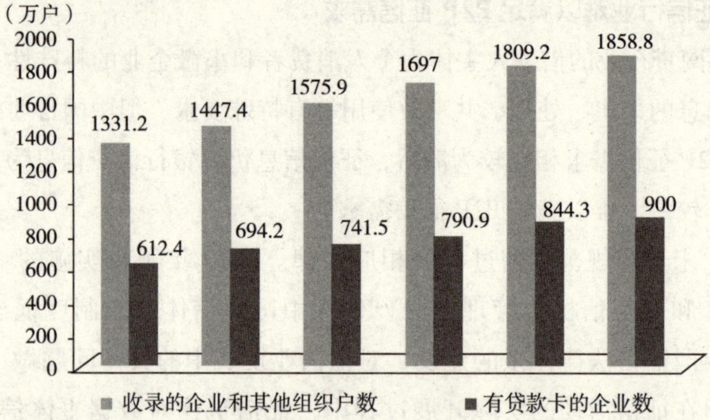

图 5－1　2007—2012 年企业信用信息基础数据库收录的信息①

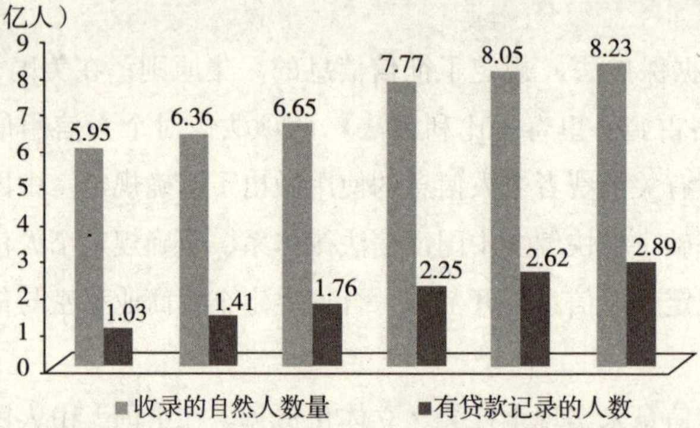

图 5－2　2007—2012 年个人信用信息基础数据库收录的自然人数量和有贷款记录的人数

②未实现对征信数据主体的全社会覆盖。以央行的个人征信报告来看，中国征信系统的信息覆盖面主要集中在信贷系统，而对于个人其他经济活动和社会活动尚无信用报告，缺乏其他辅助衡量借款人风险的信息，征信内容不够立体化。而且，由于中国缺乏相应法律对信息公开问题进行规范，所以数据主体的信息披露较为困难，也难以形成长期稳定的数据来源。

（3）征信产品单一，直观性和科学性较差。从征信产品来看，中国现有的成熟征信产品以个人征信报告为主，征信产品类型较为单一，产品创新较少，不能完全满足多层次的市场需求。而且，征信报告未经过量化处理，直观性和

① 中国人民银行《中国征信业发展报告》编写组. 中国征信业发展报告（2003—2013）[N]. 金融时报，2013－12－13.

科学性较差。虽然有公司开始尝试引入美国的 FICO 信用评分等征信产品，如 2015 年 3 月 FICO 与国内的宜信、有利网、搜易贷和保险领域的阳光财险以及贷款搜索与比价网站好贷网合作，但这些合作仍处于试验阶段，缺少普遍接受的评分模型，其实践效果有待时间检验。

（三）P2P 企业具有一定的地域性

从网贷平台的数据来看，目前网贷平台的投资人还是 25～40 周岁的人居多，与 60 岁以上的老年人相比，这些人群有上网的习惯，所处的行业以互联网和金融相关的行业人士居多，其中大部分都是来自北京、上海、广州、深圳这样的一线城市。通过这些我们可以看到，网络借贷在国内远未普及，尚属小众。但是对于二三线城市的人群，他们的理财需求长期未得到满足，其实是更为旺盛的。这与他们所处的金融环境有很大关系，比起一线城市，无论是他们的投资需求还是借款需求都局限于有限的空间。

二、大资本和监管介入或使 P2P 重新洗牌

（一）大资本介入 P2P

尽管网贷行业乱象丛生，但这个快速繁荣的行业还是吸引了各路机构、上市公司、银行、国有企业等大资本纷纷进军。

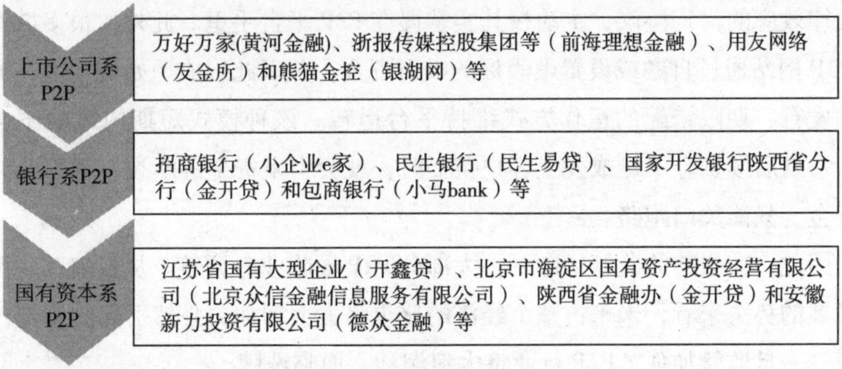

图 5－3　新资本加入 P2P

在新资本不断涌入的同时，原有 P2P 机构也不断获得资本青睐。2013 年

以来，点融网、有利网、人人贷、积木盒子、微贷网、投哪网等据称相继获得千万美元级或亿元人民币级融资，P2P 平台估值与融资规模越来越大。

毫无疑问，大资本的介入将会扩大 P2P 行业规模，推动利率市场化，同时会加速一些知名度极小及实力有限的平台“倒闭潮”的出现，也会促进整个行业继续发展。

（二）发展过于迅速，法律监管上存在空白

近期，P2P 的牵头监管部门银监会表态将加快推进对互联网金融平台的监管，实现互联网金融的规范化发展，并提出合理设定业务边界的四条红线：一是要明确平台的中介性；二是明确平台本身不得提供担保；三是不得搞“资金池”；四是不得非法吸收公众存款。

然而，由于受传统民间借贷环境影响，目前国内几乎所有的 P2P 机构都以不同形式承诺本金担保或本息保障，以吸引投资者，无论是通过网站自己还是关联方提供本金/本息担保，都使本来属于双向自行的交易变成了运营方一手主导的交易，风险高度集中于平台。加入自身信用的 P2P 模式，使其盈利模式从原来的无风险信息服务收入变成了有风险的担保收入，公司盈亏平衡取决于坏账率和担保收入，平台性质产生巨大转变。

再者，部分 P2P 平台采用将债权打包成定期理财产品（1～12 个月不等）的方法，与银行推出的各种理财产品差异不大，有形成资金池甚至影子银行的可能。在这种模式下，投资人和借款人都仅与 P2P 平台发生借贷关系，并签订有法律效应的借贷协议，主动权其实掌握在 P2P 平台手里。此外，很多欺诈性的 P2P 网站通过自融或设置虚假标的吸引资金，并以此形成原始资金池，通过滚动发行、期限错配的运作方式维持平台运转。该种模式短期内风险不会暴露，一旦后续资金不足或发生客户挤提时，就会引发资金链断裂。若不及时补充资金，只能关门跑路。

因此，在当前的监管风向下，大部分 P2P 面临业务调整。从目前互联网金融发展的势头来看，未来占整个经济的比重将大大增加，必然引起监管部门的重视。一旦监管加强，P2P 行业将大浪淘沙，面临洗牌。

第六章　中国 P2P 行业的发展前景

当前 P2P 行业的整体发展情况良好，尽管面临许多挑战，但是未来道路还是一片光明，中国 P2P 行业方兴未艾。

一、社会化信息平台正在构建

（一）大数据和互联网技术促进平台信用数据建设

随着搜索引擎、社交网络、云计算的发展，互联网的数据处理能力将更加完善，社会化信息平台必然会带来多赢效应。目前 P2P 网贷业内正在自建征信数据库，有多家公司已经联合建立了一个违约借款人的“黑名单”，以此让 P2P 网贷公司识别风险。但是，受制于平台各自利益，此类“黑名单”必须在行业协会或监管机构的指导和大力推动之下，方能起到实际功效。

目前运行良好的 P2P 平台积累了各具特色的信贷体系和信用审核方式，拥有大量金融数据。这是因为网贷平台创始人多为互联网技术出身，一方面受互联网的思维和技术影响，对于数据的获得和保存比一般小贷和担保公司更完善、规范；另一方面，由于 P2P 平台用户遍布全国各地，借贷次数多，能反映更细节化的信用数据。

（二）征信市场化步伐加快

2013 年实施的《征信业管理条例》和《征信机构管理办法》对民营征信机构做出了说明，开展个人征信业务须申请经营牌照，开展企业征信业务须在央行备案，征信市场化蓄势待发。征信行业的市场化，一方面可以减轻央行征信系统的运营成本；另一方面可以实现 P2P 借贷行业内横向信息整合。

P2P 网贷征信对同业内的信息依赖性很强，因此建立市场化的征信机构将会受益很大。自央行接受个人征信牌照申请以来，全国各地 P2P 网贷平台与第三方征信机构进行合作的趋势日益明显，也有越来越多的公司开始竞争征信业的巨大市场，加速了 P2P 征信市场化的实践。

上海资信有限公司

上海资信有限公司成立于 1999 年 7 月，是经中国人民银行总行同意，在中国人民银行上海分行和上海市政府共同协调下组建的，全国首家从事个人征信业务的机构。其央行背景获得了众多 P2P 机构的青睐，特别是在上海地区具有极高的影响力。

据上海资信有限公司 NFCS 网络金融征信系统最新的运行情况显示，截至 2014 年 7 月 15 日，全国共计 203 家 P2P 机构签约接入，其中北京、上海、广东三地的机构数最多，达到 128 家。签约机构中已开始提供数据的机构有 86 家，其中 40 家报送全量数据。系统收录的借贷记录涉及客户数量达到 29 万人，包括 10272 名特殊交易人；累计贷款金额达到 119.2 亿元，平均借款额度达到 7.45 万元，平均借款期限 20 个月。每个月接入征信平台的机构数都以 20 家左右的速度增长，预计 2014 年年内和 NFCS 签约的 P2P 机构将超过 300 家。①

上海资信引入央行征信的经验和标准包括业务规则、采集数据格式等，在政策允许的情况下，网络金融征信系统与央行征信中心运营的个人信息基础数据库在技术上对接将不存在障碍。NFCS 并不仅服务于借贷企业，最终目标是打通线上与线下、新型金融与传统金融的信息壁垒，作为央行个人征信系统的补充，记录个人线上线下融资的完整债务历史。

北京安融惠众公司

北京安融惠众是一家民营的、致力于从事个人征信服务的第三方机构，成立于 2013 年。安融惠众结合中国互联网金融、小额信贷行业的发展实际和信用风险控制需求，设计了“小额信贷行业信用信息共享服务平台”（MSP），定位瞄准小额贷款产品，为会员机构提供信息查询及征信报告，安融惠众目前的会员机构有 329 家，主要是 P2P 网贷平台。

---

① 参见 http://whb.news365.com.cn/yw/201408/t20140808_1197422.html。

表6-1 安融惠众公司MSP征信平台运行情况

项目	统计量
会员机构（家）	329
有信息记录的自然人数（万人）	88.5
本月工作日日均查询件数（件）	8776.4
本年累计查询件数（万件）	101.1

资料来源：数据来自 http://www.allwincredit.com.cn/fontPage/queryDetail/commonIframe.jsp?id=11103. 数据截至2014年7月31日

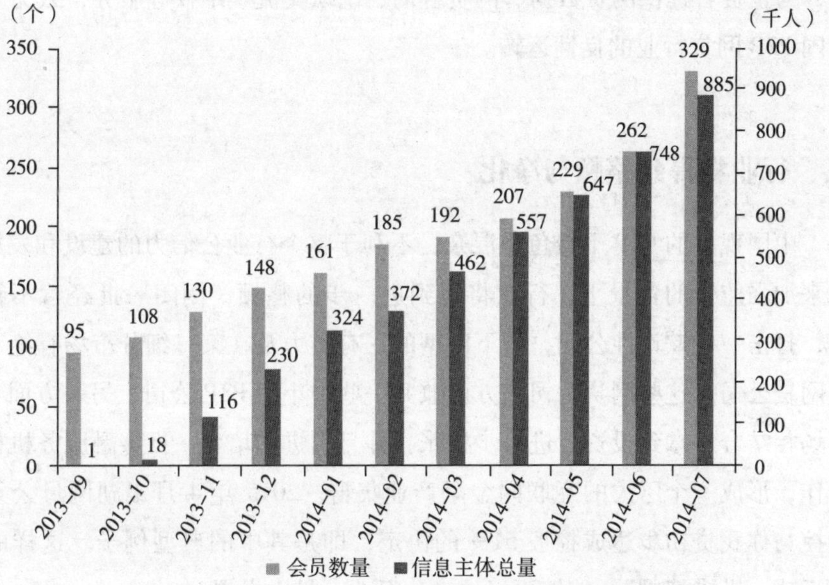

图6-1 安融惠众公司会员数量和信息主体总量统计

二、行业自律正在行动

目前，在监管政策“真空期”中“野蛮生长”的P2P网贷行业正在强化行业自律，试图对鱼龙混杂的市场进行一定程度的规范。从全国范围来看，P2P行业的自律组织主要有2011年在北京成立的中国小额信贷服务中介机构联席会，2012年在上海成立的网络信贷服务业企业联盟，2014年在广东成立的广东P2P行业协会，2014年年末成立的北京市网贷行业协会（受北京市金融工作局指导）等。上述机构相继出台了《P2P小额信贷信息咨询服务机构行业自律公约》和《网络借贷行业准入标准》等行业自律公约或标准。P2P 行业自律组织成员在行业政策不明、监管缺失的情况下进行自我纪律约束，做出了一些榜样。

制定自律公约、按时披露信息、规范日常经营是这类自律组织的主要职能。除此之外，也有自律协会通过建立内部“黑名单”，与外部征信平台合作，试图建立和完善 P2P 行业的数据库。有效促进了行业规范化发展。① 此外，网贷天眼、网贷之家、网贷 315 等 P2P 网贷行业第三方门户网站纷纷上线，为投资者提供网贷数据、网贷咨询、论坛交流、维权等服务，致力于推动中国 P2P 网贷行业的良性运转。

三、行业将得到整顿与净化

中国现有的 P2P 平台鱼龙混杂，不利于整个行业公信力的建设和发展。在未来加强监管的背景下，行业将得到进一步的整顿，倒闭一批经营不善的平台，打击一些欺诈性公司，剩下巨型的、有实力及在某一细分市场有绝对优势的网贷公司。这些网贷公司一方面兼并一些中小型 P2P 公司，另一方面与资本市场相结合，拿到投资后进一步扩张，并且引进和培育一批金融服务机构进行合作，形成一个巨大的互联网金融产业集群。2015 年 4 月银湖网母公司熊猫金控与你我贷初步达成控股 51% 的协定，即是其中的典型例子。这样的“远交近攻，纵横捭阖”，能够更好地净化行业、扩大发展。

四、P2P 网贷的未来升级之路

以借贷金额来衡量，中国 P2P 网贷行业面向的借贷群体主要是中小企业而非个人，这是因为当今国内经济处于转型期，中小企业蓬勃发展，对于资金的需求要远大于个人消费。对于普通投资者而言，首先在乎的是 P2P 平台提供的年化收益率，对一些专业投资者而言，最在乎的则是 P2P 平台的风险控制能力。如果 P2P 平台能够打通、优化产业链，链接行业的上下游，熟悉它们的盈

① 参见 http://finance.21cn.com/stock/express/a/2014/0807/15/27977552.shtml。

利模式和运营流程，就能够在借款对象的筛选上有一定的了解和把控，以便提前发现好项目，充实自身资源库，帮助借款人降低融资成本，化解潜在借贷风险，增强风险预判能力等。这种优势最主要集中于具有上市公司、央企等背景的 P2P 平台，其拥有巨大的资源，产业链往往很长，涉及多个行业。

综上，网贷平台未来在产业链的整合过程中，可以扮演非常重要的角色。但这些都还有赖于平台自身能够不断提升行业专业度和集中度，成为某个行业内的融资专家，在这方面，中国的网贷平台还有更大的发展空间。

五、P2P 网贷市场前景广阔

目前国内整个借贷市场的开发还远远不够，未来肯定需要转向二三线市场以关注不多的领域（比如“三农”）和空间（比如民族地区），那里才是更大的蓝海。大城市与地级市成为绝大多数网贷公司“厮杀”的战场。但是，二三线城市，诸如西藏、新疆等民族自治区以及农村等广阔市场仅被有限的网贷公司关注。从目前的情况来看，未来十年，整个网络借贷的规模将达到万亿级，这样的规模不是少数几家网络借贷平台就能够消化的。参考美国网贷先驱之一 Lending Club，目前也只促成了 60 多亿美元的在线贷款。相比美国，中国的市场更大，就像中国有中、农、工、建、交五大银行，但仍有上千家其他中小银行以及村镇银行的生存空间。就算未来传统银行进入网贷行业，这样巨大的市场也能够保证百余家规模的优质网贷平台。

目前而言，中国 P2P 网贷行业对现有金融体系既是革新也是补充。P2P 网贷规模和整个金融业相比还只是很小的一部分，但是它提供的新的方法论、新的工具、新的专业模式，其从用户思维出发设计和提供的产品，可以被大型传统金融机构所采用和借鉴。在这个意义上，P2P 网贷的出现实际上是一种替代和普惠革命的推动剂。

第七章　中国 P2P 行业监管法律与自律

中国政府对 P2P 网络借贷的监管并未常态化，虽然初步确定中国银监会为监管机构，但目前尚无普适的行业法规和监管细则出台，行业自律处于起步阶段。构建健全的 P2P 监管体系需要以较为完善的金融法律体系为基础。在中国目前形成了以银行三法、证券、保险、信托基本法为核心，金融法律、行政法规和规章为主体，相关的司法解释为补充的金融法律体系，但对于包括 P2P 在内的互联网金融产业领域而言，仍存在空白区域和灰色地带，出台细化、完善的 P2P 监管政策比较困难。本书将对此提出一些监管思路。

一、与 P2P 网贷相关联的法律法规

P2P 网贷本质上属于民间借贷行为，虽然迄今 P2P 平台尚存在“无准入门槛、无行业标准、无机构监管”的“三无”状态，但并不意味着 P2P 平台没有法律依据和办法进行管理和规范①。因此虽然目前没有专门的 P2P 网贷法律颁布，但 P2P 网贷仍应该遵守民间借贷有关的法律法规。

（一）民法通则

目前，针对 P2P 网贷行业的法律规范可以追溯至 1986 年《民法通则》及后续相关司法解释中关于“民间借贷利息最高不得超过同期银行贷款利率的 4 倍”的规定。根据《合同法》、《民法通则》、最高人民法院的文件等法律法规，P2P 网络借贷行为中，出借人所拥有的债权文件、收回出借资金和利息的权益受法律保护。最高人民法院《关于人民法院审理借贷案件的若干意见》（1991 年 8 月 13 日〔1991〕21 号）规定：民间借贷的利率可以适当高于银行的利率，各地人民法院可根据本地区的实际情况具体掌握，但最高不得超过银

① 黄震. 完善 P2P 网络借贷的法律监管体系[N]. 金融时报，2013－07－08.

行同类贷款利率的 4 倍（包含利率本数）。超出此限度的，超出部分的利息不予保护。

（二）《合同法》

1999 年颁布的《合同法》第十二章关于“借款合同”的规定肯定了民间借贷的合法性。《民法通则》中也有“合法的借贷关系受到法律保护”的模糊表述。《合同法》第二十三章“居间合同”第 426 条中规定：“居间人促成合同成立的，委托人应当按照约定支付报酬。”此条也就肯定了 P2P 网络借贷平台收取服务费的合法性。

（三）《证券法》

其他国家第三类集资活动主要属于《证券法》管辖，是直接融资的范畴，但中国不同，以非法吸收公众存款罪作为非法集资的基本类型，混同了直接融资和间接融资活动，集资者为自己使用目的而吸收资金和集资者吸收资金再用于投资两个层面的安排均被纳入非法集资范畴。集资者为自己使用而吸收资金，属于直接融资的范畴，类似于擅自发行证券。但因为其不采用股票、债券的名义，集资载体没有被权益份额化和标准化，在中国并不将其视为证券发行，而是当作非法集资来处理，在刑法上则表现为非法吸收公众存款罪或者集资诈骗罪①。因此，中国《证券法》对于证券的定义需要扩展，不扩展就不能为各种金融创新提供法律依据。

（四）《关于人人贷有关风险提示的通知》

2011 年 8 月，银监会发布《关于人人贷有关风险提示的通知》（银监办发〔2011〕254 号），该通知指出在当前银行信贷偏紧的情况下，P2P 信贷服务中介公司呈现快速发展态势。这类中介公司收集借款人、出借人信息，评估借款人的抵押物，如房产、汽车、设备等，然后进行配对，并收取中介服务费。有关媒体对这类中介公司的运作及影响进行了大量报道，引起多方关注。对此，银监会专门 P2P 组织开展了调研，发现大量潜在风险并予以提示②。由此可

① 彭冰. 非法集资与 P2P 网贷[J]. 金融监管研究，2014(6).

② 参见中国银行业监督管理委员会办公厅文件：《中国银监会办公厅关于人人贷有关风险提示的通知》，银监办发〔2011〕254 号。

见，该通知只是对 P2P 的一个风险提示文件。

在 2013 年 11 月 25 日举行的九部委处置非法集资部际联席会议上，央行对 P2P 网络借贷行业非法集资行为进行了清晰的界定，主要包括三种情况：资金池模式、不合格借款人导致的非法集资风险以及庞氏骗局。

（五）《个人信用信息基础数据库管理暂行办法》

2005 年 8 月中国人民银行发布了《个人信用信息基础数据库管理暂行办法》，根据该管理办法，个人信用报告目前仅限于中华人民共和国境内设立的商业银行、城市信用合作社等金融机构、人民银行、消费者使用，网络借贷中介平台并非合法使用者。2012 年 12 月 26 日，国务院常务会议审议通过了《征信业管理条例》，要求对个人征信业务实行严格管理，并在市场准入、信息采集及查询范围等各个环节进行了具体的规定①。由此将建立以公民身份证号码和组织机构代码为基础的统一社会信用代码制度。

二、行业自律处于起步阶段

2012 年，中国 P2P 行业自律组织初步兴起，上海信息服务业行业协会旗下的金融信息服务行业专委会先后发起了行业自律倡议，并提出国内首个 P2P 准入标准。2013 年 8 月，中国小额信贷联盟 P2P 委员会（北京）发布了《P2P 小额信贷信息咨询服务机构行业自律公约》。此类自律公约制定了较为完善的规定，但其效果在实践中尚待时间检验。

继上海网络信贷服务业企业联盟、中国小额信贷联盟 P2P 委员会之后，2014 年年初，互联网金融协会获国务院批准成立，规范互联网金融的有关文件仍在行文阶段，地方级别的互联网金融协会（如广东省）也已经出现。目前，中国 P2P 行业的相关法规并不健全，行业协会可以起到一定的规范作用；同时，由于制定监管政策需要一定的时间周期，行业自律的组织可以起到一个过渡作用；此外，行业协会还可以和政府以及各个机构之间建立一个有效的沟通机制，促进行业间的资源共享。

---

① 黄震. 完善 P2P 网络借贷的法律监管体系[N]. 金融时报，2013－07－08.

表 7-1 主要互联网金融行业相关协会

类别	协会名称	简介
行业协会	中国互联网金融协会	2014 年 4 月由央行条法司牵头筹建，已正式获得国务院批复，尚未正式成立
	中关村互联网金融行业协会	于 2013 年 8 月 9 日正式成立，业务指导单位为中关村管委会，接受中关村管委会、民政局的业务指导与监督管理
	广东省互联网金融行业协会	于 2014 年 5 月 18 日正式成立，是全国首家由政府批准成立的省级互联网金融行业社会组织
	中国支付清算协会	于 2011 年 5 月成立，是经国务院同意、民政部批准成立的非营利性社会团体法人。协会对支付清算服务行业进行自律管理，主管单位为中国人民银行

（一）中国 P2P 行业自律公约

2013 年 1 月，中国担保协会 P2P 工作指导委员会制定了《中国 P2P 行业自律公约》（以下简称《自律公约》），供全体会员互相监督、共同遵守。《自律公约》从行业自律与管理以及行业从业人员自律与管理两个大的框架，对 P2P 行业的自律提出要求。《自律公约》要求 P2P 机构做到合法合规经营。在对服务出资人的要求中，提出准确的风险指标、严格的资金管理、杜绝虚假债权三方面要求。在服务借款人的自律方面，则提出较低的信贷额度、清晰的利率水平、合理的服务收费等方面进行自律。在行业的管理要求方面，从客户权益保护、业务公开透明、信息披露规定、建立安全可靠的 IT 系统以及对不正当竞争等提出了自律要求。2013 年 8 月，中国小额信贷联盟与人人贷、拍拍贷等共同发布了《P2P 网络借贷平台技术白皮书》，制定了 P2P 行业的 IT 平台技术标准，对 P2P 平台功能、平台部署技术、平台运营技术等方面提出了要求。

（二）P2P 小额信贷信息咨询服务机构行业自律公约

2013 年 8 月，中国小额信贷联盟 P2P 委员会（北京）发布了《P2P 小额信贷信息咨询服务机构行业自律公约》（以下简称《北京自律公约》），对 P2P 机构服务出资人、借款人、行业管理要求、行业企业退出机制、行业从业人员等方面提出了相关自律要求。同时，相关细则对 P2P 服务机构的信息披露做了详细规定。《北京自律公约》要求，行业自律对于出资人要做到准确的风险指标："鉴于风险指标本身的复杂性，以及风险指标对于行业健康发展的重要性，P2P 服务机构应该按照统一的风险指标定义方式定期进行统计"。信息披露规定中，《北京自律公约》也要求 P2P 服务机构对内部信息进行统计，通过独立审计，形成完善的业务报告和信息披露体系。要求向 P2P 行业委员会披露的信息包括：逾期 90 天以上的同账龄逾期率、平均贷款水平、违约客户名单等指标。

2014 年 11 月，中国小额信贷联盟对该公约进行了调整，调整的主要内容为：第一，对参与中国小额信贷联盟 P2P 行业委员会的机构定义为"小额信贷信息中介机构"；第二，将银监会创新部提出的 P2P 监管 10 条原则融入到了公约；第三，进一步明确了 P2P 机构必须与银行或第三方支付机构进行账户托管；第四，明确定义逾期 90 天以上的同账龄逾期率：报告日时当前已经逾期 90 天以上的账户的未还本金总余额/到报告日时 120 天以前开户的贷款合同总金额。对原有 P2P 行业自律公约做了补充完善①。

（三）网络借贷行业准入标准

2013 年 12 月，上海网络信贷服务业企业联盟发布了《网络借贷行业准入标准》（以下简称《标准》）。《标准》不仅涉及资金的第三方存管、清结算分离、风险管理制度、定期信息披露、出借人利益保护，更对注册资本、任职资格、从业人员备案等做了详细限制，这将对目前 P2P 的创业门槛过低、几百元买个模板就能上线、人员鱼龙混杂的局面起到一定的规范作用。《标准》主要从运营持续性要求、高层人员任职资格条件、经营条件、经营规范、风险防范、信息披露、出借人权益保护、征信报告、行业监督九个方面对 P2P 行业进行规范。这些细则的具体执行涉及的不仅仅是 P2P 行业，更需要行业配合、协会指引、监管机构督促，这样《标准》方可能落到实处。

---

① 参见《中国小额信贷联盟发布 P2P 行业自律公约》，http://kuaixun.stcn.com/2014/1105/11829808.shtml。

表7－2　《网络借贷准入标准》的主要内容及具体要求

序号	主要内容	具体要求
1	运营持续性要求	1. 网络借贷服务机构为借款人和出借人提供信息发布、风险评估等咨询服务，机构必须符合持续性运营的要求 2. 网络借贷服务机构必须根据当前的业务规模，保证充分的运营条件至所有借贷关系结束 3. 联盟积极筹备并参与建立网络借贷服务机构破产隔离机制
2	高层人员任职资格条件	1. 网络借贷服务机构董事、监事及高管应当向联盟进行报备 2. 网络借贷服务机构董事、监事及高管中至少应有三名具备从事金融、法律、会计行业五年及以上的从业经验 3. 网络借贷服务机构中负责风险评估、风险管理的高管必须具备信贷风险管理工作五年及以上的管理经验 4. 董事、监事、高管人员必须诚实守信，具有良好的职业道德，无不良行为记录 5. 联盟积极筹备并推进网络借贷行业从业人员的继续教育及任职资格考试
3	经营条件	1. 网络借贷服务机构有与业务经营规模相适应的固定经营场所，并符合各项安全管理规定 2. 网络借贷服务机构应当具备必要的技术手段，确保业务处理的完整性、一致性、及时性、准确性和安全性；具备灾难恢复处理能力和应急处理能力，确保业务的连续性 3. 网络借贷服务机构应当妥善保管客户申请资料等记录、客户借贷及还款资料等 4. 如客户涉及反洗钱调查，且反洗钱调查工作在五年最低保存期届满时仍未结束的，应将其相关资料保存至反洗钱调查工作结束
4	经营规范	1. 网络借贷服务机构必须满足《中华人民共和国公司法》等相关法律法规对公司治理结构的规定 2. 公司必须建立自有资金与出借人资金隔离制度 3. 网络借贷服务机构必须遵守国家政策规定，必须为借款人和出借人建立直接对应的借贷关系 4. 网络借贷服务机构不得虚构债权或篡改借贷信息 5. 网络借贷服务机构的经营应当公开、透明，充分履行风险告知义务，确保出借人和借款人明确自身的权利义务，并在合同中载明
5	风险防范	1. 网络借贷服务机构需要建立规范、标准、专业的风险管理体系和业务操作流程，严格防范非法集资、非法吸收公众存款等风险 2. 网络借贷服务机构仅限于从事金融信息服务业务，不得直接参与借贷行为 3. 网络借贷服务机构必须建立第三方资金管理机制，通过与中国人民银行核准的第三方支付等法定机构合作 4. 网络借贷服务机构应鼓励出借人通过“小额分散”的方式参与网络借贷，以充分体现互联网金融的优势 5. 网络借贷服务机构应采用统一的风险评估指标发布逾期风险信息

续表

序号	主要内容	具体要求
6	信息披露	1. 网络借贷服务机构每年必须接受联盟认可的审计机构进行审计，审计结果须按联盟要求进行公示 2. 网络借贷服务机构须将公司的基本信息、平台运营情况等方面的信息上报至联盟。如有变更，须在 30 天内将变更信息上报联盟 3. 网络借贷服务机构应对披露信息的真实性，准确性负责，确保公开披露信息的内容无虚假、严重误导性陈述或重大遗漏
7	出借人权益保护	1. 网络借贷服务机构应确保向出借人披露的信息真实、完整、准确 2. 网络借贷服务机构应该真实、客观地提示网络借贷投资的风险，网络借贷平台本身不得提供担保 3. 网络借贷服务机构应该保证出借人的投资自由，并为出借人的有效投资提供便利
8	征信报告	1. 网络借贷服务机构必须与至少一家符合《征信业管理条例》，具备个人、企业征信合法资质的征信机构开展基于数据报送的合作 2. 网络借贷服务机构必须完整、准确地向征信机构报送网络借贷业务数据 3. 网络借贷服务机构必须主动及时（至少每月一次）提供增量业务数据 4. 网络借贷服务机构须保证提供给征信机构的信息与本机构掌握的业务数据准确一致 5. 网络借贷服务机构必须合法、合规地查询信用报告
9	行业监督	1. 网络借贷服务机构应当遵循联盟要求，严格履行本标准，并自愿接受联盟监督 2. 网络借贷服务机构应当按照要求向联盟提交经过第三方审计的年度经营情况报告 3. 联盟征得三分之二以上会员的书面同意，有权委托第三方会计师事务所或律师事务所对从业机构的网络借贷经营情况进行调查和审计 4. 因职务犯罪或者有确切证据证明的职务违法行为而被网络借贷服务机构解除劳动关系的从业人员的信息，应当及时向联盟进行通报，并由联盟将相关信息通报至各成员单位 5. 严重违反本标准的，经联盟成员单位 2/3 以上表决通过，联盟可决定取消其成员资格，并向社会公示 6. 联盟以“上海市互联网违法与违规信息举报中心”为平台接受社会监督和投诉

第八章　中国P2P行业监管机构

中国P2P行业目前虽然初步确定由中国银监会监管，但其监管尚未进入正式实施阶段，对该行业的监管尚处于"摸着石头过河"的阶段。与国外的按行为监管不同，国内的金融监管体制采取按机构监管的方法，银监会、人民银行、工商行政管理部门、工信部等都在各自职权范围内试探性地对P2P行业进行监管①。

2014年4月，银监会副主席阎庆民首次明确，将由银监会负责调研并制定P2P监管细则。目前银监会基本确立了在机构性质、资本金门槛、资金托管、技术门槛、人员配备等方面的七条P2P监管原则，② 并且新设立了普惠金融部，但具有法律效力的具体细则仍未出台。

一、银监会

根据现行的法律，银监会此前主要针对金融资产管理公司、信托投资公司、财务公司、金融租赁公司以及经国务院银行业监督管理机构批准设立的其他金融机构进行监管，其中暂时没有包括P2P公司，所以银监会目前并未正式将P2P公司纳入到监管框架中。但是基于金融风险的控制目标，银监会于2011年9月发布了《中国银监会办公厅关于人人贷有关风险提示的通知》。其中针对中国P2P机构的运作现状和中国金融行业的整体状况提出了七大风险，包括：影响宏观调控效果；容易演变为非法金融机构；业务风险难以控制；不实宣传影响银行体系整体信誉；监管职责不清、法律性质不明；贷款质量低劣和房地产二次抵押业务存在风险隐患。针对上述风险，银监会在现有的监管职

---

① 参见《中国P2P行业的监管现状》,http://www.p2peye.com/article-812-1.html。

② 参见《银监会七大原则全维度规范》,http://money.163.com/14/1112/16/AAS5BIPA00253B0H.html。

权框架内，从建立防火墙、管理银行从业人员和维护声誉风险三方面，对银行机构提出控制措施和防范风险的要求，具体如表 8 –1 所示：

表 8 –1　银监会对 P2P 公司的监管

监管要求	具体内容
建立与人人贷中介公司之间的“防火墙”	要求银行业金融机构按照“三个办法、一个指引”的要求，落实贷款全流程管理，防止 P2P 机构帮助放款人从银行获取资金后用于民间借贷，防止民间借贷风险向银行体系蔓延
加强对银行从业人员的管理	防止银行从业人员涉足此类信贷服务，牟取不正当利益
加强与工商管理部门的沟通	针对贷款超市、融资公司等不实宣传行为予以严肃查处，切实维护银行合法权益，避免声誉风险

二、人民银行

中国人民银行并没有对 P2P 公司直接进行监管。P2P 公司与央行联系最为密切的业务领域是征信系统的对接服务以及第三方支付（相关公司受央行监管）。征信服务和征信管理是央行的重要职责之一，同时也是 P2P 行业控制风险、避免经济诈骗、实现可持续发展的重要渠道和手段。在现阶段，中国的 P2P 公司无法对接央行的征信系统，既不能直接进入征信系统查询借款人的信用记录，也不能将借款人的信用记录纳入征信系统。除了在自己平台上曝光“黑名单”，并没有更好的追讨欠款方式。因此，一些 P2P 公司尝试建立自己的征信系统，但是成本巨大。另外一种方式则是与其他征信公司寻求合作（如上海资信、深圳鹏元等）。如果“黑名单”未来能够与央行征信系统对接，P2P 公司的信用审核能力将获得巨大提升。在支付方面，央行曾发文禁止投资人通过信用卡向网贷平台充值。

三、工商行政管理部门

目前中国 P2P 公司借贷平台一般以两种身份注册：一是网络技术类的电子商务公司，二是投资咨询公司。两种注册身份反映了对 P2P 业务理解上的差异。注册为网络技术公司的 P2P 公司，更重视线上业务，将自身定位于提供金融信息服务的互联网公司；而注册为投资咨询公司的 P2P 公司则偏重线下业务，着重从理财服务的角度来理解自身业务。

就投资咨询类公司而言，工商行政管理部门并未针对P2P公司设定特殊的准入条件和门槛，而只是要求按照一般的投资咨询类有限责任公司进行设立登记。值得注意的是，按照《民法通则》关于“企业法人应当在核准登记的经营范围内从事经营”的规定。如果注册为投资咨询类有限责任公司的P2P公司违反该项规定，未经批准、登记，或违法从事经营范围以外的经营项目，如违法开展吸收存款和放贷业务，作为企业登记机关的工商行政管理部门则可依据《无照经营查处取缔办法》对其予以查处[①]。目前，有的地方政府工商部门基于新出台的政策，已经允许一些P2P网贷公司申请“金融信息（撮合）服务”类项目。

四、工信部

采用线上模式的P2P公司以电子商务的形式来进行贷款人和借款人的匹配等业务活动，需要有固定的域名，并设立专业的运作网站，因此会涉及域名注册及相关管理。这些与互联网相关的注册、登记和管理则会受到工业和信息化部的监管。

目前，工信部对于小额信贷网络平台的监管主要是对准入的要求，而且非常宽松，也不完善。申请成立小额信贷网络借贷平台，只要申领了工商行政管理机关颁发的营业执照，即可向工信部申请颁发《电信与信息服务业务经营许可证》，即《ICP许可证》；在取得《ICP许可证》后再向工商行政管理机关申请增加“互联网信息服务”的经营范围，然后在当地工商行政管理部门办理经营性网站备案后，即可进行网络经营。对于日常运营，工信部对网站的监管偏重于对非法内容的屏蔽，基本不涉及对P2P公司经营业务的具体审查。

① 吕祚成．P2P行业监管立法的国际经验[J]．金融监管研究，2013(9)．

第九章　中国 P2P 行业监管现状与问题

虽然中国的 P2P 公司是在一定的法律框架下成立并进行运营的，但对其业务而言，当前尚缺乏实质的监管主体和监管细则来引导和调控该行业有序化、制度化、合规化发展。常规化的监管尚未开展，相关的法律法规体系亟待完善。目前，国家对 P2P 监管的框架未完全形成，行业自律处于起步阶段，监管措施及效果尚不明确。

一、监管尚未常态化，相关法规有待完善

目前，对 P2P 网络借贷的监管并未常态化。虽然中国的 P2P 公司是在一定的法律框架下成立并进行运营的，但就其业务来说，并没有实质的监管主体来引导和调控该行业有序化、制度化、合规化发展。存在的主要问题是：第一，监管措施滞后。各监管部门均未制定预防性监管措施，总体上也没有系统的预防性监管体系，只能在察觉问题隐患时或在问题暴露后，在法定职权范围内采取监管措施。但这种事后追惩制往往不利于弥补已经给投资人带来的损失以及对社会稳定的冲击。第二，监管制度不健全。目前，金融监管机构对于该行业的监管文件多以“通知”等形式下发，法律效力层级低，“通知”往往是一种权宜之计，缺乏长效性。第三，监管职责不明确。P2P 行业是一个新兴行业，目前没有法律明确规定该行业的主要监管机构，而是由相关监管部门在各自的职权范围内进行监管。由于职权划定不清，可能会导致各监管部门在监管时出现监管真空或监管重叠。[①] 解决上述问题的根本途径是推动 P2P 行业的监管立法，通过完善相关的监管法规，明确划分监管部门职权，建立系统、长效的法律监管体制，从根本上改善监管状况，推动 P2P 行业的发展。

---

① 参见 http://www.p2peye.com/article-812-1.html。

除了少量网贷平台以“金融信息（撮合）服务”类注册外，当前中国的 P2P 网贷平台主要以两种方式注册，即投资咨询公司和网络技术类的电子商务公司，但 P2P 借贷网站的实质是利用互联网从事借贷中介等业务。由于目前中国 P2P 网络借贷性质缺乏明确的界定，其监管游离于金融体系管理部门之外，致使这一行业蕴藏高风险，容易引起市场波动。

二、P2P 监管框架成型，监管要点备受关注

随着互联网金融发展的风险日益凸显，监管层密切关注 P2P 行业发展。目前，中国网络借贷 P2P 的监管框架已经初步成型，银监会相关部门正在起草 P2P 监管文件，文件完成后将由创新部提交主席会议审核，审核通过后将对外发出征求意见稿。银监会鼓励互联网金融创新的思路很清晰，监管的底线是不出现非法吸收公众存款、不涉及资金池、建立严格的资金管理制度、公开透明披露风险信息等。P2P 监管的要点备受各界关注，相关机构监管意见的核心观点整理见表 9－1：

表 9－1　相关机构监管意见的核心观点

机构	人物	会议	监管意见的核心观点
银监会	创新部主任王岩岫	2014 年银行业发展论坛	P2P 机构是为借贷双方的小额交易提供信息服务的中介机构，不应是资金经营机构、受托理财机构，也不是担保机构。应清晰界定其业务边界，与其他法定特许的金融业务进行区别，相互隔离。同时，防范和严厉打击冒用 P2P 名义的非法金融活动
银监会	副主席阎庆民	2014 年银行业发展论坛	要营造一个相当于软制约的监管环境。P2P 今后的发展最主要的就是不能搞资金池，更不能挂一个担保公司，然后变成一种新集体的社会组织。未来 P2P 平台首先要一一对应，其次要实名制
央行		九部委联合召开了处置非法集资部际联席会议	明确三类 P2P 涉及非法集资： 第一类，P2P 网络借贷平台通过将借款需求设计成理财产品出售给放贷人，或者先归集资金再寻找借款对象等方式，使放贷人资金进入平台的中间账户，产生资金池，此类模式下该平台涉嫌非法吸收公众存款 第二类是由不合格的借款人导致的非法集资风险 第三类即个别 P2P 网络借贷平台发布虚假的高利借款标募集资金，并采用借新贷还旧贷的模式短期内募集大量资金，然后用于自己生产经营或是直接卷款潜逃，此类模式其实就是典型的庞氏骗局

此外，业界对 P2P 的行业监管也高度关注，普遍认为 P2P 网络贷款应引

入准入监管、运营监管和信息监管，而信息监管是重点，相关监管观点如表9－2所示：

表9－2　业界对于P2P监管的部分观点

序号	人物	主要监管观点
1	中国投资有限责任公司 谢平	P2P监管的核心理念是“准入放开，活动留痕，事后追责”。准入监管方面，要建立基本准入标准，建立“谁批设机构，谁负责监管和风险处置”的机制；运营监管方面，P2P仅限于从事金融信息服务业务，P2P平台必须严格隔离自有资金与客户资金，要建立合格的投资者制度；信息监管方面，P2P平台必须完整地保存客户资料，不得虚构债权或篡改借贷信息，要如实披露经营信息，保障客户信息安全
2	积木盒子CEO 董骏	监管层应充分考虑P2P多种业态形式，更广泛听取行业意见；鼓励银行金融机构通过资金托管，让P2P金融管理更加可控，以引导P2P走向正轨；控制虚假宣传问题，要求对风险进行披露，培养投资者的风险意识①
3	有利网CEO 刘雁南	P2P行业对于监管的需求主要集中在几个方面：一是明确监管的主体和法律的边界；二是监管资金流动性；三是设立行业准入门槛
4	人人贷CEO 李欣贺	互联网支付行业刚起步的时候，政府实际上并没有一开始就介入监管，而是等这个行业有了发展，优胜劣汰了，并逐步摸索出一套可行的规律后，再进行监管，这其实是非常高效的一种做法
5	中央财经大学金融法研究所所长 黄震	P2P行业可以作为“软法先行、软硬结合”的新型立法观的实践探索领域。互联网金融领域通过一个个的细分行业逐渐提炼出标准和规范，形成行业惯例和习惯，将来逐渐提升为地方性法规和部门规章，作为各级法院进行互联网金融纠纷裁判的依据。在这基础之上才可能讨论进行国家层面的互联网金融立法
6	网贷之家 朱明春	提高P2P行业的准入门槛，可以将一些本来就抱有不良目的的人驱逐，规范行业整体经营，但希望监管措施不要太过严厉，以影响行业创新甚至平台生存
7	融道网 周汉	英国的“先行业协会、再政府监管”模式，可以说是一种比较务实、渐进的做法，既不会因为严格的金融监管将创新扼杀在萌芽中，又不至于放任自流

2014年11月，银监会创新部主任助理李志磊提出P2P监管细则的七大原则：第一，P2P必须明确信息中介性质，严禁其他业务延伸，在申请牌照、资质报批等环节将视为金融机构进行管理。第二，不得设立资金池，须将资金交由第三方商业银行进行托管。第三，必须具备一定的技术能力，包括互联网网关技术以及防黑客、防盗用、防诈骗等基本技术门槛，尤其是防止黑客行为对

① 参见《P2P监管要点渐明“优选理财”模式尚待认定》，http://finance.eastmoney.com/news/1347,20140617393327596.html。

借贷双方造成损失。第四，明确资金约束机制，防止“空手套白狼”。对 P2P 平台注册资本的要求也将视同金融机构，务必保证实缴。工商部门将对新设立的机构进行严格把关，已有机构逐一排查。第五，加强信息披露。所须披露的信息，除季度财报、年度财报等基础财务信息外，还包括机构资产负债表上的其他诸多信息。第六，在人员配备上，管理团队至少须具备互联网和金融两项专业背景，且金融业从业年限、资质、学历等要求将被明晰化。一些关键业务岗位，也要求同时具备综合背景，尤其是对金融从业资质做出严格规定。第七，整个行业要实行“黑名单制”，加强行业自律，发挥行业协会的协调监管作用，着重加强协会在行业内部的约束力、公信力。①

① 参见《P2P 监管细则研究接近尾声，哪些平台将被“打回原形”》，http://www.atjinrong.com/index/article/art8a2d8f1a49a398950149a85659b00344.shtml。

第十章　英美 P2P 监管对中国 P2P 的启示

一、中国 P2P 监管的整体思路

美国的监管措施全面丰富，对行业的监管力度最大，英国的金融监管机构最初并没有将 P2P 行业纳入金融监管的范畴，P2P 行业发展初期一直通过行业协会自律管理，直至 2014 年 4 月金融市场行为监管局（FCA）介入。比较两国的经验和教训可知：对 P2P 行业进行适度监管极为必要。至于采取何种监管模式既与国家金融体系的规模、复杂程度等密切相关，又要考虑到新兴金融行业本身具有的创新性。监管的目的是 P2P 行业的良性发展，因而监管既不能过度，剥夺 P2P 公司的发展和创新空间，也不能过于稀疏乃至缺失，导致行业风险程度偏高，行业内部无序竞争，要在创新与监管两者间作出适当平衡。

目前中国 P2P 行业方兴未艾，但因整个行业尚处于监管真空的状态，既无普适的行业法规，也无明确的监管机构，吸引了大批鱼龙混杂的从业者，平台跑路、资金安全、信息不透明等诸问题不断出现。这一方面反映出市场的不规范，另一方面也凸显出 P2P 行业监管的重要性和必要性。

构建健全的 P2P 监管体系，需要以较为完善的金融法律体系为基础。当期监管有如下两种思路：一是肯定一种主流 P2P 经营模式，否定其他经营模式；二是规定不可为的 P2P 经营模式，划出监管红线，未越界的经营模式都可进行大胆尝试和创新。

第一种思路显然有打压创新、监管过重的嫌疑，导致很多新兴的 P2P 公司无法存活，抑制行业的良性发展。在美国 P2P 的监管模式下，由于其监管体制庞大和复杂，监管过于严格，将 P2P 纳入证券业监管，强调市场准入和信息披露，缺乏灵活性，对初创行业打击过重，最后存在两家大型的 P2P 机构。因此，我们建议采用第二种监管思路。监管部门为 P2P 经营模式划出红线进行约束，并不断修正以适应行业的发展。划出监管红线的监管模式既明确了经营的禁区，有效规避了金融风险，又有利于金融创新，具有可持续性。待中国金融法律体系更为完善后，再出台针对各类 P2P 公司经营行为的细化的金融监管政策，对行业进行全面有效的监管。

二、中国 P2P 监管的思考

（一）完善 P2P 监管的法律规范

在监管细则方面，通过对英美两国的分析可以得到如下启示：

1. 建立 P2P 行业准入制度

目前，中国 P2P 行业的门槛太低，只要到工商部门注册领取营业执照，到工信部申请《ICP 许可证》，再到工商部门申请增加“互联网信息服务”经营范围，就可以开展网贷业务。简单注册公司就能从事类金融业务，又不会受到金融机构那样严格的监管，这种过低的门槛导致大量没有金融背景的企业争相涌入 P2P 行业，造成整个行业良莠不齐、乱象丛生。因此，相关部门应在注册资本、发起人资质、组织结构、内控制度、技术条件等方面，对 P2P 平台设置行业准入标准。这些细则在政府部门统一出台尚有困难之时，可参照英国经验，先由监管机构推动 P2P 行业协会牵头统一标准。

2. 提出营运资本金的要求

营运资本是公司财务的重要组成部分，代表着公司的短期偿债能力和稀释风险的能力，是 P2P 公司持续经营的保障。若 P2P 公司借贷项目的坏账集中爆发，充足的运营资本可以在短期缓冲风险，避免投资人集中提现（或出售债权）等恶性事件的发生，这在借贷行业是极为必要的。监管应以 P2P 公司的业务规模为判定条件，对公司的运营资本做出硬性要求。P2P 公司的营运资本要求应当灵活合理，在符合中国金融市场发展要求的基础上，兼顾风险与收益。建议设置静态最低营运资本金和动态最低营运资本金两种计算模式，公司的业务规模越大，监管要求的最低运营资本金也应越高。

3. 要求第三方资金托管

P2P 平台是在 P2P 网贷过程中负责制定规则和提供交易环境的平台，平台本身并不应该接触资金。为实现 P2P 平台与借贷业务资金流的有效隔离，相关部门应要求经营 P2P 业务的公司实现第三方资金托管：P2P 平台在第三方资金托管机构为投资人和借款人建立独立的账户，当投资人的资金量达到借款人的要求时，资金由投资人的账户直接划入借款人的账户，平台仅能对资金金额的流动数据充分了解，但对资金没有操作权。第三方资金托管让 P2P 资金流动过程透明可见，既有利于监管部门对 P2P 业务资金流的统计和把握，也控制了平台的资金风险。

4. 注重对消费者的保护

在英美两国的金融监管中，消费者保护一直都是最重要的监管目标之一。P2P 业务具有无形性、专业性和信用性，尤其是 P2P 网贷业务打破了空间阻碍，使其消费者比其他有形业务的消费者更容易受到侵害，维权成本极高。P2P 网贷平台只需拥有线上域名即可成立，部分平台并不具备固定的工作场所，消费者往往独立分散，互不知晓，维权难度大，消费者保护问题更应受到高度重视。中国 P2P 消费者保护应从以下四个方面入手：第一，加强 P2P 公司的信息披露，保护消费者的知情权；第二，保护消费者（特别是投资者一方往往处于弱势）的隐私，不得非法交易和披露消费者个人信息；第三，培养和教育消费者养成权利意识；第四，构建高效的消费投诉及处理体系，严厉打击各种侵害消费者权益的行为。

5. 加强信息监管

P2P 平台应完整保存客户资料，充分履行风险告知义务，确保投资者和借款者明确自身的权利义务（包括借贷金额、期限、利率、服务费率、还款方式等），保障客户的知情权和选择权，要如实披露经营信息，包括公司治理情况、平台运营模式、业务数据（如交易额、累计用户数、平均单笔借款金额、投资人收益情况、不良贷款指标等），供客户参考。在此基础上，建议设立信息分层披露制度，即针对普通网民、投资者、监管机构等不同类型的对象，应该有层次、有差异地披露信息，从限制级信息披露（普通网民）到全方位信息披露（监管者）。

6. 明确信息报告原则

监管机构应要求 P2P 平台定期提供财务报告、借贷业务报告等，并对报告的真实性和业务的合规性进行独立审查，实时把握平台的运营情况和风险状况。信息报告原则的制定应充分衡量成本与收益，在实现监管目标的同时，也要避免给 P2P 平台带来过度的成本负担。

（二）明确 P2P 监管机构及重点

英国金融行为监管局（FCA）和 P2P 行业自律协会 P2PFA“两驾马车”共同对 P2P 行业进行监管。美国主要由证券与交易委员会（SEC）、联邦贸易委员会（FTC）和消费者金融保护局（CFPB）等机构对 P2P 行业进行监管。目前，银监会、人民银行、工商行政管理部门、工信部等都在各自职权范围内试探性地对 P2P 行业进行监管。

表 10－1　各国 P2P 行业监管机构构成及特点

国家	监管机构构成	特点
英国	英国金融行为监管局（FCA）P2P 行业自律协会 P2PFA	1. P2P 行业监管受到的制约相对较少 2. P2PFA 的管理更偏向于微观层面，具体化、细节化，且侧重于公司的经营体系 3. FCA 对融资类众筹平台进行监管，规定更偏向于宏观层面，关注整个行业
美国	证券与交易委员会（SEC） 联邦贸易委员会（FTC） 消费者金融保护局（CFPB）	1. 监管体制极其庞大和复杂，交叉监管明显 2. 监管过于严格，缺乏灵活性，对行业打击过重 3. 将 P2P 纳入证券业监管，强调市场准入和信息披露 4. 明确监管分工和对借款人（消费者）强烈的保护意识值得借鉴
中国	银监会、人民银行、工商行政管理部门、工信部、行业自律组织	1. 各部门在职权范围内试探性地对 P2P 行业进行监管 2. 由于金融法律体系不够完善，仍然存在很多空白区域和灰色地带 3. 行业自律组织对行业监管发挥一定的作用

综上所述，美国 P2P 市场目前无专门的监管机构，无法根据业务类型来适配现有的监管部门，因而采用多部门分头监管的形式。英国采用 FCA 与行业自律协会 P2PFA 共同监管的形式。对于中国而言，在借鉴外国发展经验的同时，结合中国金融法律体系建设现状和 P2P 行业发展特点，明确行业监管机构时应重点考虑以下问题：

1. 明确监管机构，实施按行为监管

P2P 行业是一种新兴的、具有金融创新意义的非银行金融中介机构，由银

监会牵头监管有其内在的合理性。但P2P在中国的发展模式更为多样化、业务更为复杂化，如果P2P归属银监会监管，在银监会新设部门负责P2P行业的审批和监管工作；同时，给予地方金融办适当的管辖权，允许各地区基于当地经济发展状况调整P2P行业管理政策，优化区域金融结构。此外，中国人民银行及其分支机构、工商行政管理部门、工信部等也应当在其职能范围内履行监管职责，对P2P借贷过程中的相关行为施以监管。

2. 设立金融消费者保护局

从国际经验来看，在金融业跨业经营格局下，设立统一的金融消费者保护机构已是大势所趋。中国实行“一行三会”分业经营、分业监管的金融体制，人民银行、银监会、保监会、证监会各自分设金融消费者保护部门。但当创新性金融产品或跨行业产品服务出现时，行业监管就难以给予金融消费者切合的保护，会存在监管漏洞。建议设立统一独立的金融消费者保护局，在金融消费者保护立法、金融消费者教育、金融消费者维权诉讼等方面发挥作用。金融消费者保护局还应建立公正透明的金融消费者投诉和处理体系，当金融消费者权益受到损害时，应首先和金融机构进行内部协商，若无法达成私下和解，金融消费者可诉诸金融消费者保护局寻求保护。同时在现行各级消费者协会内部设立专门的金融消费者保护工作协会，以加强对金融消费者的保护和教育。

（三）优化P2P行业发展环境

1. 完善P2P平台退出机制

由于市场竞争激烈、竞争机制不完善、自身经营不善、借款人违约导致资金短缺及流动性问题等因素，很有可能导致P2P平台倒闭，退出市场。但由于P2P平台的特殊性，其市场退出机制是否科学合理，关系到借贷双方的利益能否得到保护，甚至影响到金融市场的秩序。因此，应完善P2P平台的退出机制，一是要明确市场退出机制的处置原则。P2P网络借贷平台作为金融信息中介机构，应由其监管机构对其运营进行监管，并根据监管过程中监测到的不同风险采取不同的行政处置和司法处置措施。二是要保护放贷人。P2P平台仅承担着借款人和投资人之间的交易中介角色，所以平台破产倒闭并不必然导致投资人的资产损失。为保护放贷人的合理权益，平台应设立风险准备基金，以保障平台倒闭后，未到期的借贷项目仍有效并可得到有序的管理，直至借贷双方资金结清为止。[1]

2. 完善行业征信体系

国外尤其是英美两国，P2P 行业之所以发展得如此迅速，很大程度上依赖其成熟、规范的个人信用体系、市场化运作和数据庞大的信用服务机构。较为完善的征信体系缩减了 P2P 业务信贷审核的成本，是行业长远高效发展的基石，这是英美大量 P2P 平台保持纯线上化的前提条件。中国 P2P 企业多采取线上线下相结合的方式拓展业务，这是由中国与英美征信环境的重大差异决定的，因此中国 P2P 平台运营成本高昂。英美等国贷前征信数据有着较为完善的线上系统，从贷款申请到最后贷款到位，均可在网上操作。因此，英美国家的 P2P 公司需要较少的人力成本，比如美国 Lending Club 的员工只有几百人，而中国一些知名 P2P 行业员工人数有的高达几千甚至上万。

为此，中国应建立和完善 P2P 行业征信体系，制定统一的信用评价标准，建立“黑名单”，积极促进多行业、多系统的征信系统融合和对接，并最终形成信息共享、信用评级、风险测度统一的征信体系，以降低 P2P 网贷的信用风险和成本。

3. 进一步加强行业自律

中国 P2P 行业尚在高速发展过程中，其运营模式与业务同英美等发达国家相比存在诸多差异。因此，在近五年，国家立法与监管适宜树立宏观框架，以底线法则推动行业健康发展。作为补充，监管机构宜积极推动行业协会设定自律规章，作为行业内的细则监管。行业自律作为行业内部一种自我约束、自我监督机制，在规范行业发展方面具有重要的作用。目前，业界陆续出现了一些行业协会，并出台了诸如《P2P 小额信贷信息咨询服务机构行业自律公约》等自律公约，在行业监管尚不完善的情况下进行自我纪律约束。P2P 监管应进一步深化行业自律的建设，充分发挥行业协会的监管作用。

借鉴英美两国经验，中国 P2P 行业自律规章应主要包含三方面的内容：一是设立协会准入门槛，协会有责任为协会成员运营的合规性进行监督和负责；二是通过公布必要的财务数据、合理切割运营关联性、完备投资者风险说明、设立独立意见机构监督管理等措施，来增加 P2P 行业的透明度；三是由有影响

---

① 参见 http://www.cfc365.com/management/risk/2013-03-13/8622_3.shtml。

力和号召力的行业自律组织机构，通过建设行业信息共享平台，建立行业授信共享机制和联防机制，发起并制定行业标准，承担道义监督和风险警示责任，以提高整个行业的风险管理水平。① 在此基础上，P2P 行业协会还应针对协会成员的运营特点出台细化的 P2P 行业规范和准则，依靠舆论效应和协会内部制裁方案在协会成员中强制推行，协会依照该规范对成员经营的合规性负责。

目前中国主要的问题是，虽然已经出现了一些行业自律章程，但是这些行业协会以及自律章程的公信力、执行力有待提高与强化，章程是否得到全面有效执行尚是疑问。

结　论

P2P 网贷行业源起于英美，在中国进一步发展壮大。中美英三国网贷行业的发展环境与监管存在很大差异。第一，在监管方面，中国目前尚无明确监管。在一定阶段，对中国 P2P 网贷行业而言，没有（监管）政策可能就是最好的政策。中国 P2P 网贷业近年高歌猛进，与监管真空有一定关系。相比之下，美英两国的网贷业的监管则较为成熟，没有出现过中国网贷业那种“倒闭潮”和“跑路潮”现象，避免了给投资者带来巨大损失。第二，在行业竞争格局方面，中国 P2P 网贷从业构众多、规模不等、差异巨大。英美两国网贷机构数量较为有限，尤其是美国两大 P2P 网贷机构占据了近 80% 的市场份额。第三，在运营模式方面，中国模式不一，部分企业为出借人做担保；寻求第三方机构（比如小贷或者融资担保公司）为出借人提供本金/本息保障服务；以风险备付金形式为投资人提供资金保障。美国则发行收益权凭证给投资人，由银行取得贷款本票，英国 P2P 网贷一般也没有担保。第四，在风险承担能力方面，中国的投资人风险承担能力比较弱，受刚性兑付等传统影响，习惯于有担保投资，英美两国有长期风险教育的传统，投资人的风险承担能力较强，投资者较成熟。第五，在征信体系和风控渠道方面，中国目前仍然不完备，大量 P2P 网贷机构不得不线下尽调，为此支付巨大成本，多数平台短期内盈利较难。因此，中国的征信业，尤其是基于大数据的互联网征信将是一块“大蛋

---

① 叶湘榕. P2P 借贷的模式风险与监管研究[J]. 金融监管研究，2014(3).

糕"，有巨大的市场空间。英美两国征信体系比较完备，贷前征信数据有完善的线上系统，贷款申请—投标—风险审核—审核完贷款到位整个流程都可在网上操作，为P2P机构纯线上化提供了有利条件，因此英美的P2P网贷公司需要相对较少的人力成本，多数公司员工人数在几百人以内，而中国的一些知名P2P机构员工人数动辄几千，不少机构仍在现有基础上不断扩张，原因就在于国内P2P网贷的各个环节都是以线下人工为主。

与英美同行相比，中国P2P网贷行业在大环境及机构自身方面存在诸多问题，但其未来发展空间远大于这些金融业发达国家。

第一，相比而言，英美金融市场非常发达、完善，在P2P网贷行业产生前后，这些国家的传统金融机构亦在积极转型，布局和完善互联网金融，因此留给互联网企业以及P2P网贷行业的空间远没有中国那么大，比如美国的P2P机构主要推出比银行贷款更优的利率，这方面的盈利空间容易被银行进一步挤压。

第二，中国传统金融机构在过去数十年主要服务于国有大中型企业，中国金融市场发展水平低，长期以来小微企业的融资需求未得到满足。P2P网贷行业应对了巨大的市场需求，在审批借贷申请、贷款发放等方面与银行相比有较大优势。

第三，中国企业与人口数量巨大，相关金融服务需求亦巨大，这种巨大的市场体量不是英美等国可比的。根据网贷之家的最新数据，截至2015年3月，P2P网贷行业整体成交量达492.6亿元，环比2月上升了46.98%，历史累计成交量已经突破5000亿元，预计2015年全年成交量将突破6000亿元。因此，中国P2P行业在未来的巨大成长可以期待。近年来风投纷纷进入这个领域，近四十家上市公司涉足P2P网贷行业，包括万好万家、农产品、绵世股份、御银股份、通达股份等，近两千家P2P网贷机构的快速成长就是其侧面表现。

第四，中国人口、资源地区分配极为不均。那些人口少、经济较不发达的地区，借款人可以通过网贷得到自己需要的资金，投资者可以借助网贷平台增加投资渠道。P2P网贷行业将逐步解决资源的地区分布不均问题，使资金与融资项目作更高效的匹配。

目前中国P2P网贷市场参与者众多，近两千家网贷企业规模大小不一，业务模式差异很大。根据我们及东方证券等公司的研究，这些P2P网贷公司的经营模式可以归为以下四种：第一种是独立的 P2P 网贷平台模式；第二种是背靠大机构（包括央企、国企、民间资本管理集团、金融机构、上市公司等）的 P2P 网贷模式；第三种是基于交易场景开展的 P2P 业务模式；第四种是基于大数据的 P2P 网贷模式。

其中，独立的 P2P 网贷大多属于早期“草根型”创业的成果，积累了较多经验，但是实力较有限。背靠大机构类型的 P2P 企业，主要借助大机构拥有的资源发挥作用。比如以金融机构为背景的 P2P 网贷平台，将原属金融机构的部分贷款业务发布到平台上。背靠上市公司的 P2P 企业，其上市公司通常实力雄厚，有很强的品牌效应，与独立的 P2P 网贷平台相比，在获客、定价甚至风控方面具有优势。基于交易场景开展的 P2P 业务模式，由机构在交易过程中（比如二手房销售代理）为交易对方提供网络借贷服务，从而增强交易对方的黏性。这种平台对交易方熟悉，对其信用、资金出入有较强的把控能力。基于数据模式的 P2P 网贷平台，其代表之一为用友网络 2014 年 10 月上线的友金所。根据相关报道，友金所的潜力和独特优势在于未来对接 ERP 软件及云平台，平台可以获取用户进销、财务等数据作为征信与风控的手段，通过在线的方式准确地对贷款用户进行风险分析。友金所通过提供 P2P 服务，获得用户（用友目前拥有约 160 万家中小企业用户）运营数据的使用授权。

进入 2015 年后，P2P 网贷行业洗牌加剧。一方面是一些网贷机构在运营中因自身原因出现风险。比如号称历史累计成交量高达 100 亿元以上的盛融在线，因涉及自融等问题，出现严重的提现困难。另一方面是背景实力雄厚的 P2P 平台之间开始并购整合（比如银湖网和你我贷），这将挤压那些缺乏实力或在某个细分市场领域不具独到优势的 P2P 机构。在这种趋势下，P2P 机构间的分化将日益严重，能生存下去、运营良好的平台将比较有限。在这些 P2P 机构中，真正具有风控实力的金融机构背景类 P2P 公司、在某一细分市场领域具有独到优势的 P2P 公司（比如基于二手车交易商融资市场的网贷平台）、基于大数据类的 P2P 公司（比如友金所）具备相对优势；具有上市公司背景的一些 P2P 平台，通常在获客、定价和风控端都有更好的基础，未来成长可以期待。独立的 P2P 机构，除了一些成立时间早（2010 年以前）的平台，因为具有先发优势、品牌优势，积累了丰富经验，引入大量风投注入资本，有望持续崛起，其他独立的 P2P 机构的竞争优势不明显。

互联网思维与未来世界书系
INTERNET THINKING AND FUTURE WORLD BOOKS

中国十佳 P2P 案例

案例一 开鑫贷：自律创新的“国家队”P2P

入选理由：借款综合费率低，给借款人的平均综合借款成本仅为13%～14%；无充值和提现环节；稳健安全。截至 2015 年 4 月开鑫贷累计成交超 80 亿元，实现零坏账的惊人纪录。

一、公司概况

（一）公司简介

开鑫贷融资服务江苏有限公司（以下简称开鑫贷），成立于 2012 年 12 月，是由国家开发银行和江苏省政府共同发起设立的国有准公益性社会金融服务平台。

截至 2014 年 12 月底，开鑫贷累计引导社会资金近 63 亿元，扶持小微企业约 4000 家，为用户创造收益超 3.5 亿元。目前，开鑫贷平台的平均综合借款成本为 13%～14%，基本为行业内最低。作为国有银行系和政府背景的平台，开鑫贷重视风险控制和系统建设，运行至今无坏账，属于行业健康典范。

2014 年，中国人民银行南京分行组织法律、支付、货币信贷、科技、金融稳定等多部门，从法律合规性、金融稳定、风险管理、社会效果等方面，对开鑫贷运营模式进行了系统评估。评估结果显示，平台运作安全规范，上线以来发挥了积极的社会效应，是一项值得肯定的创新。

作为 P2P 行业的“国家队”和“正规军”，开鑫贷在合法合规、风险可控的前提下，坚持稳健创新的经营原则，不断取得“支农助微”新成效，赢得社会各界的关注和肯定。2014 年 9 月，开鑫贷作为唯一一家互联网金融企业，参加国务院副总理马凯在江苏调研时召开的座谈会并专题汇报，得到与会领导好评。目前，中央电视台、中央人民广播电台已对开鑫贷进行多次报道，《金融时报》《新华日报》均在头版头条报道开鑫贷支持小微企业案例，《经济观察报》《第一财经日报》等数十家国内主流媒体均给予正面报道。

2013 年 12 月，开鑫贷成为中国支付清算协会互联网金融专业委员会发起成员单位；2014 年 3 月，成为中国互联网金融协会（筹）发起人；2014 年 12 月，当选为江苏省互联网金融协会副会长单位、理事单位、“网贷借贷平台专业委员会”主任委员单位。

（二）成立背景

长期以来，中国中小企业贷款需求满足率仅为 20% 左右，旺盛的融资需求无法得到有效满足；同时民间资金却相对充裕，目前中国居民储蓄总规模高达 50 万亿元。在传统金融服务不足的情况下，民间借贷已成为企业和居民投融资的重要方式。这在一定程度上缓解了中小微企业的融资难题，但因其不规范不透明，蕴含着大量潜在风险，如浙江温州、内蒙古鄂尔多斯等地区 2011 年出现的民间借贷危机。

江苏省于 2007 年年底开始试点小额贷款公司，并通过设立小贷行业综合云服务平台等措施，不断推动和引导社会资本规范、有序支持“三农”和中小微企业发展，取得了良好的经济效益和社会效果。2014 年 7 月，江苏省委、省政府发布《关于加快推进金融改革创新的意见》，提出“推动重点互联网金融企业扩大业务规模，支持开鑫贷公司稳健发展，进一步发挥 P2P 小额借贷平台服务‘三农’和小微企业的作用，争取 2015 年累计成交额突破 100 亿元。”①

在此背景下，国家开发银行于 2011 年提出，能否借鉴 P2P 的理念，创新小微企业金融服务，更规范有效地对接投融资需求。经国家开发银行与江苏省政府协商，决定设立开鑫贷社会金融服务平台，率先引入江苏省内优质小额贷款公司，为借贷提供增信服务，引导和规范民间融资行为，支持“三农”和中小微企业发展。

二、主营业务

开鑫贷作为全国首家国有准公益社会金融服务平台，以“引领民间借贷阳光化、规范化，引导社会资金支持实体经济，降低小微企业融资成本”为

---

① 开鑫贷. 基于小贷生态圈的互联网金融创新[N]. 中华网财经,2015－01－08.

宗旨，构建了清晰的信息中介服务模式。

在开鑫贷业务模式中，借款人在开鑫贷平台发布借款信息，投资人根据自身投资意愿在平台独立选择借款标的，开鑫贷平台为参与各方提供信息发布、促成合同订立等中介服务。资金供需双方在完成交易的过程中，投资人与借款人直接进行资金借贷，平台本身不吸收资金，不提供担保，也不对融资项目做期限拆解、债权拆解，有效解决了非法集资的法律风险。因此，开鑫贷平台是严格意义上的信息中介。

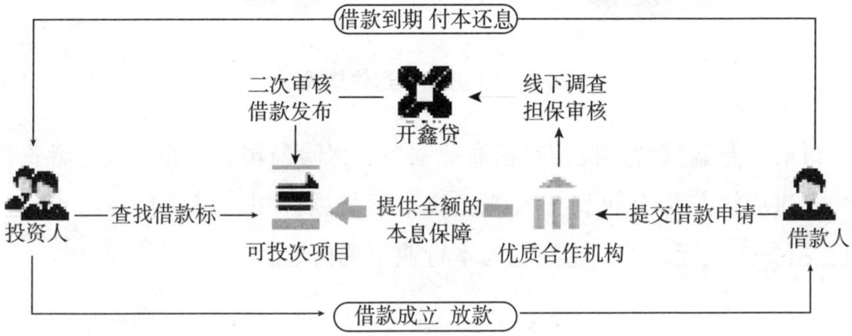

图 1－1　开鑫贷业务模式

开鑫贷模式借用了 P2P 的理念并有所创新，开鑫贷模式将开发性金融理念与民间借贷行为相结合，将互联网渠道与小额贷款机构的担保服务相结合，在融资端借用 P2P 的理念，在线上通过互联网渠道聚集资金，而在放款端则基于分工与专业化原则，引入具有风险控制优势的专业合作机构进行管理，实现了比传统 P2P 平台更好的风险控制，平台资金经由银行托管、划转，杜绝了安全隐患。

开鑫贷这种独特的“平台＋合作机构＋结算银行”的运作模式，形成了一个三角形的稳定结构，不仅更好地控制了风险，而且实现了资金流和信息流的分离，提高了资金划转的安全性，杜绝了平台的资金自融行为，是目前较为安全的网络借贷运作模式之一。

目前，开鑫贷平台上有低风险票据质押和小贷公司等第三方机构担保两大体系的产品，具体包括“苏鑫贷”“开鑫保”“商票贷”“银鑫汇”“保鑫汇”“惠农贷”六个品种。预期年化收率 6%～11%，投资期限 30～720 天，投资最低门槛为 1 万元。平台定位于信息发布中介，投资人与借款人资金不经平台

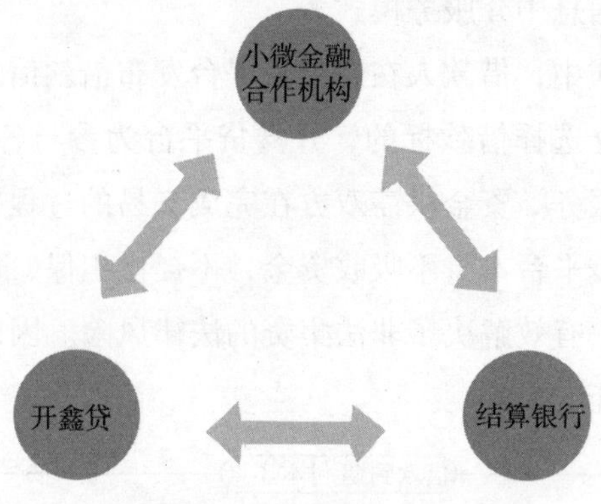

图 1-2　开鑫贷运作模式

账户。目前，开鑫贷合作机构包括商业银行、保险公司、央企、大型融资性担保公司、供应链龙头企业和准入的优质小额贷款公司，总成交额超 63 亿元，项目已兑付 38 亿元，无一逾期，为本行业罕见典范。

三、平台特色

（一）准公益性的市场定位

开鑫贷具有准公益性的市场定位，致力于中小微企业和“三农”等实体经济领域贷款。平台服务收费较低（约为年化投资额的 0.9%）；助农公益产品“惠农贷”平台不收服务费，农户最终融资成本低于 8%（年化利率），积极引导社会资金低成本支持小微实体经济发展。较好地贯彻了国家对于金融支持个人信贷和小微企业发展的指导原则，同时为社会投资者提供优质的金融服务，切实增加居民的财产性收入。

（二）首创银行直连资金结算

开鑫贷公司依托股东方金农公司，从知名 IT 企业招募技术专家，建立了研发团队，该团队能够完全独立自主开发系统，通过网银直接完成在线资金结算的技术以及借贷电子合同在线签约的技术，实现交易资金的直接在线结算。用户只需在开鑫贷合作银行开立账户、开通网银，并在开鑫贷平台上绑定该银行账户作为交易资金结算账户，即可在交易时通过银行账户直接进行资金汇划。此种模式的优点包括：一是交易资金结算便利，用户在开展开鑫贷业务时，资金直接到借出人和借入人的银行账户，无须事先充值，事后也无须提现，减少了中间步骤；二是没有充值环节，有助于平台远离资金池和期限错配，符合监管和行业规范化的大方向；三是提升金融效率，资金不需要充值和提现步骤，在相应的业务到期日，可以实现“T+0”日资金到达用户银行账户。此外，所有的资金支付和划转，既没有充值和提现费用，也免收支付和转账手续费用。按照开鑫贷累计结清30亿元的业务量进行粗略估计，仅此一项，就为投资人和借款人节约了数千万元的费用。①

目前，通过银行进行资金结算也已成为网贷行业资金结算的重要共识，有效引导了行业自律和规范发展。

（三）依法合规的自律型平台

平台纯中介的业务模式有效隔离了法律风险。在账户管理方面，平台为中间账户制定了管理实施细则，投资人和借款人的资金均进入中间账户，由第三方银行（江苏银行、中国银行）托管和划转，与平台借贷信息交换职能完全分离。在保障信息系统安全方面，平台设立了内外网多层隔离、防火墙及账户权限控制，定期进行各类安全测试，确保系统运行安全稳定。风险控制比较严格，平台按照金融机构标准开展全面风险管理，严格准入合作机构，严控信用风险。

（四）跨界融合开展创新

从模式创新角度来看，平台将开发性金融理念与民间借贷行为相结合，将互联网渠道与小额贷款机构的担保服务相结合，引入“开鑫贷平台+小贷公司+结算行”的模式，为P2P这种舶来品在中国的生存发展开辟了一条新的道路。

从产品创新角度来看，开鑫贷通过与小贷公司、担保公司、银行、保险公司等机构跨界合作，连续创新投融资产品。为中小微企业和个人融资提供了快速、便捷、低成本的服务，对正规金融体系形成了有效补充。尤其是“保鑫汇”产品，以借款人持有的预定收益型保单权利作为质押，由保险公司对保

① 开鑫贷.基于小贷生态圈的互联网金融创新[N].中华网财经,2015-01-08.

单权利进行专业管理，到期给付投资收益。此为全国首创，填补了 P2P 与保险合作的空白。

四、风险控制

开鑫贷平台按照金融机构标准开展全面风险管理，严格准入合作机构，严控信用风险；尤其对于风险控制难度较大的小贷机构，开鑫贷在江苏省金融办的指导下，构建了以小贷公司担保为核心的五层风险防控体系，依托江苏小贷综合云服务平台的大数据优势，动态监测准入小贷公司经营风险。

（一）“大数据 + 云服务”的风控模型

江苏省于 2010 年搭建了小贷行业综合云服务平台，全省小额贷款公司均联网使用统一的后台信息系统，小额贷款公司所有经营、财务和监管数据实时录入，集中管理，有效推动小额贷款公司的标准化、流程化和规范化，并逐步形成了省内小额贷款公司行业发展的大数据，能够较为准确地反映各小额贷款公司的经营风险。

2013 年 4 月，江苏省金融办出台《江苏省小额贷款公司开鑫贷业务管理办法（暂行）》，规范江苏省内小额贷款公司的开鑫贷业务，这也是业内首部专门针对 P2P 业务的管理办法。在该《管理办法》的指引下，开鑫贷搭建了以优质小额贷款公司全额本息担保为核心的五层风险防控体系：（1）省金融办优质小贷公司准入备案；（2）审慎授予小贷公司担保额度；（3）小贷公司提供全额本息担保；（4）小贷公司主发起人承担连带担保责任；（5）江苏金创再担保公司为小贷公司提供连带责任担保。同时建立了基于大数据的风控模型，通过非现场监测、现场检查以及压力测试，实时掌握合作小额贷款公司各项风险状况。

（二）开展全过程风险管理

首先，开鑫贷设立了高标准的合作机构准入门槛，借款项目均由合作机构进行专业审核，根据具体情况搭建担保机构担保、优质资产质押等不同的信用结构；其次，严格执行资金每日批复处理制度，防范操作风险；然后，采取现场检查、客户回访等多种手段，加强对合作机构的业务合规管理；最后，定期对借款项目进行贷后检查，还款到期日前及时提醒借款人按时还款。目前，开鑫贷合作机构 130 余家，开创了与持牌金融机构、新型金融组织多层次合作的模式，实现了银行、小贷、保险、平台等各类要素的优势互补。

同时，开鑫贷持续加大研发投入力度，提高系统信息安全程度，实现用户信息的加密传输和备份；建立同城灾备中心，实行实时异地数据备份机制；制订《计算机突发灾害应急预案》等网络应急预案和操作流程，完成多次应急预案演练，至今未发生安全事故；目前已通过公安部门信息系统安全三级等级保护认定。

五、平台有待加强之处

（一）进一步扩展业务范围

开鑫贷是全国首家与小额贷款公司合作的 P2P 平台，依托江苏省丰富、规范的小微金融生态圈，目前准入累计超过 100 家优质的小额贷款公司。但是，小额贷款公司具有明显的地域性和经营限制，比如不得跨地区经营、业务比较单一等，这也从客观上限制了开鑫贷平台的进一步发展。开鑫贷能否突破现有的“小贷生态圈”，实现平台经营区域的扩大化、业务模式的多元化和产品种类的层次化逐渐成为大家关注的焦点。

2014 年 5 月，开鑫贷网站实施改版升级，打出了“新标识、新格局、新服务”口号，并创新业务模式和产品体系，陆续推出开鑫保、银鑫汇、商票贷、保鑫汇产品，顺利从最初的“小贷生态圈”迈进商业银行、保险机构、大型担保公司、供应链龙头企业等多层次小微金融服务生态体系。目前平台借款人已覆盖江苏、上海等 8 个经济强省（市），投资者则覆盖全国，成功实现由“地方性品牌”向“全国性品牌”的跃升。

（二）进一步改善投资体验

借贷双方在开鑫贷平台投资或借款，都需要绑定开鑫贷合作银行的银行卡并开通网银，投资门槛大都在一万元以上，对于投资金额有限的潜在投资者而言，门槛过高。当然，此种方式能够为资金汇划提供较高的安全性，没有充值和提现环节，也没有充值和提现费用，是平台的优点。

不过，至本书完成之时，开鑫贷合作银行仅中国银行、江苏银行两家，数量较少，很多客户需要办理相关银行卡后，才可以在开鑫贷平台申请借款或者进行投资；同时，网银绑定等虽安全性较高，但操作较为复杂，这样一来，使得客户体验受到限制。近期，开鑫贷对外宣布，与江苏银行直销银行达成战略合作，打造“P2P 投资 + 余额理财”新模式。在此种模式下，用户在手机上安装“江苏银行直销银行 APP”，即可关联十几家银行的银行卡，无须再去银行网点现场开卡；不仅可以使用直销银行账户购买开鑫贷产品，也可以使用直销银行账户购买“宝宝类”余额理财产品，实现账户资金的零站岗。

案例二　宜信：大数据金融转型下的 P2P

入选理由：在中国 P2P 网贷行业，宜信历史悠久，积累了丰富的线下以及网络借贷经验；交易量在同业中名列前茅；近年来重视大数据金融云平台战略转型，技术上引领 P2P 网贷发展趋势。

一、公司概况

宜信创始人唐宁于北京大学数学系毕业后赴美国学习经济学，曾任职于美国华尔街 DLJ 投资银行，从事金融、电信、媒体及高科技类企业的上市、发债和并购业务。2006 年，唐宁尝试将穷人银行的实践与西方成熟的商业模式相结合，并结合中国的社会信用状况，在国内创办了以普惠金融和财富管理为运营主线的宜信公司。

宜信总部位于北京，其作为平台管理者为平台两端的客户提供全程的信用管理服务，包括信用咨询、评估、信贷方案制定、协议管理、回款管理等。通过这一平台，具有理财需求的客户可以将手中的富余资金出借给信用良好但缺少资金的工薪阶层、大学生、微小企业主，同时通过利息收入获得较高的稳定收益。此外，宜信逐步扩展金融服务范围，在基金、保险、融资租赁等多个领域都有所发展。并已在全国 100 多个城市和 40 多个农村地区建立了全国协同服务网络。2010 年 4 月，国际创业投资机构 KPCB 对宜信进行了战略投资。2011 年，IDG 资本和摩根士丹利亚洲投资基金（MSPEA）与宜信公司达成战略合作，旨在助力普惠信用和财富管理在中国的发展①。

2015 年 1 月 8 日，宜信公司与中信银行在北京共同签署了战略合作协议。

① 参见《宜信百度百科》，http://baike. baidu. com/view/1943993. htm? fr = aladdin。

双方将在资金结算监督、财富管理、大数据金融云、供应链金融、创新业务等多个领域达成战略合作。根据战略合作协议，宜信公司和中信银行将充分发挥各自在资源、渠道、信息、投资等各方面的优势，共同寻求互惠互利的创新合作模式，为双方的金融业务提供有力补充。此次宜信携手中信银行打造完善的资金结算监督模式，能够有效降低 P2P 平台跑路的风险，提高 P2P 投资理财方式的安全性。除了资金结算监督，宜信和中信未来还将在财富管理领域进行深入合作，主要面向宜信财富贵宾俱乐部客户，为宜信财富客户提供更多增值服务。

宜信 CEO 唐宁表示，宜信现有的借贷规模达 500 亿元，在资产配置中 P2P 理财占 77%；房地产金融占 13%；其他不同的资产类别，例如 VC、PE、保险保障、二级市场基金等共同占有剩余份额①。就信贷方面的业务而言，2014 年 4 月的数字是抵押类占比接近 40%。宜信对外宣布的整体坏账率在 2% ~3%。

表 2－1　宜信发展历程

时间		事件
2006 年	5 月	宜信在北京成立
2009 年	4 月	宜信公司推出个人对个人信贷助农平台——宜农贷
2010 年	4 月	宜信获得国际顶级创业投资机凯鹏华盈（KPCB）千万美元级的战略投资
2011 年	10 月	IDG 资本和摩根士丹利亚洲投资基金（MSPEA）携手 KPCB 向宜信注资 3000 万美元
	11 月	宜信博诚保险销售服务（北京）有限公司经中国保险监督管理委员会批准成立
2012 年	7 月	宜信推出个人对个人网络借贷服务平台——宜人贷
2013 年	2 月	宜信普泽投资顾问（北京）有限公司正式获得证监会颁发的基金销售牌照
	9 月	宜信联合 IDG 资本在京发起成立“IDG · 宜信金融创新基金”，并投资挖财网千万美元
2014 年	4 月	宜信陷入 8 亿坏账谜团
	5 月	宜信投米网上线，推出零钱宝理财计划
	7 月	宜信在海南获得网络小贷公司牌照

① 唐宁. 不良贷在3%以内宜信一定会上市[N/OL]. 投资快报,2014－06－25. http://www.hewbillion.cn/jrsc/3793.html。

二、主营业务

宜信的主营业务分为三类：纯线上模式、线上线下结合以及纯线下业务。做纯线上模式的平台目前只有宜人贷；线上线下相结合的平台包括攒钱吧、投米网和宜农贷等；纯线下模式针对借款端和投资端，提供了不同的服务内容。

宜人贷作为线上平台，是宜信于 2012 年推出的个人对个人网络信用借贷服务平台，个人借款人在网上发布借款请求，通过信用评估后，获得投资人的信用借款资金支持。平台面对定向的工薪精英阶层贷款，并仅在线上对借款人信用信息的真实性进行审核，线上审核的信用信息包括：借款人身份证复印件、收入证明（最近连续 6 个月工资卡银行流水）和 15 日内开具的央行信用报告。

线上与线下相结合的业务模式也是宜信集团重要的业务板块。由于线下借贷业务发展已较为成熟，有丰富的线下网点和资产端积累。为扩大资金端，宜信推出 O2O 模式的 P2P 平台，通过线上平台吸纳投资者的资金，投向线下的贷款项目，业务流程如图 2－1 所示。宜信旗下的攒钱吧、投米网和公益性 P2P 平台宜农贷等都属于此类模式。

宜信的线下 P2P 业务是其个人对个人借贷业务的核心。宜信以线下个人对个人借贷业务起家，并在 8 年内迅速发展做大。根据借款人群体的不同，宜信推出了不同的借款服务与之适应。其中，宜学贷为参加教育培训机构的在校学生和无业人员提供最长 24 个月的小额贷款服务；宜车贷为拥有车辆的借款人提供高额度的贷款服务；宜房贷为有资金需求的借款人提供房产抵押借款；农商贷则服务于城乡地区的“三农”，宜信小微企业信贷服务中心致力于为小微企业和个体工商户提供贷款等服务。针对投资人的风险偏好与出借期限，宜信提供相应的 P2P 理财服务，包括宜信宝、月息通、固定期限出借和月满盈四类投资服务。[①]

除此以外，宜信还陆续开发基金、融资租赁、保险等金融业务，基金类的主要产品包括满盈宝、普惠一号等。

---

① 资料整理自宜信官网。

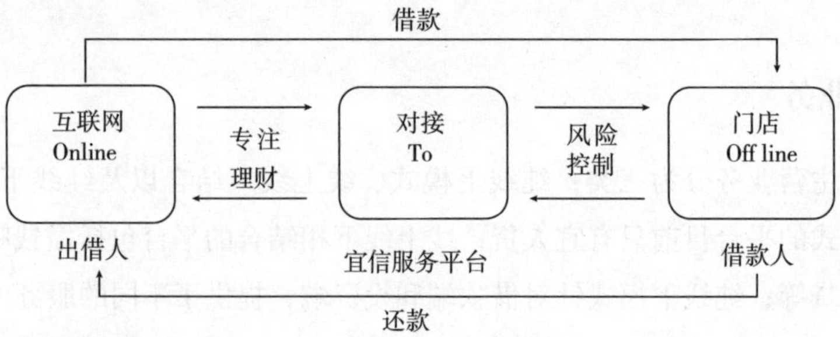

图 2-1　O2O 模式

三、盈利模式

宜信的资产端除宜人贷可以线上申请借款外，其他的都需要线下服务网点操作。因此，宜信线下借款业务模式对外界透明度低，具体的盈利方式和盈利空间也不为外人所知，对其盈利模式的分析仅基于可获得的部分信息。

（一）借款服务费用

宜信对借贷双方收取一定数量的服务费用，但因宜信大部分业务模式并不对外公开，借款人支付具体费用比例或数额不得而知。宜人贷平台在优惠期内对身份验证和借款审核均为免费，并根据金额的不同收取 0.235% ~0.330% 的平台月服务管理费用①；对投资人收取 5 元/次的身份验证费用、一定数额的提现费用和出借收益的 10% 的担保服务费。②

（二）债权转让服务费用

宜人贷平台的投资人进行债权转让时，平台按债权剩余本金的一定比例收取转让服务费，由债权受让人在受让债权时予以支付，目前债权转让的费用比率为 0.2%，最低金额为 1 元。③

① 数据来源：http://www.yirendai.com/borrowguide。

② 数据来源：http://www.yirendai.com/support/loan/zqzr/20130802140.html。

③ 数据来源：宜人贷官网，http://www.yirendai.com/。

（三）获取借贷利差

宜信固定收益率项目的预期年化收益率普遍低于 10%，有关数据显示，宜信线下借款成本较高，借款利率在 20% 以上，两者间较大的利差是宜信收入的重要来源。

（四）其他相关费用

宜信对逾期还款的借款人收取一定数额的还款违约金，宜信获得其中一半的份额。当借款人提前还款时，借款人额外支付的补偿金中的 2/3 由宜信获得。宜人贷宜定盈业务在封闭期内亟须退出时，平台收取 1.5% ~2% 的紧急退出费用①。

四、风控手段

（一）“双向打散”模式分散风险

宜信的投资者和借款人是多对多的借贷关系，投资者的出借资金将被分配到多个资产类别、多个借款人手中，借款人的资金也来自不同的投资者，这样能够在一定程度上降低投资者的风险，保障投资者的资金安全。不过，“双向打散”模式受到媒体关于信息不透明的质疑。

（二）分为贷前、贷中、贷后管理

据宜信 CEO 唐宁的相关介绍，宜信的整个风险管理环节基本分为信贷业务拓展部门、贷审风险管理部门、贷后管理部门三个层级②。

信贷业务拓展部门主要负责客户的开发和资料的收集，对客户进行身份认证及做好风险防控的第一道防线；贷审风险管理部门负责风险数据分析、建模，进行实时的数据监控，系统维护，制定相应的审批政策与审核标准，同时还负责具体的贷审运营工作；贷后管理部门则负责风险预警、逾期客户催收等，该部门利用量化工具，密切关注客户的还款行为，结合数据模型开

---

① 数据来源：宜人贷官网，http://www.yirendai.com/。

② 参见《宜信的风控逻辑》，http://hlj.sina.com.cn/news/finance/cjyw/2014-06-03/08124180_4.html。

发客户的行为评分模型等，制定不同的催收策略，进行资产组合的风险预警管理。

在 2014 年 4 月已有媒体报道指出，宜信有 8 亿元贷款已经坏账，贷款主体已经遭到多起诉讼，宜信即使申请资产保全，也很难追回全部欠款。关于 8 亿元坏账难追回的报道，宜信方面表示相关网络媒体报道与事实严重不符。对这起媒体报道出来的事故，宜信风控环节的有效性和真实性有待进一步考证。

（三）还款风险金为出借资金提供保险

宜信于 2008 年 10 月启用“还款风险金账户”为固定收益类投资项目的出借资金提供本息担保。还款风险金来源于宜信收取的借款人服务费用，当借款人出现逾期借款情况，由还款风险金账户出资用以补偿投资人应得的当期本金和利息。

宜人贷平台上的所有出借人都可享受资金保障。出借人针对精英标进行出借时，默认加入本息保障；购买非精英标的普通债权时，默认加入本金保障。对精英标进行出借时，担保公司将向出借人收取当期所得利息的 10% 作为担保服务费，在出借人收到利息时从利息中扣除。

五、“大数据金融”的玩法

（一）宜信的金融云平台战略

近年宜信最大的亮点无疑是大数据金融云平台战略。为此，唐宁从美国挖来资深的大数据专家 Joyce Zhang，担任宜信大数据创新中心的总经理。

宜信的大数据金融云平台，是运用大数据加速信用体系创新的一个典型案例。在公司整个运营过程中，宜信的大数据金融云平台主要发挥了三方面的作用：（1）提升获得客户的能力和效率；（2）发挥大数据的风险控制能力，即用于客户身份认证、反欺诈、信用审核、贷后监控等；（3）推进大数据驱动的个性化产品和售后服务。[①]

---

① 参见 http://www.szdushi.com.cn/news/201410/2014106563.shtml。

宜信在大数据金融上的探索方向描述为金融云平台。这是一个开放的基于金融业务的平台架构：既能支撑宜信自己的 P2P 业务（比如宜人贷、与 eBay 合作的商通贷），也能开放给其他生态合作伙伴，让整个生态圈中的伙伴们共同建设、共同受益。宜信将风控、反欺诈、获客能力等核心的金融逻辑抽象出来，作为金融云平台的内核。在这个基础上能延伸出很多应用场景，比如获客、实时授信、产品个性化推荐、贷后管理等。

宜信金融云平台所采集的数据主要是以下几类：（1）宜信已有数据。宜信在 P2P 行业有 8 年积累，用户已过百万。（2）搜索引擎抓取。宜信做了一个搜索引擎“姨搜”。在获得用户授权许可的情况下，搜索引擎会抓取用户在互联网上留下的电商购买数据、搜索引擎数据、社交数据等多个维度的数据。（3）来自合作伙伴的数据。①

采集数据的目的是通过相应的数据分析和挖掘技术输出每个人的信用评估结果。对从网上抓取的大量非结构化数据，其中蕴涵的信息需要深度计算才可以分析出来。这就需要通过机器学习进行智能化分析，这也正是金融云平台的核心。Joyce 团队给这个“挖掘机系统”预设一些规则引擎，引导系统做出一些基本的判断和决策。一旦充入大量新数据，这些既有规则引擎则会发生变化。无论是修订现有规则还是获得新的规则，都需要通过机器学习来实现。宜信的第一批机器是在 2014 年 4 月上线的，里面跑着数以万计的变量。未来，收集和整理数据的门槛会降低，而利用机器学习进行数据分析和挖掘的能力会成为关键。

数据变现是宜信通过数据完成价值增值的思路。目前数据变现的途径包括但不限于以下几种方式：

第一，为商家提供额外的变现渠道。以宜信与 eBay 合作的“商通贷”为例：eBay 上的用户或商家有分期或者融资的需求时，eBay 只需开通相应的频道，并把用户数据授权给宜信进行处理，宜信完成用户信用的评估并完成分期产品推荐、贷款实时授信等。

第二，帮商家提高用户转化率。中国有很多租赁场景需要交押金，交押金往往会影响平台转化率。宜信在与各种租赁公司尝试一种合作：租赁公司把用

---

① 参见 http://ucwap.ifeng.com/tech/digi/shuma/news? aid=93414124&p=5。

户的信息给宜信，宜信再结合自己抓取的一部分数据对用户进行信用评估，给出一个“信用价值”，从而免去用户的押金，并扮演平台的担保方，甚至提供租后管理服务。①

（二）“姨搜”的贷款环节管理

宜信开发了大数据平台，致力于整合宜信内外部包括在互联网上的各类数据，希望能够建立一个信用数据仓库。作为这个数据仓库的出口，“姨搜”提供了与借款人借贷相关的垂直搜索服务，可在贷前、贷中、贷后的各个交易环节提供数据参考。

在贷前管理方面，“姨搜”的主要功能是“一键搜索”，通过网络信息验证和补充客户的资料，更全面地认识和了解客户。“姨搜”可以基于客户在宜信提交的借款信息，从互联网上抓取更多的数据，从而还原客户的全貌。最后通过网络信息和宜信自身积累的信用数据交叉比对、综合分析，给予信用审核人员一个数据参考。

具体而言，就是收集网络公开的单位电话，当客户提供的单位电话和网络公开的单位电话不相符时，“姨搜”就会提示欺诈风险；当一个借款人以公司法人身份来宜信借款，“姨搜”发现公司已经在工商机关注销，或者借款人有判决正在执行中，也会向信用审核人员提示风险。

在拿到了借款人全部相关信息的基础上，“姨搜”还会对网络获取的信息进行语义理解，筛掉相关度比较低的数据、突出风险数据，让信审人员能够以最短的时间识别出最大的风险。比如说某个借款人已经上了其他贷款公司的“黑名单”，一个和借款人相关的网页中出现了“骗贷”这样的关键词，这样的搜索结果就会被提前并且被突出显示出来。这使得“姨搜”区别于传统搜索引擎，成为一个专注信用风险领域的垂直搜索引擎。不仅如此，当风险信息的种类和条目触碰了宜信既定的一些业务规则时，“姨搜”可以给出比如“拒贷”或者“高风险”提示，这样的设计融合了信息获取、分析和决策等多个环节，使“姨搜”更加智能。

在贷中管理环节，很多异常信息往往出现在放款之后。有些借款人拿到贷

---

① 关于“宜信大数据玩法”，本书参考了张雨忻：《36 氪专访宜信高级副总裁、大数据负责人 Joyce：当金融遇上大数据，能擦出什么火花？》．文章来源：http://www.36kr.com/p/217663.html。

款后的几天，就会在网络上发布借贷相关或者将名下固定资产出售的风险信息，这一部分信息是贷前审核无法预见的。同时由于宜信普惠金融的特性，客户量大、金额小，对大量的已经放款的客户进行人工跟踪成本很大。“姨搜”可以利用“爬虫”实时地从网络中抓取数据，自动对客户贷后网络行为进行追踪。当“姨搜”识别出客户风险信息后，可直接提示到催收部门，进行主动催收，最大限度地避免损失。

在贷后管理环节，催收中遇到的最大问题就是失联。传统催收在打完客户提供的本人和所有联系人的电话之后仍然失联时往往束手无策，再进行深入挖掘的可能性就不大了。“姨搜”整合了宜信内外部关于人、机构、人与人、人与机构的关系数据，将这些数据整合成一个很大的关系网。通过这个图谱，宜信可以生成一张简单的申请表，帮助催收同事找到更多的线索。举个例子，“姨搜”可以通过关系网找到不在申请信息中但是显示是同一单位的人，基本可以断定他们是同事；通过客户在微博或者其他社交网络上的活动了解和借款人关系密切的人，这些人可能了解欠款人的最新动态；可以根据客户的户籍地址或者居住地址推荐最近的派出所或者居委会的电话用来问询信息，只要是跟借款人相关的可能帮助找到借款人的信息，都可以在“姨搜”中通过输入客户的身份证号一次性展现出来，这些线索都可以成为催收将“失联”转变为“长联”的突破点。

（三）宜信大数据征信应用

宜人贷正式推出的“在线秒批”借款服务——“极速模式”已登陆宜人贷 APP。“极速模式”基于移动互联网技术，用户仅需“三步走”：提供信用卡账单邮箱、授权读取电商及社交数据、提供银行卡信息，就能快速获得借款。基于宜信近九年的风控经验，特别是移动互联网及大数据的运用，“极速模式”通过读取用户信用卡账单、电商及社交数据，交叉验证形成风控机制，进而计算出用户的风险评分，最终判断是否应该放款以及授信额度和还款周期。目前，“极速模式”可做到 1 分钟授信，10 分钟快速审核，批贷额度最高可达 10 万元。

六、公司风险与潜在问题

由于宜信公司的线下 P2P 网贷业务主要采用债权转让模式，流转债权及资金。在一次 P2P 网贷行为中，投资人的投资项目由宜信匹配，借款人和贷款人都是“多对多”的关系，投资人的资金分散给多个借款项目。在这一债券转让过程中，投资人只能被动选择债务人，对自身债务人的情况往往是不甚了解的。实质的借贷关系如图 2－2 所示①。

图 2－2　宜信债权转让模式

在这种模式下，所有的借贷资金都经由唐宁个人的账户流进流出，唐宁个人的账户就像个“黑盒子”，资金的真实流转过程被掩盖，有操作资金、进行错配、形成资金池的可能性。

目前，P2P 行业普遍认为“资金池模式”蕴含着较大的风险。2012 年宜信退出温州民间借贷中心，因为采用债权转让模式，资金流转不透明而不被监管层所接受。出于这些原因，宜信在发展债权转让模式的同时，也开发了宜人贷类线上平台和投米网等 O2O 模式网贷平台，通过网络平台实现借贷双方的对接和第三方资金托管，更加透明化和中介化。但由于宜信线下 P2P 业务基数庞大，实现彻底的转型需要一定的时间。

① 参见《宜信债权转让模式》，http://wenku.baidu.com/link？url = FPq9ViSuPqIpKx5BKG79gmDTx8_71－qN9urGr1XO9K5myzGr1－LWfbwwJn_077DLcB5nQ0iq95uUTnXBxdFf8jz7T6XQfjtdcBNkglQy3aC。

案例三　银湖网：上市公司背景的 P2P

入选理由：银湖网是上市公司熊猫金控涉足的 P2P 业务，平台上市时间短、成长快；平台背景实力雄厚，资产端渠道广，借款标深受投资人追捧；熊猫金控能利用其原有业务上的长期积累，在获客、定价和风控端有良好基础，未来成长可以期待。

一、公司概况

银湖网络科技有限公司（https：//www. yinhu. com）（以下简称银湖网）由 A 股上市公司熊猫金控集团（原名熊猫烟花，2015 年 4 月正式改名为熊猫金控）全资设立。熊猫金控集团是国内最具声誉的烟花燃放龙头企业，领有国家 A 级燃放许可证，并作为唯一的燃放企业参与起草公安部《焰火晚会烟花爆竹燃放安全规程》（GA183－2005），相继完成了 2008 年北京第 29 届奥运会开闭幕式以及第 13 届残奥会开闭幕式鸟巢焰火燃放等重要活动。

在取得上述成就后，熊猫金控集团不断尝试跨界投资。自 2013 年以来，各路资本群雄纷纷试水互联网金融，P2P 平台数量呈井喷式增长。一直寻求实现多元化经营的熊猫金控集团不失良机，于 2014 年设立了银湖网并于当年 7 月 1 日正式上线。

银湖网成立之初就与股东企业旗下的融信通商务顾问有限公司（以下简称融信通）展开战略合作。作为银湖网的重要合作伙伴，融信通利用公司在全国各地的渠道优势联动作业，在各地成立实体营业部，为客户提供面对面的实地信用风险评估、投资项目咨询等服务。由此形成了完整和严谨的线上线下结合的风险管理体系。

成立后不久，银湖网在股东企业牵头召开的烟花企业金融会上，与 40 余家烟花企业签署了合作意向书，通过与这些企业合资成立分公司的方式在全国各地开展金融业务。

银湖网与第三方支付平台汇付天下合作，采取第三方资金托管的模式保障投资人资金安全。随后，银湖网还与汇付天下合作接入货币基金“生利宝”，为投资人暂时的闲置资金带来收益，这在实行第三方托管资金的P2P平台中尚属首例。为了在更大范围内进行业务拓展，银湖网通过与大秦商业保理合作，将保理业务纳入互联网金融领域；与具有国资背景、信誉较高的国兴担保有限公司签订战略合作协议，由担保公司推荐优质项目标的，并为推荐的债权出具融资担保函，承担无限连带担保责任。经过这些紧锣密鼓的布局，银湖网自上线到2015年2月11日，拥有注册用户20余万，短短7个多月，累计成交额突破6亿元，为成长速度最快的P2P平台。[①] 考虑到市场前景良好，为了更好地适应相应的流动性资金需求，促进业务发展，熊猫金控集团向银湖网增资1亿元。增资后的银湖网主要作为线上投资与咨询信息发布平台，为客户发布信息，促进交易。

二、主营业务

银湖网将自身定位于提供信用风险评估与管理、小额贷款行业投资、小微借款咨询服务与交易促成、借贷信息咨询和发布的平台。其借款端的开发主要以机构合作标、渠道合作标等为基础，通过线上平台吸纳投资者的资金，投向线下的贷款项目。

其中，机构合作标是指银湖网的合作伙伴为相应的借款承担连带保证责任的借款标的。机构合作标主要针对额度为50万元以上的大额贷款。所谓连带保证责任即连带保证人对债务人负连带责任，无论主债务人的财产是否能够清偿债务，债权人均有权要求保证人履行保证义务。针对机构合作标借款申请人，银湖网通过审核系统进行双重审核，严控风险。此外，一旦合作伙伴违背其应承担的连带保证责任，根据合作协议，银湖网有权通过法律手段进行追偿。渠道合作标是指融信通的合作伙伴为银湖网推荐的各类标的，渠道合作标由融信通及其合作伙伴为相应的借款承担连带保证责任。针对渠道合作标借款申请人，银湖网会通过严格的审核系统进行双重审核，严控风险。此外，一旦

① 数据来源银湖网官网。

违背其应承担的连带保证责任，根据合作协议银湖网及融信通有权通过法律手段进行追偿。

三、盈利模式

银湖网收取居间服务费（0~5%，具体比例根据借款人的信用等级确定）和借款管理费（0.3%）。此外，对于在线债权转让，基于转让债权的金额收取一定比例的转让管理费等款项作为服务费用，具体比例及金额等须由每笔债权确定。

借款服务费　由银湖网平台收取

信用等级	AA	A	B	C	D	E
服务费率	0	1%	1.5%	2%	3.5%	5%

每期还款额：

本金及利息支付给理财人

借款管理费由银湖网平台收取，每期收取借款本金的0.3%

图 3－1　银湖网收取费用说明

四、风险控制

据银湖网副总裁李俊超介绍，其平台从银行等金融机构引进了大量风控背景的员工，并制定了完善的“六道”风控措施。

第一，对所有借款申请，银湖网进行严格的资料审核，根据借款类型不同，借款人须提交至少十五类必备材料。

第二，银湖网专门成立专业的线下风控团队，对借款人进行严格、谨慎的当面审核，对借款项目进行全面、专业的实地尽职调查。

第三，银湖网建立了借款人回访制度，对所有借款人实行定期回访，及时掌握借款人的最新情况，做到对风险的尽早掌握及应对。

第四，银湖网建立了专业的催收团队，由催收人员对借款人进行电话及上门催收，保证投资人能及时还款。

第五，银湖网设立了风险备用金制度，当借款出现逾期时，银湖网会通过备用金第一时间进行垫付。当线上认证标的及实地认证标的出现逾期，且银湖网及融信通因风险备用金不足无法即时垫付逾期本息时，熊猫金控集团大股东万载县银河湾投资有限公司及银河湾国际投资有限公司在平台上承诺，五个工作日内向投资人垫付逾期本息。

第六，如果借款最终出现坏账，且风险备用金不足，平台还会通过合作的国有担保公司、上市公司股东回购债权的方式来保障投资人的安全。当线上认证标的及实地认证标的出现不良债权（即连续逾期超过 90 天）时，熊猫金控集团大股东万载县银河湾投资有限公司及银河湾国际投资有限公司将对投资人的债权进行 100% 回购。

五、平台特色

2014 年出现的众多 P2P 平台中，并不乏投资大手笔。银湖网能够从中迅速崛起，与以下特色不可分离。

（一）通过原有的烟花产业市场发展平台线下市场

除了依靠较雄厚的注册资本，还注重利用其独特的股东资源。其优势在于:

第一，熊猫金控集团本身在烟花行业有着十余年的深厚基础，对其产业链中的企业资信状况具有相当程度的了解。在征信体系不健全的 P2P 行业里，这无疑是控制风险的一大砝码。据《证券日报》记者不完全统计，在银湖网目前发布的借款项目中，多数来自熊猫金控的供应链企业，融资规模接近借款总金额的一半。①

第二，近年来烟花市场受到国内政策、环境保护等原因影响，导致集团主营业务收入不断下滑。熊猫金控集团寻求新布局，及时设立银湖网，搭上了互联网金融这股新兴经济浪潮。

熊猫金控集团作为国内最具声誉的烟花燃放企业，这番举动对其他烟花企业产生了重要影响。在 2014 年 8 月召开的烟花行业金融研讨会上，熊猫金控

---

① 来自 http://zqrb.ccstock.cn/html/2014-08/25/content_16962.htm#userconsent#。

集团促成了多家烟花企业与银湖网合作。根据合作协议，银湖网将通过与这些企业合资成立公司的方式在全国开展金融业务，预计 2015 年年底前将设立超过 100 家分支机构，其主要业务是从事烟花行业供应链融资及小微企业经营、抵押借款业务。

（二）在资金托管基础上开创理财模式

汇付天下在为银湖网做资金托管的过程中，向投资人开放货币基金申购通道，银湖网的投资人账户可以直接接入货币基金“生利宝”，这在当时资金进行第三方托管的 P2P 平台中尚属首家。它所针对的是“站岗资金”，即投资人部分闲置在账户里，暂时没有对应标的但有可能随时需要投标的资金。这不仅有效解决了投资人“站岗资金”的增值问题，也使 P2P 平台的活跃度和用户黏性显著提高。[①]

（三）开拓融资产品类型，引入保理业务

面对激烈竞争，P2P 平台都面临这样一个问题：如何开发更多优质项目？银湖网联合大秦保理、融信保理、溢美金融等多家公司，将保理搬上 P2P 平台。银湖网与保理公司的合作，简单来说就是保理公司提供融资项目、银湖网提供融资渠道。在银湖网的保理融资业务中，投资用户支付对价给保理公司，保理公司转让应收账款债权给用户，且承诺对债权进行溢价回购；转让期内，用户将获得因保理公司溢价回购所带来的溢价收益。[②]

（四）由上市公司股东兜底的担保模式

在银湖网创建初期，熊猫金控集团大股东银河湾国际投资有限公司、万载县银河湾投资有限公司就对银湖网出具了无限连带责任担保函。考虑到银湖网雄厚的注册资金，再加上由上市公司股东兜底的担保模式对其融资业务是一种双重保障。[③] 大秦保理、融信保理、溢美金融等多家保理公司以及国有担保公

---

① 来自 http://finance. ce. cn/rolling/201408/06/t20140806_3301397. shtml。

② 数据来自 http://money. 163. com/14/1101/01/A9U9A92F00253B0H. html。

③ 据计算，如果以行业内 5% 的坏账为平衡点来算，银湖网增资后至少能为平台背书 1 亿元，再加上熊猫金控大股东为银湖网担保（目前熊猫金控市值约 40 亿元，大股东占 42%，也就是说熊猫金控集团为银湖网担保的市值大约 16 亿元），按照 1∶10 的杠杆比例来计算，熊猫金控集团大股东能为银湖网担保 160 亿元。理论上而言，在银湖网的成交金额未达到 160 亿元时投资是 100% 安全的。数据来源：http://news. zol. com. cn/article/367771. html. 访问时间：2015 年 1 月。

司国兴担保均与其顺利达成合作协议，这样的模式吸引了大批投资者。

六、平台的潜在问题

银湖网依托烟花供应链迅速打开一片局面。数据统计显示，在银湖网目前发布的借款项目中，多数来自熊猫金控集团的供应链企业，融资规模接近借款总金额的一半。这种势头有利有弊。做烟花行业的供应链金融，优点在于银湖网很清楚这笔钱的流向，这笔钱往往就是在烟花行业的闭环里面，熊猫金控集团有能力把控，从而降低借贷风险。但是必然存在行业风险集中度过高的问题，尤其是近年来烟花行业面临了极大的危机和困局，全国的烟花销售额也在逐年下降，熊猫金控集团虽然可以对供应链企业的资质加以筛选，但对于行业的可能衰退“无能为力”。因此，银湖网平台应多加防范行业风险，尤其是开辟多元化、风险可控的融资端势在必行。

根据本书作者到银湖网总部与公司负责人访谈得知，目前银湖网自己开发的个人信贷比例大概是30%，烟花供应链所占的比例正逐渐下降，以后会降至大概1/3，其他合作机构开发的渠道端大概占1/3。

另外一个是平台应对风险的能力存在不确定性。由熊猫金控集团大股东来对银湖网的融资项目进行担保也存在一定风险。股市风险巨大，对银湖网的投资者来讲，如果熊猫金控集团的股价突然下滑，那么熊猫金控集团大股东的赔偿能力也将实际下降。即便是在交易中引入国有担保公司，在整个P2P行业逐步去担保化的过程时，如何提高平台本身的抗风险能力仍值得探索。

案例四　小牛在线：依托民间资本集团的 P2P

入选理由：平台的理财产品种类与期限丰富、覆盖面广，满足投资人的不同需求；构建了实力强大的风控管理体系；线上进行投资管理，在全国各地建立线下资产团队，主要挖掘个人小微信贷投资项目，并建立了强大的线下风控审核团队，用大数据技术实行风控管理，寻找优质借款人。

一、公司概况

（一）公司简介

小牛在线（xiaoniu88. com）是小牛资本管理集团旗下的互联网金融平台，由深圳市小牛在线互联网信息咨询有限公司运营。小牛资本管理集团是以投资管理、财富管理和互联网金融为主要业务的专业金融服务机构，在北京、上海、深圳设有三大管理中心，分支机构遍布全国。目前，小牛资本集团员工人数超过 4000 人，下辖小牛投资管理有限公司、小牛新财富管理有限公司、小牛在线信息咨询有限公司以及北京、上海、广州、长沙、成都等分、子公司。小牛资本参与管理的资本规模超过 2800 亿元人民币，服务客户超过 20000 家。

小牛在线平台于 2013 年 6 月 17 日上线，作为深圳网贷行业较早的开拓者，现已成长为深圳地区领先的 P2P 网贷平台。平台线下团队主营小微贷业务，同时涉及红本赎楼、房产抵押和汽车抵押等业务，为有借款需求的个人以及中小企业主提供融资服务。平台规模近年快速扩大，现注册资本已达一亿元人民币。

从 2014 年 10 月至今，在由中国社科院金融研究所主导的 P2P 网贷评级中，小牛在线三次蝉联 A 级评级，这是迄今为止最权威的带有“国家队”色彩的评级。

表 4-1 小牛在线网站最新的数据

累计成交金额	22.2839 亿元
平均年化收益率	10% ~15%
人均成交金额	105044 元
借款总人数	48362 人
待还余额	5.13 亿元

资料来源：小牛在线官网后台实时数据，截至 2015 年 3 月 30 日 17 时整

（二）小牛在线的“四化”战略

2014 年，小牛在线启动“四化”发展战略，包括加强内部业务规范化、平台透明化、产品多样化、布局全国化，旨在打造国内一流互联网金融平台。

1. 业务规范化

小牛在线定位于“金融信息服务中介”，遵守市场发展秩序，在资金管理、风险控制和项目介绍等多方面制定了规范的业务流程。

资金管理：用户资金与平台自有资金完全分离、风险备用金托管和定期披露，实现资金管理规范化。

风险控制：贷前征信查询、网络审核、资料核实、实地考察、资产评估等；贷后定期回访、实时跟进等，确保借款人能正常还款。

项目介绍：用户可以查看项目简介、借款用途、还款来源、认证资质和风控师意见等，在确定项目真实可靠的情况下自主投资理财。

2. 平台透明化

主动向所有投资人披露平台信息及项目信息。平台信息主要包括：管理团队、发展历程、经营数据等，借款人和投资人可通过平台披露的信息来评估平台的实力及风险控制能力；项目信息主要包括：借款用途、还款来源，借款人身份信息、借款人征信、抵质押物信息等，让投资人清晰地了解所投项目信息及资金流向，保障平台安全稳健的发展。

3. 产品多样化

小牛在线提供的项目类型丰富，包括赎楼借款、房屋抵押、车辆抵押、企业抵质押借款及小额信用借款等，5 天至 12 个月的项目周期，10% ~15% 的年化收益率，能全面满足客户投资理财和资金周转的需求，且平台所有项目均适用于本息保障计划，优质可靠。如优选理财计划安心牛，设置了回款本息自

动复投功能，产品期限有 1 个月、3 个月、6 个月及 12 个月等，部分产品还支持债权转让。该产品自 2014 年 9 月上线以来，就成为平台的“明星”产品，短短半年时间，单项产品的成交总额已突破 5 亿元，并于 2014 年 11 月入选为深圳市十大创新金融案例。

4. 布局全国化

小牛在线首席战略官张杰认为，P2P 竞争的核心是寻找优质借款人。小牛在线主要通过线下自有团队来获取优质借款项目，同时在 2014 年制定了“百店万人”的战略——截至 2015 年 4 月，已完成全国范围内 50 家门店的建立；小牛在线计划 2015 年在全国设立 160 家左右的门店，将业务范围从珠三角拓展至长三角以及更多城市。

（三）快速稳健的发展步伐

2013 年 6 月，小牛在线网站正式上线运营；2013 年 12 月，平台成立不到半年，成交额就突破一亿元。从 2014 年 5 月开始，每月成交额都突破一亿元。2014 年，小牛在线实现了跨越式发展，平台总成交额达到 15 亿元，平均每季度环比增长超过 35%。截至 2015 年 2 月，平台仅在华南区就完成了 30 家门店的建设。2015 年 3 月初，平台总成交额突破 20 亿元。同时，在目前全国正在运营的 1600 家平台中，跻身前十五名。

2014 年 12 月，小牛在线与 NBA 达拉斯小牛队达成战略合作伙伴关系，双方的合作内容包括：比赛现场广告投放、球员互动、小牛会员现场观赛、邀请小牛队访问中国、开展友谊赛、与小牛客户开展线下主题活动等。跨界营销在互联网金融界并不陌生，小牛在线与 NBA 的牵手无疑成为互联网金融界营销的成功典型，小牛在线也成为国内首家进入 NBA 的互联网金融企业。

二、主营业务及盈利模式

（一）两大产品体系

平台形成了一套完整的产品体系，产品种类全、覆盖范围广。尤其是在 2014 年 7 月推出小微信贷项目后，产品数量为 2013 年同期的 4 倍。平台在内容的丰富性上也居业内领先水平，包含了超短期、短期、半年、一年等不同周期类型。形成了“安心牛”和“散标”两大项目体系，可满足投资者全方位的投资需求。

优选理财计划“安心牛”是小牛在线推出的便捷高效的自动投资计划，它通过自动投向平台项目，且回款本息自动复投，保障资金利用率，期限结束时通过债权转让退出。该项目分为 1 个月、3 个月、6 个月及 12 个月四种期限，年化收益率为 10% ~15%，可满足不同资金流动性的需求。

加入“安心牛”的资金均投向小额分散的借款项目，包括小额消费借款的债权转让和小额信用借款等，避免了“把鸡蛋放在一个篮子里”的风险。投资者可在自己的账户中查看所投项目详情，包括项目简介、借款用途、保障方法、认证资质和风控师意见等。

表 4 –2　安心牛项目收益情况

期限（月）	收益率（%）
1	10.2 ~ 11.2
3	11.8 ~ 12.8
6	13.0 ~ 13.9
12	14.1 ~ 15.0

资料来源：小牛在线官网数据，截至 2015 年 3 月 30 日

散标投资主要包括小微贷、安居宝和安企贷等项目。其中，小微贷秉承“小额化”的发展定位，平台针对信用良好但缺少资金的小微企业主和工薪阶层重点打造出了小微信贷产品，借款数额限定在 1 万 ~50 万元。目前，小微贷项目已成为小牛在线平台的主流产品，平均每笔借款金额 4 万元左右，占平台 2014 年全部项目数量的 39%。

安居宝为借款人因经营、消费或出手在押不动产的需要，在平台申请一笔解押资金，赎出其在押不动产。安居宝系列属红本赎楼、红本抵押，是一款安全系数高、周期短、操作简易的产品。

安企贷为借款人因企业发展需要，在平台申请资金的同时，以企业名下资产作为抵质押。风控人员通过对其借款用途，还款来源，抵押成数等严格考察和审核，最大限度地控制风险，降低其违约概率。

（二）公司盈利模式

目前，小牛在线不向投资人收取中介服务费和收益管理费，其主要盈利来

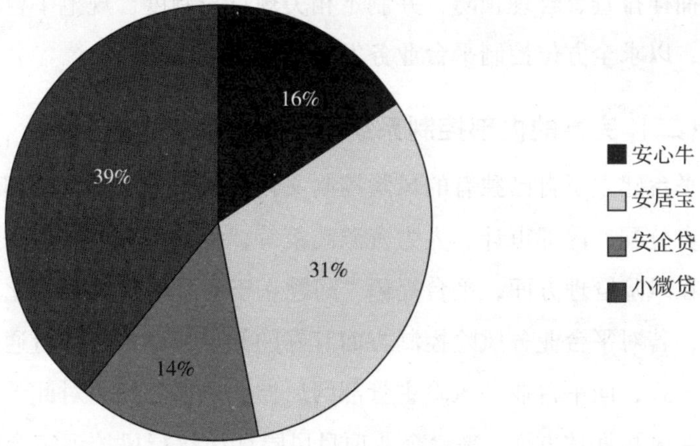

图 4－1　2014 年全年小牛在线产品份额分布

源是向借款人收取居间服务费。此外，小牛在线支持标的债权转让，债权转让成功后，平台会从债权转让人获取的收益中扣除一定比例的金额作为债权转让服务费，此过程不向债权受让人收取任何费用。

三、风险控制

小牛在线重视项目风险控制，把其视为平台生存与可持续发展的核心。经过不断摸索和实践，小牛在线已建立了一套完整、高效且适合平台发展的风险控制体系。

（一）高效、严密的风险管理组织架构

平台风控体系主要包括组织体系与制度体系，为切实发挥风险控制的作用，两大体系须严谨齐备、相互促进、共同运作。

平台自 2013 年成立以来，引入了多名行业知名的中高级风险管理人才，对平台的风控体系建设进行了有针对性地规划与设计。如针对不同业务使用不同的风控技术，制定有区别的风控制度与政策，以求准确的识别、有效的评估、合理的预防或分散风险等。

针对平台大数据业务风险管理，公司启用专职审批人制度提高业务审批时效，多维度、多层次地控制系统性风险。针对平台业务操作性风险控制，平台专门成立了操作风险部，配置内控、质检、反欺诈等团队，对相关操作性风险

进行抽样排查、合理预防，并制定相关规章与制度，规范平台相关业务的操作流程，以求全方位控制平台业务发展的操作性风险。

（二）完善的内部控制系统

平台建立了自己独有的风险控制文化，其中包括平台治理结构、机构设置及权责分配、内部审计、人力资源政策等，旨在高效控制信贷投资业务风险。

在风险管理方面，平台提倡“问题止于我”的开放式文化，即平台任何一个人，若对平台业务风险控制方面有好的意见或建议，均可通过纵向或横向沟通的方式，向平台业务风险主管部门反馈，风控部门再对此予以研究和处理。

在风险评估方面，平台企业项目风险评估执行风控评审会制度，单笔业务在完成尽职调查、风险揭示之后，进行综合评审。个人借款业务执行专制审批人制度，运用专业的风险评审技术，实行相关业务风险审核、审批独立运行，严谨、高效的把控风险。

平台依托小牛资本集团公司的雄厚实力，在一些重大企业投资项目的风险评审上，可以调用集团公司风控评审团队，共同参与平台企业投资项目的风险评估、综合评审，以求准确、有效地识别、评估与把控风险。截至目前，平台自实施集团公司风控团队共同参与平台重大企业项目投资的风控评审会方案以来，平台企业项目投资发展顺利，风险可控，尚未出现逾期违约事件。

各风控职能部门与业务部门、平台运营部门等根据风控委员会风险评估结果，实时、有效地采用相应的风险控制措施，将风险控制在可承受度之内。如平台大数据业务风险控制，平台已与全球最大征信供应商益博睿合作，建立战略合作关系，引入其先进的批量信贷管理系统进行决策引擎的搭建，建立精细化、智能化的大数据评分体系，全力打造 P2P 领域顶尖的“信贷工厂模式”。平台同时与上海资信、鹏元资信等权威个人征信数据提供方紧密合作，并有志将在征信数据之外的网络交易数据、社交数据通过外部专业机构加入考量借款人评分的风险因素。

在风险控制流程中，若业务逾期率逼近平台设计的一级或二级警戒线，平台风控部门将针对相关业务，召集专题业务风控研讨会，各相关职能部门均要参与，共同商讨业务发展布局和风险控制工作，并出具调整与改进方案。若业务逾期率逼近平台设计的三级（警戒）风控线，风控团队将针对相关业务的特性，独立调整或重新制定相关风控政策与制度，以求把相关业务风险控制在平台设计的风控线以内。

平台建立了实时沟通机制，即纵向沟通机制、横向沟通机制与拓展沟通机制，及时、准确地收集、传递与内部控制相关的信息，确保信息在平台内部、平台与外部之间进行有效沟通，可相对降低内部信息不流通、不对称的风险。

平台设立了内控部、法务合规部等内部监督部门，并贯穿于小牛在线整个平台运作当中，对内部控制建立、监督检查实施情况、评价内部控制的有效性、发现内部控制缺陷都起到了积极作用。

（三）全面风险管理系统

小牛在线平台业务产品从业务开发到项目借款回收，拥有一整套严谨、合规、合法的风险控制流程。在整个业务操作流程中，风险控制贯穿始终，自业务开发初始，风险管理工作就已开始，直到项目结束。

小牛在线的风险管理分为三大环节。其中，贷前甄别工作主要由业务部运营团队负责；贷中控制工作主要由风险评审部负责；贷后管理工作主要由催收部负责。相关流程如图 4 – 2 所示：

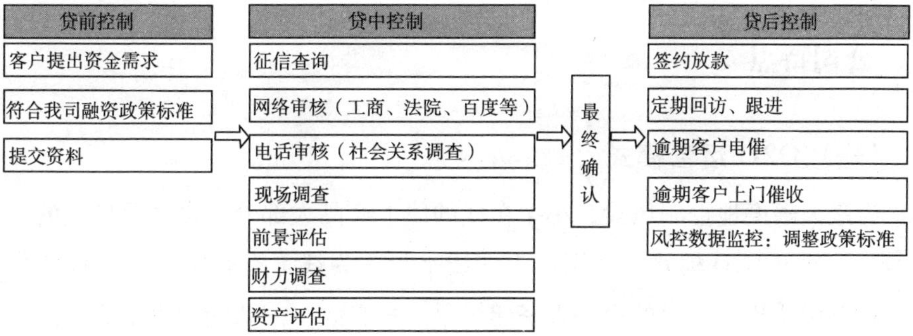

图 4 – 2　小牛在线风险控制简要流程

（四）高素质风控人才团队

小牛在线平台依托小牛资本管理集团雄厚的资金实力，强大的金融平台，建立了一支高素质、风险控制经验丰富、技术过硬的风险管理团队。

小牛在线平台现有风险管理人员 100 余人，其中拥有 3 年以上行业风控经验的超过 85%，拥有本科以上学历的超过 70%，拥有硕士以上学历的超过

40%，多名风控人员拥有海外留学经历和银行风险管理部门工作经验。

四、信息披露

（一）项目信息披露

小牛在线官网对平台上项目信息的披露较为完整，主要包括项目简介、借款用途、借款人征信、保障方法、认证资质。小牛在线的风控师会经过严格的准入条件和全面的尽职调查，了解借款人的资产情况、还款来源，确保借款项目真实、证照齐全、风险可控。

（二）平台运营报告

小牛在线定期在官网上向公众披露平台运营情况。运营报告的主要内容涵盖成交额、借款人数、借款期限、标的情况、产品情况、待还余额、访客年龄、访客区域、投资人收益、风险备用金等内容。另外，运营报告会回顾小牛在线上一季度在市场推广、行业交流、媒体报道方面的动态。

五、公司特点

（一）O2O 运营模式

为最大限度地控制风险，小牛在线的线上产品大部分来自线下自有的小微贷团队。通过 O2O 模式，利用小牛在线平台，为线下有融资需求的优质借款人，缺乏优质投资渠道的投资人搭建桥梁。来自线下团队的项目都要经过严格的筛选才能最终发布于平台之上，而这个筛选的过程更是严酷，最终的通过率仅有 20% 而已，其余的 80% 都将被过滤。

线下业务的开展有助于深入了解借款人的详细情况和当地经济的实际发展状况。通过线下详尽的贷前审核、实地考察等，了解借款人的真实经济状况，设定风险处置方案，确保了平台线上投资人的资金安全。

（二）专业的高管团队

2014 年年中，小牛在线搭建了业内全面、专业、互补的管理团队。首席战略官张杰、首席运营官王永杰、首席风控官周恩源，分别来自德勤、陆金所和渣打银行，在互联网和金融领域的行业经验平均超过 11 年。

几位高管结合之前的从业经验，各司其职，搭配及分工颇为合理，经过几个月的接触和磨合，团队战斗力和战略成果不断提升和显现。小牛在线各方面的工作取得质的飞跃，2014 年年底，进入网贷之家发布的中国网贷平台评级前 20 名。2015 年年初，其排名又进入行业前 15 名。

（三）以小微贷为资产端重心，利用大数据寻找优质借款人

行业人士预测，小微贷的市场规模将达到万亿以上。国家相关监管部门反复提及要求网贷项目小额化以分散风险。正是瞄准这样的市场空间及遵循政府对网贷的监管原则，小牛在线自 2014 年第四季度，确定以小微贷业务作为资产端未来的拓展重心，利用大数据和系统的审核模式，从中寻找优质的借款人。以小牛在线 2014 年第四季度的平台数据为例，据当时的运营报告披露，第四季度平台共发生 29169 笔借款，其中小微借款数量为 29064 笔，数量占比高达 99%。

当前国内投融资需求旺盛，但是由于征信市场仍处于发展初期，很多政府信息、机构信息都未实现联网，传统金融机构门槛高等原因，导致小微企业、优质个人借款人迫切的资金需求无法得到满足。而 P2P 借助自身的技术优势，在大数据技术蓬勃兴起的环境下，解决了如下几大问题：

第一，解决征信信息不健全、信息不对称的问题。传统金融征信数据获取难、代价大，同时在中国市场环境下，仍然存在很多信用空白的用户无法提供征信数据。

小牛在线通过借助大数据挖掘技术如行为倾向性评分、风险评分卡技术等，从政府、大型金融机构、第三方支付、多家征信机构、运营商和企事业单位等多种数据源进行信息整合，集合碎片化数据，对客户进行风险评级。大数据技术可以通过多种外部数据维度和网络行为信息，帮助平台完善和提升信用空白客户的征信资质，同时自动化的数据获取也避免了平台在资料搜集上缓慢而痛苦的信审流程。另外，该技术还可以实现对借款人的借款额精准定价，增加借款额度和利率的分段细分可以实现风险的充分分散化，也可以降低客户的流失率，覆盖更广的客户群体和借款用途。

第二，更加主动及时地获取借款需求。小牛在线通过与多家线上线下机构合作，如 58 同城网、赶集网等企业合作，探索多种借款人借款意愿渠道。通过快捷的大数据评分通道，迅速、深入挖掘客户的借款需求并及时满足。

第三，降低了借款流程和信审流程的边际成本。通过数据化的信审，节省了人工审核审批、线下调查、门店布局、签约确认等多个环节的成本投入。降低了借款人的借款成本和流程上的时间成本，进而降低风险逆选择的风险，避免过多引入投机性客户，从而改善整体资产质量。

六、公司发展面临的挑战

（一）地域发展竞争激烈

小牛在线的借款人和投资人主要集中在珠三角区域。珠三角区域经济较为发达，企业经营较为活跃，借款企业具备较好的偿还能力，保证小牛在线平台稳定运营。此外，珠三角区域的投资人能率先接受新颖的理财方式，有利于平台在此开展推广工作。

另外，珠三角地区网贷平台众多，据网贷之家 2015 年 1 月的数据，广东省的网贷平台已经超过 300 家，可想竞争之激烈。为了进一步拓展市场空间，提高市场份额，小牛在线已将全国化的布局提上日程。2015 年，小牛在线计划在全国建立百余家针对借款人的线下门店，覆盖北上广深等一线城市以及经济发展较为发达的省会城市及二线城市。此外，小牛在线计划在全国范围利用各种媒介资源，加大平台的推广力度。

（二）小微贷产品风控决策设计及坏账控制

小微贷工作的难点在于：如何认清小微贷的风险特征，并借助先进的信息技术手段，形成一套符合小微贷风险特征的风险模型和信用审核系统，降低小微贷的借款成本，控制坏账标准。

目前，小牛在线已系统、全面地展开相关工作，并形成一套有效的风控决策设计。平台目前将坏账控制在 1% 以内，从长远来看，将控制在 5% 的预期范围之内。同时，小牛在线小微贷业务借款人分散，借款金额较低，大部分为等额本息产品，减少了借款人的还款压力，也在一定程度保证了投资者的资金安全。

（三）平台快速发展对运营能力的考验

网贷是一个全新的、市场成长潜力巨大的领域，整个行业正处于探索阶段。小牛在线自 2014 年以来取得快速发展，在各方面运营能力显著提升之余，也面临一定的考验。这主要体现在平台人员迅速扩编带来的管理风险。目前，小牛在线的风控人员、平台运营人员、线下小微贷业务人员（寻找借款人的团队）扩增至 1300 多人。2015 年，小微贷业务人员将增长至 1 万人以上，使得平台在团队管理、激励方面面临更高的要求，人力成本将大大提升。针对人员的扩编，小牛在线推出一系列的内控制度，将风控、市场、技术、客服、小微贷团队等各个部门的工作制度化、常规化，保证工作效率。

其次是市场迅速扩张带来的经营风险。在 2015 年，小牛在线将继续实施“百店万人”计划，届时大量的借款需求和投资需求会通过小牛在线平台来实现。如何服务好资产端、投资端的用户，如何确保平台项目的风险处于可控范围，对小牛在线而言是一个挑战。目前，小牛在线拥有一支强大的中央风控团队，形成了一套严格的风险体系，在市场迅速扩张时，并非盲目增加借款项目，而是将借款需求的通过率控制在 20% 以内，确保平台稳健运营。

案例五　微贷网：扎根汽车抵押借贷领域的 P2P

入选理由：在汽车抵质押贷款细分市场具有领先优势；借款以汽车抵质押为前提，风险可控；平台自上线以来，交易增长飞速；平台广受投资人热捧，近一年几乎所有借款标上线即被投资人"秒杀"，人气极高。

一、公司概况

微贷网互联网金融 P2P 平台（以下简称微贷网）隶属于杭州锐拓科技有限公司，平台于 2010 年筹备组建，2011 年 7 月试运营，同年 8 月正式上线运营。微贷网专注于小额车辆抵押借贷市场，致力于为小微企业、个体户及有创业需求的个人提供网络借贷中介服务，同时为投资人提供安全便捷的理财服务。经过三年多的发展，微贷网立足车贷细分领域，发展下属分公司 60 余家，员工数达到 1000 余人，已经为近 2800 多名小微企业主提供了资金服务，为 7 万多出借人取得 1 亿多元的投资收益。截至 2014 年年底，平台贷款累计总成交量达 65 亿元。其中，2014 年 12 月，单月交易量突破 8 亿元，12 月 30 日，微贷网单日交易额突破 4000 万元。目前微贷网已成为国内最大的专注于汽车抵押借贷业务的网贷平台。平台的抵押贷款车辆已经达到 3 万余辆，成交笔数近 10 万笔，占据浙江车辆抵押贷款市场 30% 以上的份额①。未来五年，微贷网计划提供 2 万余个就业岗位，服务 50 万小微企业主以及上百万理财客户。

表 5－1　微贷网相关发展数据

年份	2011	2012	2013	2014
贷款成交量	1635 万元	1.85 亿元	10.52 亿元	51.16 亿元
为投资人创收	36.12 万元	494.8 万元	1785.99 万元	8235.72 万元
借款人规模	38 人	600 人	4844 人	28789 人

资料来源：微贷网官网，https：//www.weidai.com.cn/

① 数据来源：微贷网官网，https：//www.weidai.com.cn/。

成立之初，微贷网主营信用借贷业务。运营半年多后，平台通过数据分析发现信用贷款逾期率高、坏账多、审核过程中不可控因素较多。通过对浙江省内乃至全国范围内的民间借贷市场的分析调研，微贷网决定转型做动产抵押借贷，即车辆抵押质押的借贷模式。2012 年年末，微贷网又提出了“总部集中管理，网点分散经营扩大市场，分散、降低运营风险”的思路，并决定在萧山、湖州两地设立营业网点试点运营。微贷网于 2013 年年初正式提出了“五年百店”战略规划：将总部设在杭州，以杭州为中心计划五年内在全国范围覆盖至少 100 家微贷网分公司。微贷网的发展模式也赢得了国内外知名风险投资机构的青睐，2014 年 6 月，微贷网称获得汉鼎宇佑集团和盛大亿元投资，12 月完成浙商创投 A + 轮融资。

表 5－2　微贷网发展大事记①

时间	事件
2011 年 8 月	微贷网正式运营
2012 年 3 月	汽车抵押借款业务正式上线
2012 年 11 月	微贷网首家直营店萧山营业部正式开张营业
2013 年 1 月	正式提出“五年百店”发展战略计划
2013 年 10 月	微贷网无锡营业部正式开张营业，成为首家浙江省外营业部
2014 年 2 月	微贷网自主研发的新系统上线
2014 年 5 月	微贷网与平安银行杭州分行签署全面金融服务战略合作协议
2014 年 6 月	微贷网获盛大和汉鼎宇佑集团亿元人民币投资
2014 年 12 月	微贷网历史交易额突破 60 亿元
2014 年 12 月	微贷网获盛大和汉鼎宇佑集团亿元人民币投资

二、主营业务

微贷网的车辆抵借贷模式分为质押车辆和抵押车辆两种类型。质押车辆即在办理借款手续后借款人将车辆移交给微贷网平台的统一停车场集中保存管理；抵押车辆是在办理借款手续后借款人仍保有车辆，但在车辆上装置 GPS 定位器，随时掌控车辆的动态和去向。平台标的主要以“加盟店地点 + 车型

① 资料整理自平台官网介绍。

+车抵类型”的模式命名，如“［温州站］福特蒙迪欧致胜质押续贷”和“［湖州站］奥迪 A5 抵押续贷标”等，不过在标的介绍中并未详细说明贷款具体用途。

三、盈利模式

微贷网平台的盈利主要来自借款人的借款管理费和投资人利息管理费等平台收费，针对借款人抵押借款的利率设置为 1（含天标）～3 个月的年率为 15%；4～36 个月利率为 18%，不过，自 2015 年 4 月以后利率有下降趋势。

表 5－3　平台收费项目和规则

收费项目	收费规则
充值费用	投资人线上充值免费
提现费用	单笔提现收费 2 元。单笔提现上限 49900 元，每天提现笔数无限制。每个月前 3 笔提现免费，未投标资金提现收取 0.5% 的手续费
投资人利息管理费	利息回款收取利息的 6% 作为投资人利息管理费

四、风控手段

（一）贷前、贷中和贷后的风控

微贷网的母体公司即杭州锐拓科技有限公司成立于 2006 年，是国内唯一一家具有银行和电信催收双资质的专业公司。公司与电信部门、银行部门多年来深度合作，积累了大量风控经验和资源。微贷网专注于汽车抵押借贷业务，也具有相对成熟的风控经验，平台的风控主要分为贷前审核、贷中管理和贷后管理三个阶段。

1. 贷前审核

在借款人签约前，微贷网会对车辆信息以及个人信息初审，如：车辆价值、车辆保险情况、车辆违章情况、个人社会关系、借款用途等基本情况。在签约时微贷网要求借款人在完善合同的基础上填写详细的个人信息，包括家庭信息、职业信息、紧急联系人、相关朋友等联系人，收集完相关信息后会提交到总部审核部门进行再审。审核通过后再到车辆管理所进行抵押登记，同时要求车主将登记证书和车辆备用钥匙留存在微贷网。复审通过后，在微贷网上完成筹资，财务放款。

2. 贷中管理

对于质押的车辆，微贷网设有专门的停车场对车辆进行保管；对于抵押的车辆，在完善各类借款合同的基础上，均在车上装有 GPS 定位器，可随时掌控车辆的动态和去向。即使 GPS 定位器被人为拆除，微贷网仍可以通过 GPS 运行轨迹和大数据分析，确定借款客户经常出没的地方，如晚上的住址，白天的工作地址等。

3. 贷后管理

在借款即将到期时，微贷网工作人员将提前三天多次电话提醒借款人还款，逾期后将由风控人员电话催收。借款人恶意逾期后，质押车辆将由微贷网通过二手车市场等渠道进行合法交易或拍卖。抵押的车辆通过 GPS 定位追踪到该车，委派第三方催收人员上门催收并对车辆进行有效控制。

（二）本金保障计划

2014 年 5 月，微贷网与平安银行签署全面金融服务战略合作协议，同时为规范平台经营，开始实施本金保障计划。“本金保障计划”是微贷网为保护平台全体出借人的共同权益而建立的风险共担机制。平台的所有出借人经过平台身份认证后，在平台的投资行为均适用于“本金保障计划”，出借人无须为此支付费用。

微贷网与平安银行杭州分行签订《全面金融战略合作协议》以来，微贷网出资 1500 万元作为初始资金，并按照月交易量的 3‰计提，一并注入风险准备金账户，该账户由平安银行杭州分行进行托管，并在每月月初出具托管报告。风险准备金账户专款专用，用于微贷网坏账的赔付。根据“风险准备金账户规则”，通过风险准备金向出借人垫付此笔借款的剩余出借本金或本息。风险准备金的计提标准和方式由平台制定并解释，平台根据实际业务需要对相关内容进行调整，并及时进行披露。风险准备金账户资金使用遵循以下规则：

偿付规则，即当借款人还款到期日 24 时前仍未还款，平台从风险准备金账户资金中抽取相应资金，按时间先后顺序偿付微贷网出借人应收本金或本息。偿付总额以风险准备金账户总额为限，当该账户为零时，自动停止对出借人的偿付，直到该账户获得新的风险准备金。

债权比例规则，风险准备金账户资金对同一借款协议下的不同出借人应收本金的偿付按照各债权金额占同协议内发生的债权总额的比例进行偿付分配。

权益转移规则，当出借人享有风险准备金账户对某笔债权赔付金额的足额偿付后，该债权的追讨权益归风险准备金账户拥有者（即微贷网）所有，追讨回来的收益归风险保证金账户拥有者所有。如债权有抵押、质押及其他担保的，则平台代借款人处置抵押质押物的所得等也归属风险准备金账户。

截至 2014 年年末，微贷网坏账率为 0.25%，相应数据分析见表 5-4：

表 5-4　微贷网坏账率

项目	金额（万元）
坏账金额	1349.33
历史应还金额	543463.25
风险准备金	2105.92

注：坏账是指逾期 90 天（含）以上标的物灭失且无法催回的借款

坏账率 = 坏账金额/历史应还金额

五、平台特色

微贷网自转型做动产抵押借贷模式后，为了配合平台业务发展的需要，发展各地的营业网点，采取门店加盟的方式扩大市场和分散风险。在微贷网布局的线下有 30% ~40% 的门店为授权经营。因此，平台的最大特色也在于“车抵借贷模式”和“加盟模式”的结合，这对平台的风控能力等提出了较高要求。

“车抵借贷模式”涉及车况评估、防重复抵押、车辆监控等复杂因素。在“加盟模式”上，微贷网目前的业务架构是：加盟商仅作为业务端口，进行业务开发；业务流程的操作和规范由总部派驻人员执行；风控和财务由总部输出。其对于加盟商的筛选主要参考两点：第一，能否保障投资人的资金安全；

第二，是否具备市场扩张能力①。目前公司下设的 60 余家分公司覆盖在浙江、江苏、上海、江西、安徽、广东、山东 7 省市。2014 年 10 月 26 日，微贷网在广东省成立第一家省级分公司，正式进军华南地区。

六、公司面临的挑战

（一）风险准备金模式难以完全覆盖风险

微贷网作为一家专注于汽车抵押借贷领域的网贷平台，有较为清晰的运营模式，每笔借款项目对应车辆抵押。在风险保障方面，平台采用了通常的风险备用金模式。但该模式的一个潜在风险在于，如果出现资金大规模逾期的情况，平台不能及时为所有投资人的借出资金进行垫付。因此，平台一方面要持续加强风控与贷前审核、贷后管理；另一方面在借款项目发生逾期后，把项目抵押的物品及时处置，把这部分资金用来垫付给投资者，以降低项目逾期的风险。

（二）线下网点的运营成本较为高昂

据统计，2014 年年底，全国机动车超 2.8 亿辆，其中汽车保有量达 1.4 亿辆，并且每年以 15% 的增长速度在增加，根据目前行业大环境和微贷网已开张营业网点的经验数据可测算出，微贷网 2015 年 8 月左右的单月成交量会在 20 亿元左右，这也意味着微贷网将在全国各地设立更多的线下网点来拓展业务。然而线下网点的车库管理、人工审查等维护运营成本较为昂贵，边际收益与边际成本同时上升，在一定程度上了降低了公司的盈利能力。在继续发展汽车抵押借贷模式的同时，微贷网计划研发新的贷款产品，待发展成熟后迅速推广到各个分公司，方可为整个平台带来更多利润。

---

① 参见“冷箫对话 P2P 车贷——微贷网创始人姚宏”，http://finance.eastmoney.com/news/1586，20131104334596027_4.html。

案例六　陆金所：背靠“大树”的 P2P

入选理由：平台有平安集团的背景，在中国目前近两千家 P2P 平台中，其背景最为雄厚；具有很高的公信力与投资人认可度，综合交易量在所有平台中位居首位；目前估值在百亿美元以上，平台业务由 P2P 朝着综合资产交易所平台发展，前景不可估量。

一、公司概况

（一）公司简介

上海陆家嘴国际金融资产交易市场股份有限公司（以下简称陆金所），于 2011 年 9 月在上海注册成立，注册资金 8.37 亿元人民币，是中国平安保险（集团）股份有限公司旗下成员之一，总部位于国际金融中心上海陆家嘴。陆金所旗下包括金融资产交易服务平台 Lfex 以及提供 P2P 业务的网络投融资平台 Lufax。

根据网贷之家统计，截至 2014 年 11 月底，陆金所的 P2P 贷款余额大约 86 亿元，占行业 9.6%，在行业内最高；交易规模大约 110 亿元，占行业 3.5% 左右。[①] 其交易份额在行业内没有绝对领先是由于主打小额长期借款的定位。平台的营业收入超过 2 亿元，领先其他网贷平台。据陆金所董事长计葵生公开介绍，陆金所每个月坏账率在 2%，其中能催回来的比例是 3/4，最后每个月坏账比例可能是 0.5%，尚处于较低水平[②]。

（二）成立背景

在上海市政府的支持和指导下，中国平安成立了其集团子公司陆金所这一

① 数据来源：网贷之家官网，http://www.wangdaizhijia.com/。

② 参见《计葵生：P2P 行业坏账率将远超 5% 至 6%》，http://finance.qq.com/a/20141126/168971.htm。

专业投融资平台。中国平安作为国务院批准的三大综合金融试点单位之一，是国内首家具有金融全业务牌照的金融集团，在传统金融行业就已经有了超过8000万的优质用户，这为陆金所在互联网金融时代下的孕育而生奠定了基础。陆金所的成立旨在将金融与现代互联网和电子商务技术相结合，建成一个国内最大的开放式金融资产交易平台，充分利用平安集团庞大的数据库和较为成熟的风控体系，做好投资保护机制，满足个人和小企业客户的投融资需求①。

二、主营业务

（一）P2P 投融资平台——Lufax

陆金所的 P2P 业务网络投融资平台 Lufax 于 2012 年 3 月正式上线运营，作为中国平安集团打造的网络投融资平台，为中小企业及个人客户提供投融资服务。

作为 P2P 平台的 Lufax 主要采用第三方担保模式，由平安融资担保提供保障，凭借担保和平安集团信誉，平台在两三年内迅速积累了大量客户资源。陆金所平台目前注册人数突破 472 万人，领先其他主要 P2P 平台。据最新数据统计，陆金所已完成 110 亿元成交量，平均收益率为 8.4%②。日平均成交量也呈上涨趋势，平台发展迅猛。

Lufax 的项目是稳盈－安 e 贷，其主要采取的是“线上线下结合＋第三方担保”的模式，由陆金所充当交易媒介，通过平台的电子借贷协议，帮助投资方和融资方配对完成投资和借贷，并明确双方债务债权关系。

除了主打的稳盈－安 e 贷产品，陆金所陆续上线多样化的个人理财项目，如养老保障管理产品、房产抵押项目、委托债权转让以及定向资管项目等，同时项目的目标投资者有所差异，针对不同购买能力的人群，力图将 P2P 平台进一步打造为个人综合理财服务平台。这些项目资源多数都和平安集团旗下相关业务模块对接，如平安养老保险、平安信托、平安汇富资管以及平安担保等，显示出陆金所最大化整合平安平台资源的战略意图。

---

① 资料整理自陆金所官网。

② 数据来源：参见网贷之家官网：http://www.wangdaizhijia.com/。

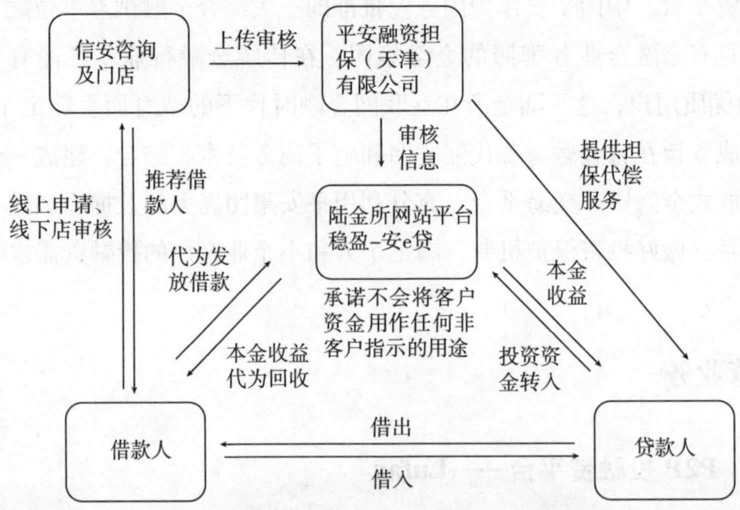

图 6－1　稳盈－安 e 贷运作流程

在 Lufax 上，投资者都是从网站上直接获取。借款人部分来源于线下渠道，由信安投资（陆金所的关联公司）的线下门店或者平安易贷等渠道推荐；还有部分借款人是在陆金所网站提交借款申请后再去网点提交申请资料。P2P 产品目前实行平安融资担保全额担保，当债权出让人持有该借款债权至少已满 60 天并且还款期限还剩下至少 3 期的情况下，可以在陆金所的平台上进行债权转让。

表 6－1　借贷双方信息概况

	借款人（线上）	出借人
申请条件	中国国籍（不含港澳台居民） 21～55 周岁 月收入 3000 元以上	出借人须年满 18 周岁，具有完全民事权利能力和民事行为能力
额度	1 万～15 万	最低投资 1 万元
期限	一年期、二年期、三年期	可转让
用途	日常生活消费、提高生活质量、购物、教育支出、医疗和其他	出借人借出前未知其款项用途，借出签约时可知借款用途
利率	利息率：贷款基准利率上浮 40% 担保费：月息 0.5%～1.75%	收益率：7.84%～8.4%
信息透明程度	为保障客户隐私权益，陆金所不会在网站上显示借款人信息	平台现可以看到每个项目下，投资人的数目以及其投资的金额

（二）F2F 交易服务平台——Lfex

在陆金所发展规划中，P2P 仅是其互联网金融战略的第一步，陆金所还在向 F2F（金融机构对金融机构）等多样化的模式进军。陆金所 Lfex 金融资产交易服务平台于 2013 年 12 月上线，是陆金所针对机构投资者和提供企业融资所设立的非标资产交易平台，将会对接机构市场，为银行、证券、保险、信托、租赁公司及企业等提供更具透明性和较高流动性的金融服务。

经过半年多的运营，Lfex 目前交易规模已突破 400 亿元，合作金融机构 400 余家，2014 年目标是突破 1000 亿元[①]。

三、平台特点

（一）整合集团资源服务 P2P 平台

陆金所充分发挥了金融集团的优势，整合集团内资源服务 P2P 平台。例如，P2P 平台的每笔贷款都有 3 个合作机构，相关门店将资料上传给担保公司，后者接入征信系统进行信审，并以陆金所的风控模型作把关，最后由陆金所平台完成借款，通过率在 40% 左右。引入的担保公司是平安集团旗下的担保公司，对投融资进行本金、利息和逾期罚息的全额担保，在引入担保后，若借款方未能履行还款责任，担保公司将对未被偿还的剩余本金和截止到代偿日的全部应还未还利息与罚息进行全额偿付。

同时，陆金所利用其担保的运作模式吸引投资者，满足借款资金的供给。P2P 平台也服务于整个集团的战略发展，利用子集团数量及属性，设计新的理财产品，扩大自身平台规模。

（二）率先进军非标市场

中国整体的金融资产价值大约有 200 万亿元，但其中有 2/3 的金融资产未得到灵活管理，因此中国的非标资产市场空间巨大。在互联网金融向 P2P 领域逐步渗透的同时，F2F 领域（金融机构对金融机构）是新的发展趋势。

---

① 参见《解码陆金所：超越 P2P 剑指“非标”》，http://www.wangdaitiandi.com/GroupV3/CircleTopicDetail/329/page=1。

陆金所进军非标市场，建立 Lfex 平台，金融资产交易板块为金融机构提供金融资产交易，旨在盘活几十万亿元非标资产；财富管理板块为金融产品提供定价的透明性；中小企业融资板块则为中小微企业提供融资服务。陆金所通过整合平安集团资源，做到较高专业水平的经营团队来判断非标资产的风险等级。同时，由于该类业务的会员主要为机构投资者，因此面临的监管风险相对较小。

四、风险控制

（一）引用集团风控数据模型

陆金所网站密码采用国内技术加密、集中影像存储服务来保证合同等文件信息的存储、分离平台资金和客户资金。风险管理系统是从平安引进的个人金融消费风险管理数据模型，同时为陆金所提供担保的平安融资担保作为首批试点单位，允许接入央行征信系统上报数据。将平安庞大的数据库和风控经验相结合，建立了一套风险管理系统以及投资者保护机制，用以满足个人和小企业客户的投融资需求。

同时，陆金所对外公开宣传平台只是撮合投融资双方达成交易，严格分离平台资金和客户资金，将资金交给第三方支付等有资质的机构来对资金进行管理。

（二）引入担保公司提供本息担保

背靠平安集团这棵“大树”，再加上有平安旗下担保公司提供本息保障，消除了投资者对于 P2P 平台的不安全感是陆金所快速占领市场的原因。随着行业去担保化的热潮，陆金所计划将每一笔贷款细化，逐一评估风险。为了降低融资成本，陆金所董事长计葵生公开介绍，陆金所拟逐步取消第三方担保的增信措施，采用个人信用评级的方式开展业务，并允许投资者根据自己的风险偏好自主选择投资产品①。

---

① 参见来源:网贷之家,http://news.wangdaizhijia.com/20140609/11976.html。

五、平台面临的问题及挑战

（一）平台信息不够透明

根据网贷之家的数据评级显示，陆金所在成交量上名列前茅，在综合指数方面也可以挺进三甲之列，但在透明度上却在公布的 100 家平台中排名倒数①。

平台的不透明性主要体现在投资者无法轻易观察到借款人的背景信息，平台运营的相关信息和数据也未公开。平台不公布借款人信息，使投资者无法认识到自己投资项目的可行性与收益状况，无法进行风险管理，几乎完全依赖于平安集团强大的隐形担保，而去担保化是企业和市场都必须实行的措施，若陆金所平台信息依旧不透明的话，对投资人的吸引也将大打折扣。再者，运营信息的不公布也会引起投资者对平台的质疑。

（二）担保模式可持续性弱

随着平台规模迅速膨胀，平安担保的杠杆上限决定该模式对陆金所而言不易持续。为陆金所提供担保服务点的是平安融资担保（天津）有限公司，其注册资本最近变更为 8 亿元。银监会等多部委曾联合制定《融资性担保公司管理暂行办法》，融资性担保公司的融资性担保责任余额不得超过其净资产的 10 倍。陆金所的担保业务尚未超过杠杆要求。

陆金所的担保公司是集团内部的担保公司，从目前一行三会的动向来看，关联担保是不被允许的，但第三方担保是可以的。再加上最近保证函易成一纸空文、担保公司担保能力存疑等现象的出现，也让监管层对担保提出了治理思路，去担保化是 P2P 平台的发展趋势。

同时，陆金所在面对现有问题，包括借款人和平台信息透明度以及担保模式的限制，已经在下一步的转型中预备改善，可持续发展能力有望增强。其利用资源优势开辟了和其他 P2P 不同且门槛较高的 F2F 业务，也为平台的多元

① 参见《解码陆金所：超越 P2P 剑指“非标”》，http://www.wangdaitiandi.com/GroupV3/CircleTopicDetail/329/page=1。

化发展提供了想象空间。

（三）利率水平不具有竞争力

据官网信息，投资的预期年化收益率为本金的 8.61%，由于等额本息这一还款方式的设定，在没有再投资的情况下实际收益率将低于该水平。经计算，20000 元投资三年期限预期年化利率为 8.61% 的产品，应收本息实为 22765.35 元，实际收益率为 4.6%[1]，与余额宝的收益接近，但缺乏后者的高流动性。

① 数据来源：参见陆金所官网：http://www.lufax.com/。

案例七　红岭创投：老牌 P2P 的辉煌与挑战

入选理由：平台网贷经验丰富，规模宏大，实力位居各网贷平台前列；信息较为透明，出现坏账能及时主动公开或回应；公司负责人有担当，具备较高诚信度。

一、公司概况

（一）早期起步的网贷公司之一

深圳市红岭创投电子商务股份有限公司于 2009 年 3 月在深圳成立，是中国网贷行业最早的试水者之一，当年开创的“本金垫付”制度吸引了投资者眼球。公司业务涉及诸多领域，旗下主营网贷服务平台——红岭创投（www. my089. com）。2011 年，红岭创投通过两次增资扩股，注册资金从 100 万元增加到 5000 万元。

表 7 – 1　红岭创投的数据

平均年化收益率	15% ~18%
累计投资金额	186. 79 亿元
累计投资人收益	4. 49 亿元
2014 年投资金额	147. 74 亿元
2014 年借款人数	7921 人
总投资人数	341060 人

资料来源：《红岭创投 2014 年年报》，截至 2014 年 12 月 31 日

（二）走向全国的发展定位

2011 年红岭创投顺应中国互联网金融发展的大趋势，迎来快速发展阶段。2011 年 4 月完成股份制改造，不断创新标的类型，成立了红岭创投资本管理有限公司并推出新的网贷平台“投资宝”。2014 年以来，红岭创投开始筹划在

全国多地开设分公司。自首家分公司重庆分公司成立以来，截至 2014 年 11 月，红岭创投在全国已有 4 家分公司。

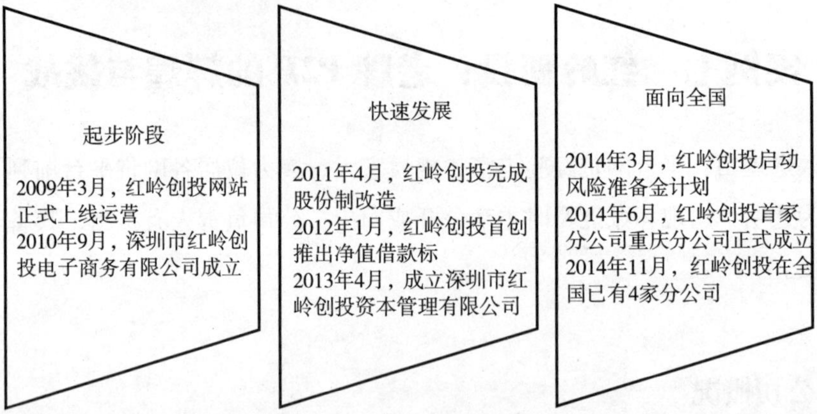

图 7－1　红岭创投公司发展阶段

资料来源：参见红岭创投官网及相关报道：http：//finance. ifeng. com/a/20140820/12957706_ 0. shtml

（三）三步走的发展战略

红岭创投董事长周世平创业前曾从事期货及股票投资业务，对资本市场的运作具有独到见解。作为红岭创投的主要控制者和战略规划师，周世平把自己在股票市场积累的经验迁移到投资小微企业上来。他根据自己对资本市场的认识，将红岭创投的未来战略布局定位于综合性金融服务产业集团。

自 2009 年 3 月红岭创投网站上线运营以来，其业务涵盖电子商务、担保、产业投资基金、创新科技产业园运营管理、投融资资本管理等领域。并通过"三步走战略"发展前行，意图建立综合性的金融产业集团。

表 7－2　红岭创投各子公司、平台情况

公司名称	成立日期	法人	出资人	出资额（万元）
深圳市红岭创投电子商务股份有限公司	2010 年 9 月 17 日	周世平	周世平等股东	5000
深圳市红岭创投股权投资基金管理有限公司	2012 年 3 月 22 日	周世平	红岭创投电子商务股份有限公司占股 90%，周世平占股 10%	2000

续表

公司名称	成立日期	法人	出资人	出资额（万元）
深圳市红岭创投产业园运营有限公司	2012 年 9 月 19 日	王豪	深圳市红岭创投股权投资基金管理有限公司	1000
深圳市红岭创投资本管理有限公司	2013 年 4 月 25 日	周世平	周世平	3000
深圳可信担保有限公司	2011 年 12 月 28 日	游松平	红岭创投电子商务股份有限公司占股 90%，胡加明占股 10%	1000
红岭创投网站	2009 年 3 月	—	深圳市红岭创投电子商务股份有限公司	—
投资宝平台	2013 年 9 月	—	深圳市红岭创投资本管理有限公司	—

资料来源：来自红岭创投网站和网贷之家，截至 2014 年 10 月 30 日

第一步，网贷平台。深圳市红岭创投电子商务股份有限公司是红岭创投的起点和“大本营”，下设红岭创投网站，主要负责运营 P2P 网贷业务，公司据此积累了大量的原始资本和客户数据。同时，出资建立子公司深圳可信担保有限公司，助力红岭创投网站的网贷业务。

第二步，创业投资与资产管理。2012 年红岭创投在前期积累的大量客户数据的基础上，成立了股权投资基金管理公司，针对先前的合作客户中具有先进创业思路和经营理念的公司进行风险投资。后于 2013 年成立深圳市红岭创投资本管理有限公司，提供资产管理服务。

第三步，创业孵化园。红岭创投对业务实行由线上到线下的转移，通过线上网贷平台和线下创业投资满足初创企业融资需求。除此之外，由深圳市红岭创投股权投资基金管理有限公司出资建立的深圳市红岭创投产业园运营有限公司负责“红岭创业孵化园”——益田创新科技园的运营工作，为初创企业提供办公场所、项目评估、创业培训、政策和管理咨询等服务。

二、主营业务及盈利模式

（一）旗下的两大平台

红岭创投旗下有红岭创投网站和投资宝两个平台，其中投资宝平台定位于

助力小微企业解决融资难的问题。两个网贷平台提供了丰富的投融资产品，同时具有完善的债权转让系统。

红岭创投的各项标的中，净值标由于其较短期限、高流动性，成为成交量最高的借款类型，占全部成交金额的 52.29%。快借标与秒还标分别以 30.99% 和 11.43% 紧随其后。资产标作为 2013 年新推出的借款类型，成交量高达 1.23 亿元，占 4.36%。推荐标成交金额占 0.07%，而公信标和信用标总共占总成交额的 0.86%。

红岭创投具有流动性较高的债权转让系统。投资宝网贷平台上的绝大多数项目可以通过宝葫芦债权转让平台进行债权转让。用户持有债权超过 1 日（含 1 日）即可根据自己的需要委托“宝葫芦”进行转让，用户在收购债权的过程中，可全部收购，也可部分收购。

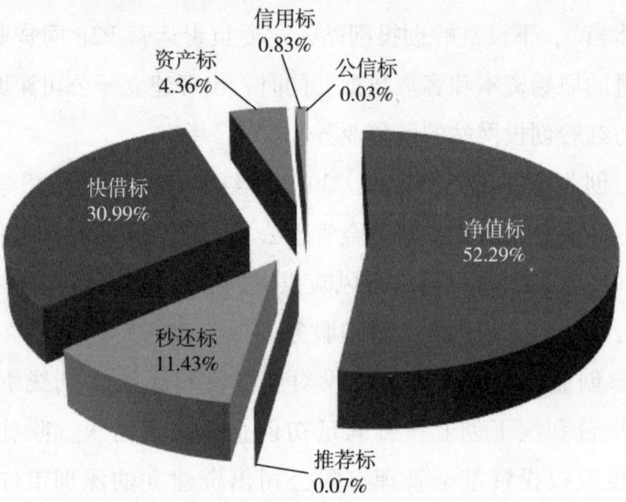

图 7－2　2014 年 11 月红岭创投公司产品份额分布

资料来源：《红岭创投 2014 年 11 月运营月报》

（二）公司盈利模式

红岭创投网站和投资宝平台通过对投资人和借款人收取合理的管理费，为借款人、投资人提供网络供求信息匹配服务；同时由深圳可信担保有限公司，为交易双方提供信息咨询和有偿担保服务。

平台的交易费用包括借款管理费和投标管理费，此外平台还根据客户资信评级收取担保服务费，根据逾期时间收取逾期罚息费。平台的服务费用则包括VIP 收费以及充值和提现费用。普通会员缴纳 VIP 费后可升级成为 VIP 会员，收费为 180 元/年，在 VIP 有效期内能享受投资本金 100% 垫付，非 VIP 会员只享受投资本金 50% 垫付。投资者在平台上的充值手续费全免，充值后资金在 5 天内未经投标、收款即申请提现将加收 0.3% 的提现费用。

三、风险控制

（一）采用传统担保模式

平台自身担保是红岭创投传统的风控模式之一，为此创立了自己的担保公司深圳可信担保有限公司，红岭创投占股 90%，并实行“本金先行垫付”政策，一旦借款人出现逾期，红岭创投将对出借人的本息进行先行垫付，创业初期红岭创投依靠平台担保吸引投资者眼球并抢占了市场。但就中国的监管趋势来看，这种平台自身担保的形式，与监管思路不符。

（二）风险准备金由银行存管

自 2014 年 3 月起，红岭创投平台启动了风险准备金计划。其初始准备金为 5000 万元，计提准备金标准为每笔借款标按借款年化 1.2% 计提，资金交由平安银行存管，用户资金专户专款专用。

在红岭创投的平台上，如果借款人出现逾期，若为 VIP 会员平台实行 100% 本金垫付保障；若为普通会员，平台实行 50% 本金垫付保障，其后通过催收方式回款。借款人若发生逾期，网站有权单方面中止协议，关闭借款、投资、提现等权限。借款逾期以后，主要的催收方式有电话催收和上门催收两种，并收取相应的违约金、罚息和催收费用。

（三）设立黑名单催收贷款

为规范信用借款人的行为，红岭创投和拍拍贷一样用黑名单对借款人形成道德约束。当客户逾期 30 天以上将到网站“黑名单”里公布借款人的个人信息。进入“黑名单”的用户为平台的重点打击对象，平台将动用多方面手段不惜成本清收。

（四）对大额项目进行多方审核

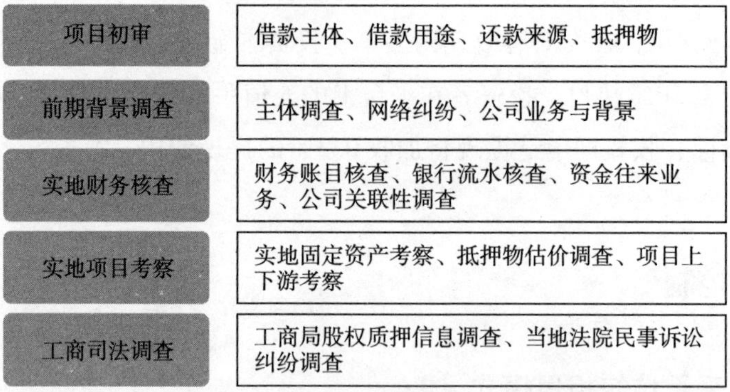

图 7－3　红岭创投大额项目的五道风控程序

红岭创投的审核包括线上和线下两种途径。线上审核是通过网络视频和电话对客户及其提供的身份证明等各项重要文件进行认证。线下认证是通过客户服务人员在办公地点进行现场认证。同时，红岭创投陆续在重庆、安徽、江苏、云南建立了 4 家分公司，旨在降低线下审核的成本，缩短审核时间，提高审核效率。

四、信息披露情况

相对于其他同行业平台，红岭创投的信息披露相对较完备，红岭创投官网对平台信息、股东明细、坏账率、风险准备金、重点项目的进度、事件以及 2013 年年度报告进行了详细的披露。同时，红岭创投对于项目金额在 50 万元以上的大项目，如对光明旧改项目的基本情况进行定期披露。而对于金额在 50 万元以下的项目，平台的信息披露很不完备，投资者无法知晓自己的交易对手是谁，也不知道借出的资金用途。

表 7－3　红岭创投公司信息披露情况

已披露的信息	1. 股东明细
	2. 公司成立信息
	3. 坏账率
	4. 客户投资总额、待收总额、待还总额、净值额度等
	5. 50 万元以上项目的资金用途、还款来源、项目简介、风控措施等
未披露的信息	50 万元以下项目的资金用途、还款来源、借款人信息等

五、公司特点

（一）早期以“本金垫付”模式占据市场

面对中国征信体系尚不完善、P2P 监管缺失的实际国情，在平台成立初期，红岭创投网站打出“本金垫付”的旗号以占领市场份额，吸引了大量投资者。随着平台不断壮大以及投资宝和宝葫芦平台的上线，红岭创投网站和投资宝平台共同以高流动性和产品创新为手段进行市场拓展。

“本金垫付”模式为红岭创投打开了市场，但在“去担保化”的大趋势下，垫付模式受到更大的压力，红岭创投开始向风险准备金模式转变。

（二）设计产品保持资金的高流动性

红岭创投公司从产品标的到债券转让系统的设计共同造就了平台的高流动性，主要通过以下三个方面实现：

第一，标的期限以短期为主。2013 年红岭创投网站上发布的标的中，成交金额按借款期限分布，3 个月及以下的短期借款占全部借款的 71%，红岭创投网站的整体借款具有高流动性。

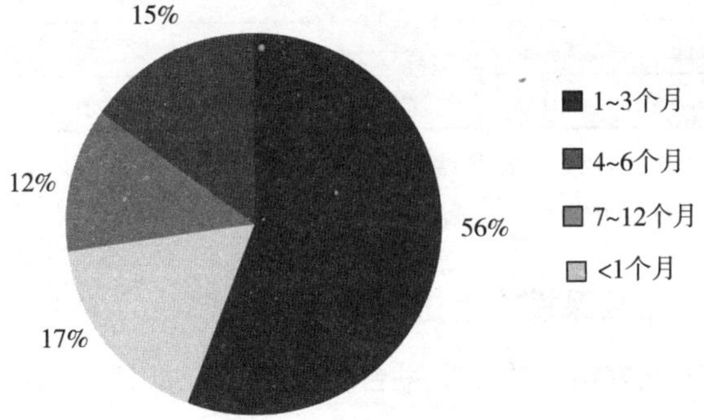

图 7－4　2013 年度红岭创投网站标的成交金额按借款期限分布

资料来源：《红岭创投 2013 年度报告》

第二，标的金额以小额为主。从网贷之家数据来看，红岭创投网站 10 万元以下的标的占全部标的数量的 95.6%，标的的流动性较高。

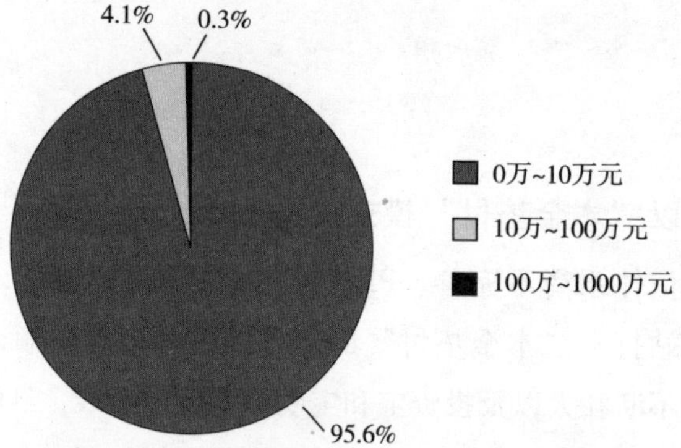

图 7－5　红岭创投网站标的按成交金额分布

资料来源：《红岭创投 2013 年度报告》

第三，设计灵活的债权转让系统。红岭创投网站项目标成交额较高的“阳光贷”和“成长贷”可以进行债权转让。投资宝平台以大额标的为主，但宝葫芦债权转让系统为其流动性提供了保障。在宝葫芦平台，投资人基本随时可赎回投资，而且转让成本较低。

表 7－4　宝葫芦债权转让平台运行数据

交易总量（笔）	192845
交易总额（万元）	98450. 8
最高净年化收益率（%）	26. 45
平均净年化收益率（%）	15. 94

资料来源：自投资宝网站：https：//www. tzbao. com/portal/portalAction！ignscForward-ClaimTransaction. jspx？c = d. 截止日期：2014 年 12 月 7 日

（三）在担保模式上进行创新

引入第三方担保的 P2P 平台多以不动产抵押、动产质押等方式进行担保，较少以权利质押特别是股权质押作为担保。红岭创投在股权质押的担保方式上走在前列，红岭创投的部分标的可以做股权质押，投资宝平台大部分都是股权质押融资。

同时，红岭创投网站推出了“临时额度借款”，设计出平台用户间担保的标的。借款人可以通过向担保人申请担保获得临时额度。此处担保人为平台的其他用户，担保人以自己在平台上的净资产作为担保。

（四）以“大单模式”为发展方向

2014 年以来，红岭创投频发亿元大单，最大标的达 3.5 亿元，率先在行业里实现了从一个大量中小型借款的平台变身大额借款的类信托发行平台。与红岭创投相比，其他 P2P 公司标的均以数十万元以下为主。2014 年 8 月红岭创投爆发了一亿坏账风波，“大单模式”在行业内引起强烈争议。周世平仍坚持表示，不会因为此次事件而缩减大单业务模式，因为风险总体可控，未来红岭创投的发展方向仍将以“大单模式”为主。

六、公司发展面临的挑战

（一）地域性发展不均衡

红岭创投的借款人主要分布在珠三角（广东）和长三角（江浙沪）地区，地域分布较为集中，主要在公司所在地及经济发展活跃地区，借款人对互联网借贷的接受能力较高。为了长远发展，红岭平台不能只局限于现有的客户群，如何在其他地区挖掘潜在客户是红岭未来的挑战之一。

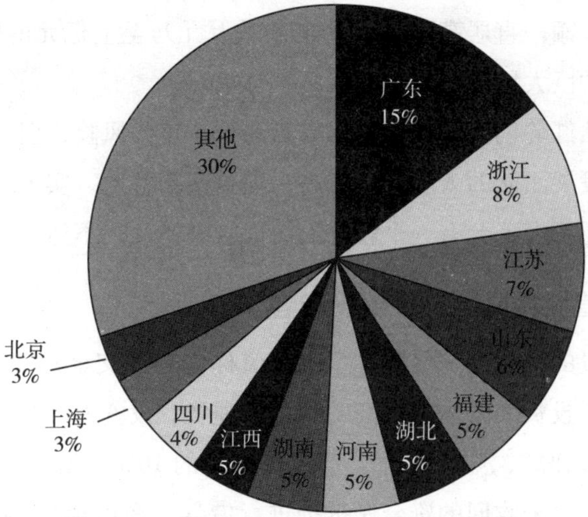

图 7－6　红岭创投公司借款人地区分布

资料来源：《红岭创投 2013 年度报告》

（二）频发的大标风险难以控制

红岭创投平台线下审核的成本费用很高，从之前的小而分散的业务中很难盈利，近期转型为大标项目发展，引来了很多争议。2014 年 7 月，平台因福建 1 号项目被推到风口浪尖，项目因争议中途叫停。红岭公布风控措施和项目具体介绍后，又重新为 2 亿元的房地产项目融资，并被投资者迅速抢完。2014 年 8 月 28 日，周世平在官网论坛上，主动发帖自爆平台亿元坏账消息，并承诺全部借款将于到期前由红岭创投先行垫付。同时红岭创投强调，其在风控方面未发现制度漏洞，除了动产抵押存在不可控风险因素，并声称这是一个极为极端的事件。该笔坏账的四个借贷项目被拆分成 14 个标，涉及投资人达 4567 人，人均投资金额为 2.19 万元。2015 年 2 月初，红岭创投再次爆出 7000 万元坏账。红岭创投在其官方网站发布声明，表态仍将为此次坏账兜底，承担本息兑付。这两次由于广州纸业骗贷行为及安徽森海园林引发的坏账，红岭创投尚可消化，但当更多潜伏的风险浮出水面时，红岭创投是否有垫付能力？这将是红岭创投未来发展面临的重大挑战与风险。

红岭创投将“大单模式”作为发展方向，但是像上亿元的大额融资，已经远超 P2P 网贷平台的风控能力与征信范畴，即使是银行也会比较慎重。若红岭创投的标的金额一直居高不下，动辄上千万元乃至上亿元的融资贷款规模，难免存在潜在的巨大风险。

同时，虽然红岭创投对大项目的审核降低了违约风险，但不可避免的是成本问题，线下发展团队的人工成本较高。项目遍布各地，实地尽职调查费用也相当高，而且还要求平台有一个较好的内部管理体系，不然容易出现腐败。

（三）净值标将风险转移给投资者

在红岭创投的平台上，信用标里的净值标占总成交金额的 52.29%。其原因是债权转让后投资人将承担很高的利息管理费。投资人的利息管理费，原来是按照 VIP 等级递减，如果转让，一律按最高的 10% 计算，导致投资人将自己在红岭创投平台未收回的资金做抵押进行借款（净值标），将风险转给其他投资者。平台对净值标的披露和审核非常宽松，投资者根本看不到任何借款人的信息，增大了平台的风险。

案例八　人人贷：线上线下相结合的 P2P 典范

入选理由： 平台成立时间较长，是线上线下相结合的平台典范；风险备用金逐年增长，对网贷投资人有较强的保障能力。

一、平台简介

人人贷是人人友信集团的旗下公司及独立品牌，成立于 2010 年 5 月，总部设在北京。人人贷与自身线下金融机构以及多家小贷机构合作，采用线上线下相结合的 O2O 模式防控借贷风险，拥有 86 家门店作为线上业务的补充，服务覆盖了全国多个省市。2013 年年底，人人贷获得了第二轮 1.3 亿元的融资，公司规模逐步扩大；2014 年 4 月，人人贷将注册资本金升至 1 亿元人民币，资本结构得以进一步优化。

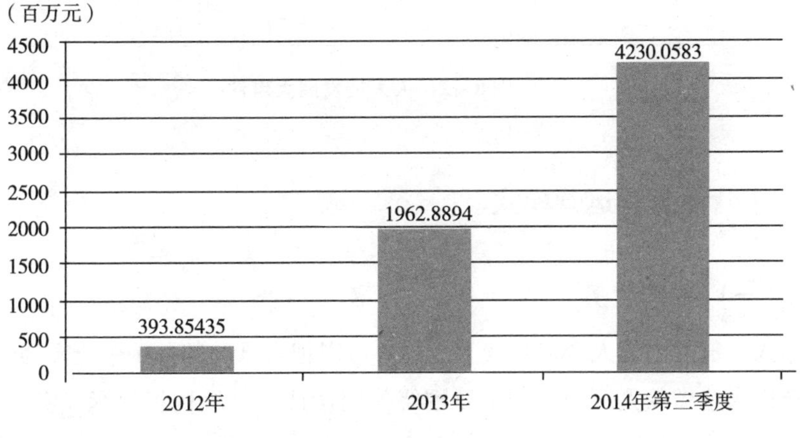

图 8－1　人人贷 2012—2014 年累计成交量

资料来源：人人贷官网：http：//www.renrendai.com/

人人贷的三个创始人张适时、李欣贺 、杨一夫从英文杂志上了解到国外 P2P 网贷公司 Lending Club，萌生出在国内创业的想法，并抓住中国互联网金融的发展机遇，成立了人人贷商务顾问（北京）有限公司，初始注册资金100万元。经过四年的发展历程，人人贷的业务规模已经取得了一定增长。据人人贷发布的2014年全年报，平台成交笔数61265笔，成交金额为3728323100元，同比增长138%。共为理财人赚取270467108元，平均投标利率为12.36%①。

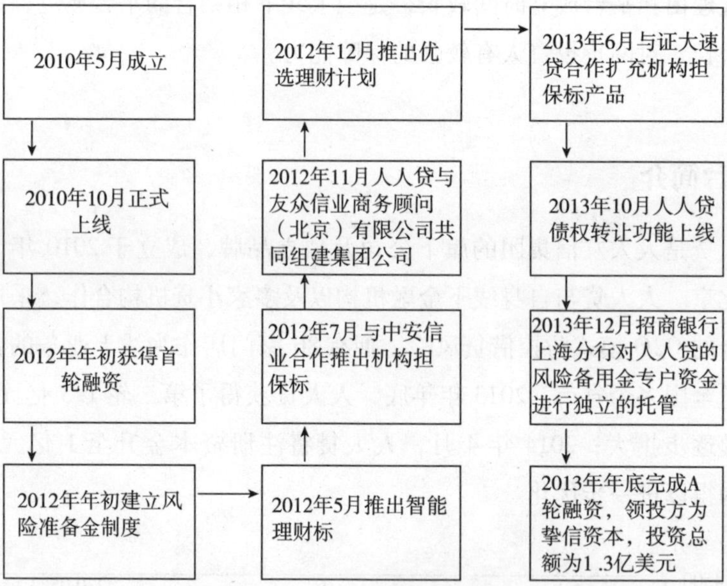

图8-2 人人贷发展大事件

二、主营业务及运营模式

（一）主营业务

人人贷的出借人全来自线上，用户可以把自己的部分闲余资金通过人人贷平台出借给借款人。理财端主要围绕信用认证标、机构担保标、实地认证标、智能理财标，打造出U计划（原优选理财计划）、散标投资、债权转让等诸多产品，给出借人带来预期8%～24%的年化收益。

① 数据来源参见 http://www.renrendai.com/event/jibao/20150113/index.html。

表 8-1　人人贷产品介绍

理财方式	收益	起投金额	最短投资期限	特点
U 计划	7%～11%（预期年化收益率）	1000 元	3 个月	自动循环投标、轻松高收益
散标投资	8%～24%（年利率区间）	50 元	90 天	手动投标、90 天可退出、门槛低
购买转让债权	8%～24%（年利率区间）	50 元左右	随时可退出	手动投标、随时可退出、门槛低

资料来源：人人贷官网：http：//www.renrendai.com/. 访问时间：2014 年 11 月 30 日

散标投资是人人贷的基础产品，其他创新产品都是基于这里面的标的进行设计的。散标投资列表中，理财人可以主动投标将资金出借投资，收益在 8%～24%。投资标的主要有信用认证标、机构担保标、实地认证标、智能理财标。在所有散标中，实地认证标在所有标的中占大部分比例。散标贷款用途主要为短期周转、购房借款、购车借款、装修借款、个人消费等。贷款期限通常为 3～36 个月，其中两到三年的贷款占比最高，达到 60% 以上。

U 计划是以投资人人贷平台现有信贷产品（机构担保标、实地认证标等）为基础的投标计划，享受本金保障计划。加入优选理财计划的资金将优先于平台普通用户的资金，根据计划设定的分散投资原则对人人贷平台产品进行优先投资。该计划累计投资了 23.1 亿元，为 6 万多理财用户累计赚取 2 亿元，资金利用率高达 99.56%。优选理财计划依据分散投资的原则，人均投标数为 50 笔①。

同时，人人贷平台的债权转让功能旨在帮助广大人人贷平台的理财用户提高投资的流动性，使用户在人人贷的投资体验更加便捷。用户在需要流动资金时，可以通过出售其名下持有超过 90 天且未处于逾期状态下的债权给其他投资人，从而完成债权转让，获得流动资金，标的均为散标投资中符合条件的标的。

（二）运营与保障方式

人人贷属于无抵押有担保，采用线上线下相结合的模式：线下发展资产

① 参见人人贷官方网站：http://www.renrendai.com/?utmSource=BDPZ&src=Baidu&medium=PPC&Network={mediatype}&kw={keywordid}&ad={creative}&site={placement}&ag_kwid=337-20-05507388f6ceb6cb.389ed35bc743a687。

端，开展线下业务并与多家机构合作拓展贷款端；线上发展理财端，利用互联网优势吸引众多投资者。将两种模式进行整合，各取其优势在有效控制风险的前提下实现了高速发展。同时，人人贷收取风险备用金，自身对出借人的资金提供担保，一旦出现借款不能按时偿付的情况，将按照合同规定赔偿出借人的本金和利息，赔偿金自风险备用金中拨付。目前，据人人贷称，其风险备用金已于2015年3月2日突破1.05亿元，平台整体抗风险能力愈加坚实。①

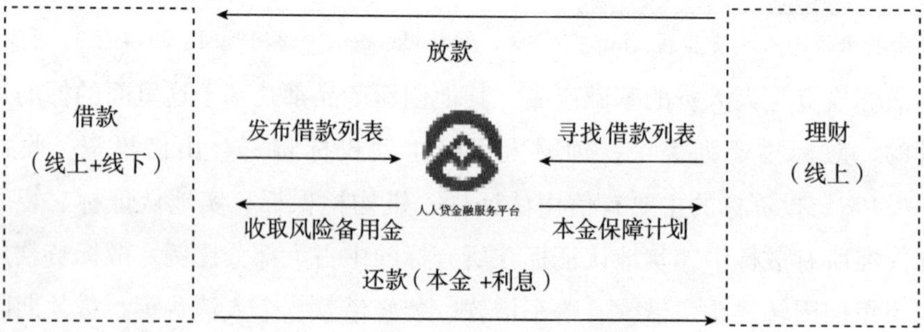

图8-3　人人贷平台运作模式

三、平台特点

（一）模式受限后迅速转型——线上线下相结合

人人贷成立初期，由于中国个人征信体系基础薄弱、个体分散且对互联网借贷操作不熟悉，使得平台照搬国外的运营模式采用纯线上的方式运作平台遭遇一定障碍。为此，2011年人人贷成立了友众信业，两家公司同属于人人友信集团，二者进行了一定的业务对接，由友众信业提供部分优质借款人服务线上人人贷平台。之后人人贷还与小贷机构合作，小贷机构负责收集用户信息，将符合标准的用户推荐给人人贷，双方协作为这类人群提供借贷服务。

由于有线下调查团队的支持，人人贷能够利用“本地化”的优势，对缺乏网络活跃度和信用数据的小微企业进行风险识别和评价，其服务可以覆盖到更多的小微企业借款人，扩大了客户源。根据数据显示，通过线上线下相结合的模式，其成交量也获得了近5倍的提升，这与纯线上模式相比构成明显

---

① 参见 http://bbs.renrendai.com/forum.php? mod=viewthread&tid=49092。

优势。

（二）坚持信用贷款，提供风险准备金

不管是线上还是线下的业务，人人贷平台依旧坚持无抵押的贷款申请模式，无抵押的贷款要求平台的风控体系更加完善、精准。人人贷的风控主要包括验证用户资料的真实性，即在决定借款前对借款人进行线下调查，包括借款人的收入情况、还款能力、历史信用等，审核完成之后在线反馈给投资者，由投资者决定是否投资。此外，人人贷设立的风险备用金，在逾期超过 30 天后，由平台的备用金进行垫付，作为出借客户的风险缓冲。公司也会对逾期借款进行催收催缴，追回的资金将重新放进风险备用金中。风险备用金由招商银行托管，并保持稳定增长，能较好地覆盖平台的坏账情况。

人人贷对信用标采用自身风险备用金来保证本金偿还，未对利息进行保障。对实地认证标和机构担保标采用本息保障，偿还资金来源于实地认证机构和合作机构。人人贷会对借款人进行信用评价，信用等级采用业内通用的 AA、A、B、C、D、E、HR 结构，信用标的风险备用金根据信用等级按一定比例计提。信用认证标的信用等级多集中于 C ~ HR，实地认证标和机构担保标的信用等级多为 A 等级。随着借款人在人人贷平台上认证完成度的增加和成功借还次数的增加，信用分数将增加，信用等级得到提升。

表 8-2　人人贷不同信用等级风险备用金计提比例及赔付方式

产品类型	计提比例	赔付范围	资金来源
信用认证标	AA 级 0 A 级 1.0% B 级 1.5% C 级 2.0% D 级 2.5% E 级 3.0% HR 级 5.0%	未还本金	人人贷风险备用金
实地认证标	1% 以上	未还本金；逾期当期利息	实地认证机构或人人贷风险备用金
机构担保标	0	未还本金；逾期当期利息	合作机构

资料来源：人人贷官网

四、盈利模式

人人贷平台称仅提供撮合借贷双方的功能，而非通过利息差获利。管理费是人人贷的主要收入来源，人人贷将按照借款人的借款期限，每月向借款人收取其借款本金的0.3%作为借款管理费。此外人人贷收取的借款服务费将全部存于风险备用金账户用于人人贷的本金保障计划。当风险备用金账户内金额超过当时平台上所有债权本金金额的10%时，人人贷有权将超出部分转出该账户，转出部分归人人贷所有。风险备用金对应的服务费将按照借款人的信用等级来收取。

信用等级	AA	A	B	C	D	E	HR
服务费率	0	1%	1.5%	2%	2.5%	3%	5%

图8-4　人人贷服务费计提规则

五、公司发展面临的挑战

人人贷采取的是“前端销售+后端审核”的线上线下结合的模式，在信息公开透明的基础上，人人贷建立了系统的风险管理机制。这种模式较适合中国实际的发展情况，受到很多P2P公司效仿，优越性不言而喻。但与此同时，随着规模的扩大，对于线上线下的管理也更加复杂。

人人贷是首家将自身经营情况以季报、年报形式公开向大众披露的从业机构。人人贷称其发生的每一笔用户指令都是可以追踪、有据可查的。但线下经营情况的信息透明度不高，友众信业对借款者所收取的费用暂无披露，有报道称线下贷款成本高，疑似“高利贷”。后端审核有助于更多地了解借款者情况，但需要更多的信息披露完善风控体系。

同时，线下的审核也会受到风控人员主观因素的影响，工作人员的道德风险也是人人贷这种模式下需要重点关注的问题。

案例九　民生易贷：以票据质押切入的 P2P

入选理由：与民生银行保持紧密关系，以银行级风控获得广大投资人的信任；短时期内交易量增长飞速，成长潜力巨大。

一、平台简介

民生易贷是民生电商旗下的互联网金融平台，于 2014 年 7 月 14 日正式上线，现主打理财端，尚未涉及借款渠道。平台所提供的融资企业均以票据设定质押，且金额覆盖投资人投资本息，票据多为银行定期存单或银行承兑汇票。线上投资产品主要有三个系列：如意、满溢、E 票通，此外，还有节日系列产品 11.11 专享标和新手专享—温情平安夜等。截至 2015 年 3 月底，累计成交金额已突破 32 亿元，平均预期年化利率 6.56%。[①] 在不到一年的时间内，民生易贷交易量增长飞速，反映出平台获得了投资人的充分信任。

银监会对银行尤其是表内资产的监管非常严厉。出于规避信贷规模管制、降低资本消耗和存贷比压力等的考虑，银行系 P2P 平台最大的业务主要来自银行表内资产表外化，以应对监管的要求。

民生易贷是民生电商旗下的一个 P2P 业务平台。民生电商是与商业银行形成对应关系的银商紧密合作型企业，拥有雄厚的银行背景，民生易贷与民生银行之间关系紧密，但与民生银行之间并无直接股权关系。民生电商于 2013 年 8 月在深圳前海注册成立，发起人为民生银行的七家主要非国有股东单位和民生加银资产管理公司，民生加银资产管理公司由民生银行旗下民生加银基金出资设立。具体关系见图 9 – 1：

① 参见 http://www.msyidai.com/informationDetails? id = 199。

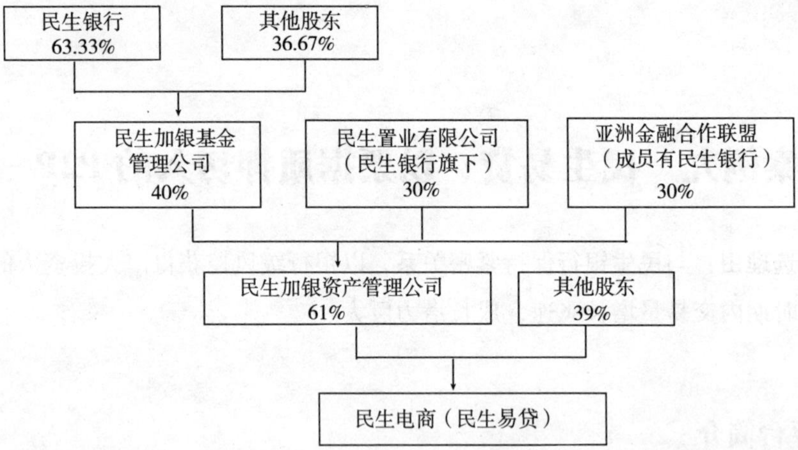

图 9-1　民生电商与民生银行关系示意

二、平台产品

民生易贷的融资用途多为资金周转，产品现有 e 票通、如意系列、满溢系列。便捷、低成本的特性适于企业进行票据质押融资，但产品在设计上流动性较低。平台产品具有银行系 P2P 产品低收益、低风险的共同特点，收益率在 6% 左右。

e 票通产品中，融资企业以其持有的银行定期存单向投资人设定质押，存单本息全额覆盖投资人投资本息，项目金额在 20 万元以下；如意系列、满溢系列的融资企业多为融资企业以其合法持有的银行定期存单向投资人设定质押，存单本息全额覆盖投资人投资本息，项目金额从 100 万～2000 万元不等①。不过，进入 2015 年以后，民生易贷推出的融资项目多冠名为“满溢××号”，单笔融资额度多为数百万元以上，其他产品已基本下线。

为了给投资者提供更高的流动性，民生易贷允许债权转让，已投资的个人用户，在民生易贷网站可将符合相关条件的投资项目债权转让给他人。

---

① 数据来源：民生易贷官网，http://www.msyidai.com/toLoanListPage. 截至 2014 年 12 月 8 日，整理数据得出。

三、安全保障与盈利模式

民生易贷依托民生银行，采用银行级别进行风险审核，拥有强大的系统开发团队、专业的安全保障开发技术，采用金融级安全控制措施，确保账户信息不易被泄露。平台现在对投资人的充值、提现、认证、投资全部免费，盈利基本来自于电商所找寻的融资企业提供的手续费或通道费用。

四、平台特点

（一）银行隐性兜底，平台仅为宣传与销售的渠道，风险低

民生易贷的 P2P 产品中，有较强的银行业务属性，民生易贷把银行的一次性贷款分散成众多投资者的小额借款，另外给部分不易拿到银行贷款的借款项目创造机会。这种方式将不适合留在表内的资产外包给平台，但仍然有银行的影子。比如民生银行负责审核民生易贷的产品风险，对融资人及融资项目均以银行自身发放融资的标准开展线下的尽职调查工作，并根据尽职调查结果对融资项目进行风险评估。值得注意的是，多数融资项目都需要足额抵押担保，同时要求融资人有稳定的现金流，以获得还款保障，这样最大限度地降低了借贷风险。因此，民生易贷实质上依托银行隐性兜底。另外，在 2015 年 2 月，民生易贷与中国民生银行达成资金托管合作协议，成为该项目首发合作伙伴。

从目前的运作情况来看，借款人的审核与项目的运作都是民生银行在做，因此平台基本只有很低微的手续费与通道费用，这在短期内不会改变。如果民生易贷的交易量在未来达到几百亿元的规模，基数大了，收益将比较可观。

（二）平台去担保化

民生易贷平台推出的项目剔除了传统 P2P 平台通过担保公司、保险公司等第三方，或平台本身提供担保，目前主要采用以票据、存单等金融资产作为质押融资的风险控制模式。

民生易贷最初也考虑和第三方担保公司合作，但第三方大多要求反担保，融资成本较高，效率却不高。若与保险公司合作，在平台对融资方审核后，保

险公司会再进行审核，融资审核时间过长。平台自身成立子公司对投资者担保，不仅触发了目前的监管红线，也受到民生电商 30 亿元注册资本金的限制。

虽然民生易贷践行了去担保化的路径，但在实际的业务流程中，民生易贷平台其实多少自行承担了担保的任务。比如，查阅首款 e 票通的质押借款协议发现，出资人委托平台代为接受并行使票据质押权利，在还款日将本息支付给出资人；募资结束后，平台要将出资人的资金支付至借款人指定的银行账户。在整个流程里，投融资双方变成了具有真实贸易背景的平台和有资金周转或经营需求的企业，借款人在支付投资人收益之外，需要向平台支付相应融资服务费。

在如意系列中，融资方以其合法持有的银行定期存单向投资人设定质押，存单本息全额覆盖投资人的投资本息。在运作中，平台身份纯粹很多，只作为交易的撮合方存在，资金管理服务由平台指定的第三方支付机构北京中投科信电子商务有限责任公司提供。

（三）三种业务模式并存，以票据质押切入 P2P

平台主要推行三种模式：以票据、存单等金融资产质押模式、对企业数据进行分析 + 现金流控制模式、与供应链核心企业合作风控模式。

第一种模式的风险系数最低，上线的两个项目都采用的是第一种模式。

第二种模式通过分析企业经营数据，实现对企业过去经营业绩的总结以及未来经营情况的判断。另外要求企业有稳定可控的现金流，并对该现金流做有效控制。实际上是把未来应收款项做了质押。目前这种业务模式主要适合弱周期行业，如服务业、餐饮业等。该平台将在近期上线一款通过该种风险控制模式完成的项目。

第三种模式是与供应链核心企业合作，通过核心企业上下游关系，平台更多考察融资企业与核心厂商之间的履约能力和稳定的合作关系。这种模式下，除了考量上述指标外，核心企业在行业中的稳定性、竞争能力也被统一计算在内。与核心企业合作，风险联合控制，但不影响平台对融资企业的风险独立判断。这种业务模式还在进一步探索。[①]

---

① 参见 http://www.ebscn.com/main/a/20140723/6644901.shtml。

五、平台发展面临的挑战

（一）风控成本高，“平台大、产品少”的特点将延续

就票据产品本身来看，其主要存在四类风险：（1）克隆票；（2）背书风险；（3）延迟兑付风险；（4）监管风险。这对于 P2P 借贷平台的专业能力和专业资源提出了越来越高的要求。

银行的传统风控模式将给民生易贷带来巨额成本，大量复制的可行性不强，预期未来依然不会有很多可供投资的标的上线，“平台大、产品少”的特点将延续，使其投资关注的价值大打折扣。

（二）未充分发挥“普惠金融”优势

民生易贷上线后，民生电商表示，互联网金融板块仍未搭建完毕，其还有意在金融资产交易所、网络小贷、担保等业务上拓展，形成完整的供应链金融链条。如果单纯从民生易贷这个 P2P 平台来谈，只能说，它刚迈出了 P2P 的第一步：只有理财产品，无个人借款融资。[①]“普惠金融”的优势还没发挥出来。此外，自 2015 年来，民生易贷产品单个融资项目多为千万级以上，银行尽职调查成本高昂。因此，与大多数 P2P 网贷平台的普惠金融精神存在差异。

由于平台上线时间较短，相对于优质的 P2P 平台，信息披露不足，运营模式不明晰等因素制约平台的发展。但依托银行的大背景，平台发展空间巨大。

---

① 参见 http://www.cebnet.com.cn/2014/0721/271516_2.shtml。

案例十　小企业 e 家：银行系第一家 P2P

入选理由：银行系第一家 P2P，具有丰富的银行信贷和审核经验；投资风险低，可为投资人带来长期稳定的收益。

一、公司概况

（一）中国银行系第一家 P2P

互联网金融的崛起加速了传统银行的转型和变革，招商银行走在前列。招商银行 1999 年就推出“一网通”，并以此为基础构建了包括自助银行、手机银行、电话银行等一体化的网络银行服务体系。2010 年招商银行推出网络互动银行“i 理财”，是国内首创的可在网上直接进行开关户等业务办理的个人综合理财账户。2013 年 9 月，招商银行上线小企业 e 家投融资平台，领跑中国银行系 P2P 行业。该平台专做面对企业融资人的 P2B 业务，被誉为银行 P2P 业务第一家，是传统银行拓展互联网平台的有益尝试。该平台在当年 9 月试运行阶段发布“e + 稳健融资项目”共 8 期，投资者 826 人，交易额合计 3835 万元。

（二）“两度上线”风波

2013 年 11 月，小企业 e 家投融资平台被暂停，原有项目链接也失效。在平台暂停期间，已完成投资的项目继续运行，但不再有新的项目上线。

2014 年 2 月，招商银行的 P2P 投融资平台重新上线。新上线平台的最大变化在于项目的担保方式。此前平台提供的投标项目都注有“本息安全”的标识，而 2014 年平台再度上线后，项目的该标识取消，取而代之的是“信”字标识，表明该项目的借款方已通过招商银行的贷款审核。此外，部分项目的投资收益率也有所提高，并增加了面向特定投资人的“专项标”。

截至 2014 年 11 月 30 日，招商银行小企业 e 家投融资平台累计上线项目

1000 余个，年化收益率在 5.5% ~7.5%。[①]

二、业务模式

招商银行坚持审慎发展的原则，在 P2P 业务方面也是如此。目前招商银行已上线的项目多半来自传统线下信贷市场的项目池，并经过了各分支行严格的信贷审查，至少已经具备线下贷款申请的资格。招商银行对业务投资方的要求相对简单：年满 18 周岁，具有法律规定的完全民事权利和民事行为能力的自然人，在具备一定风险承受能力，合法投资资金的情况下，均可成为平台投资人。个别专项融资项目的投资人仅限于项目发行前已设定的固定投资人。此外，招商银行小企业 e 家投融资平台创新性地上线了少量“专项标”。在此类标的上线前，招商银行会向部分符合特殊投资要求的投资人发送专项识别码，只有有识别码的投资人才能对该“专项标”进行投资。这为投资方也设立了一道门槛，从而更好地控制业务风险。

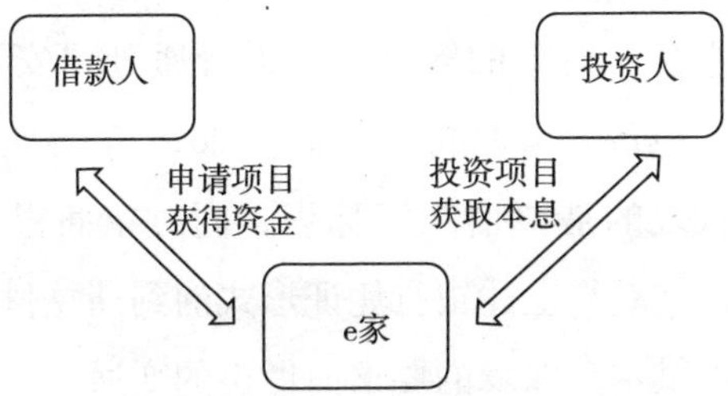

图 10－1　小企业 e 家业务运作模式

招商银行小企业 e 家投融资平台在上线后一个月内推出了 8 期投融资项目，融资期限在 180 天左右，共融资 3835 万元。虽然融资总量不高，却受到投资者广泛的关注和欢迎，项目一经上线通常在当天即可满标。2014 年 2 月平台重新上线后，再次获得火热关注。推行的首只产品“CD20140001”项目发行规模 772 万元，投资预期收益率 7.2%，几小时内就被“秒杀”。截至 2014 年 11 月，平台共发布了 1000 余个融资项目，融资期限多在 60 ~180 天以内，融资金额从 5 万 ~500 万元不等，每个项目的投标率均为 100%，且已完

① 参见招商银行小企业 e 家平台网站，http://efinance.cmbchinaucs.com/。

成的融资项目都得到了安全的本息偿付，违约率为0[①]。

小企业 e 家投融资平台给投资者提供的收益率在 P2P 整个行业中比较低，2013 年发行的 8 个项目的预期收益率在 6.10% ~6.30%，2014 年再度上线后发行项目的投资预期收益率基本在 5.5% ~7.5%，和整个 P2P 行业12% ~15%的收益率相比，依旧处于较低水平。但该平台依旧交易活跃，很多投资人基于对银行传统“金字招牌”的信任，愿意接受比行业平均水平低得多的收益率，在平台进行投资。截至 2015 年 4 月 17 日，该平台近 7 日累计投资金额就高达 697424470 元。[②]

三、平台风险

小企业 e 家投融资平台在首次上线时，平台每个“e + 稳健融资项目”下均有如下风险提示：招商银行作为信息提供方不对融资项目、融资人归还本息承担任何形式的担保、保证责任。但同时每个项目下也都有“本息安全”的标记。招商银行对“本息安全”的解释是：银行通过“安全对接银行兑付凭证”保证投资人一定比例的资金兑付。平台在 2014 年再次上线后，“本息安全”标注消失，取而代之的是“信”字标识，同时招商银行表示，投资方在投资平台项目的同时，将获得上述银行凭证形式的到期兑付承诺。这可能是迫于银监会不允许平台提供本息保障的要求而做出的变通。

在控制融资项目风险方面，招商银行的做法较谨慎。小企业 e 家网上投融资平台初期，并未设置中小企业社会融资入口，已上线的项目均来自招商银行传统线下信贷市场的项目池，即项目上线之前事实上已经通过招商银行各分支行严格的信贷审查，并达到授信标准，至少已具备在线下申请贷款的资格。在借贷业务方面，银行有着长期审贷和风控经验，与一些独立的 P2P 平台相比，项目的违约风险可能较低。目前招商银行逐渐放开业务模式，中小微企业可通过互联网直接申请线上融资项目，但招商银行也将对企业进行严格的资质审核，并通常都要求企业对借款提供足额抵押。

---

① 参见招商银行小企业 e 家平台网站，http://efinance.cmbchinaucs.com/。

② 参见 https://e.cmbchina.com/CmbBank_EHome/UI/Home.aspx。

四、信息披露

小企业 e 家投融资平台的透明度较低，平台运营的相关数据和项目借款人信息都不在网站上公开。平台只提供融资方的银行见证报告（如下图所示）和融资用途的简略介绍，而对融资方的基本运营信息和抵押事项并无较明确的公示，信息披露在同行业中属于较差水平。P2P 投资者主要是依靠对招商银行的信任在平台进行投资，招商银行也由此承担着一定的声誉风险。

表 10－1　e＋稳健融资项目披露的融资方信息（以 HZ20140150 项目为例）

银行见证内容	是否已见证	备注
组织机构代码证	是	
审核融资方近年财务报表的真实性	是	
融资方成立年限	是	5 年
融资方经营场所实地认证	是	
基本账户开户许可证	是	
税务登记证	是	
融资方人民银行征信记录	是	无不良信用记录
营业执照	是	
融资方从业年限	是	5 年
融资方在银行有授信	是	
授信质押方式	是	银行存单

资料来源：招商银行小企业 e 家官网：https：//e. cmbchina. com/CmbBank_ EHome/UI/Home. aspx？ RequestUrl = aHR0cHM6Ly91c2hvcC5jbWJjaGluYXVjcy5jb20vY21iY2hpbmEvdWNzc28uYXNweD9SZXF1ZXN0VXJsPWh0dHBzJTNhJTJmJTJmZWZpbmFuY2UuY21iY2hpbmF1Y3MuY29tJTJm.

五、平台特点

（一）传统业务的脱媒化

与利用大数据技术和互联网信息优势切入小额信贷市场填补市场空白的许多民间 P2P 平台不同，小企业 e 家投融资平台的运营思路依旧是传统业务的脱媒化服务。招商银行融资标的较少，前期项目都来自招商银行传统线下信贷市场的项目池，而线下模式的成本结构也决定了其项目的融资金额都比较巨大，并未形成对传统银行高端客户定位业务的有效弥补。即只是传统业务的脱媒化，把银行原本的信贷业务通过 P2P 借贷的方式去解决，而未真正发挥出互联网金融的优势。

（二）在监管空隙中求发展

招商银行设立小企业 e 家投融资平台也许是基于监管套利的目的，试图利用同一业务不同监管规则之间的空隙，在监管较为宽松的市场展开信贷活动。虽然通过 P2P 的方式撮合贷款的收益率小于招商银行自行投放小微贷款的收益率，但却可由此规避监管对银行贷款的贷款额度、存贷比、拨贷比等监管限制，进行监管套利。同时，P2P 借贷业务并不占用招商银行的既有资本，属于增量收入，招商银行自然愿意进行尝试。

六、平台面临的潜在问题与挑战

（一）无法进行本息担保

在业务运作模式中，招商银行作为信息提供方不对融资项目、融资人归还本息承担任何形式的担保、保证责任。小企业 e 家投融资平台在页面展示及与客户签署的相关法律文件中，已明确向投资者提示投资的本息风险，并且不提供任何显性或隐性担保。虽然小企业 e 家平台有银行的“金字背书”，P2P 平台取消本息担保回归中介属性也是监管层所提倡的，但在 P2P 平台广泛为投资者提供“本金担保”或“本息担保”的大背景下，仍不具备明显的竞争优势。

（二）收益不具备相对优势

招商银行线下业务脱媒化的互联网接轨思维，使其主要依靠线下“项目池”和线下审贷的传统运营模式，业务成本过高，从而导致融资项目的利率并不具备优势。小企业 e 家投融资平台投资标的的收益率基本在 6% 左右，只是高于银行定期存款的收益率水平，而比整个 P2P 行业的平均收益率低得多，甚至快达到 P2P 利率水平的最低水平。这对 P2P 的主流投资人群的吸引力不够。虽然目前行业无监管导致部分谨慎投资人放不开手脚，而愿意投向银行系 P2P 平台，招商银行的低投资回报可能使其处于劣势地位。

参考文献

[1]钱金叶,杨飞.中国P2P网络借贷的发展现状及前景[J].金融论坛,2012(1).

[2]沈霞.P2P网络贷款的法律监管探究[J].金融论坛,2012(1).

[3]王紫薇,袁中华,钟鑫.中国P2P网络小额信贷运营模式研究——基于“拍拍贷”、“宜农贷”的案例分析[J].新金融,2012(2).

[4]零壹财经.中国P2P借贷服务行业白皮书[M].中国经济出版社,2013.

[5]黄震,何璇.P2P网络借贷平台的法律风险及防范[J].金融电子化,2013(2).

[6]王朋月,李钧.美国P2P借贷平台发展:历史、现状与展望[J].金融监管研究,2013(7).

[7]李雪静.国外P2P网络借贷平台的监管及对我国的启示[J].金融理论与实践,2013(7).

[8]周宇.互联网金融:一场划时代的金融变革[J].探索与争鸣,2013(9).

[9]张宏波.论P2P借贷的监管[J].经济视角,2013(7).

[10]李博,董亮.对我国网贷平台发展与监管的思考——基于美国的经验分析[J].中国金融,2013(10).

[11]刘英,罗明雄.互联网金融模式及风险监管思考[J].中国市场,2013(43).

[12]金明,郑庆茹,刘波.对我国网贷平台发展与监管的思考——基于美国的经验分析[J].金融纵横,2013(12).

[13]张翼.P2P网络借贷平台的信用模式比较与发展路径研究[J].海南金融,2014(1).

[14]宋鹏程,吴志国,赵京,Melissa Guzy.我国P2P借贷行业监管模式研究[J].南方金融,2014(1).

[15]叶湘榕. P2P 借贷的模式风险与监管研究[J]. 金融监管研究,2014(3).

[16]陶蕊. 基于 P2P 贷款模式的互联网金融研究[J]. 内蒙古统计,2014(3).

[17]张锐. 网贷平台 P2P 的生态与监管[J]. 金融发展研究,2014(6).

[18]刘本喜. 基于 P2P 网络借贷平台的投资人风险研究[D]. 首都经济贸易大学,2014.

[19]宋鹏程,邹震田. P2P 借贷商业模式在我国的演进及其启示——由大型金融机构和风险投资公司的动向谈起[J]. 新金融,2014(4).

[20]井凯. 互联网金融对传统金融模式影响研究[J]. 山东青年政治学院学报,2014(4).

[21]陈小天. 互联网金融对银行个人理财业务的影响[J]. 市场周刊,2014(5).

[22]宫晓林. P2P 网络借贷风险与监管——基于有限理性假设的分析[J]. 投资研究,2014(6).

[23]叶纯敏. 谁能绑住频频"跑路"的 P2P[J]. 金融科技时代,2014(7).

[24]张帆. P2P 助力小企业融资[J]. 信息与电脑,2014(7).

[25]钱海利. P2P 平台迎跑路与融资潮 钱途光明还是火中取栗[J]. 计算机与网络,2014(13).

[26]莫易娴. 国内外 P2P 网络借贷发展研究[J]. 财会月刊,2014(16).

[27]许海霞,赵鸿鑫,雷茜. 我国互联网金融的发展现状、问题及政策建议[J]. 金融经济,2014(16).

[28]2015 年网贷评级报告(第 1 期)[EB/OL]. 融 360,中国人民大学,2015 年 1 月.

[29]中国 P2P 网贷行业 2014 年度运营简报[EB/OL]. 网贷之家,2015 年 1 月.

[30]互联网金融研究系列之 P2P 贷款 Lending club[EB/OL]. 安信证券,2014-03-03.

[31]P2P 行业:新蓝海,各路显神通[EB/OL]. 东方证券,2014-12-11.

[32]P2P 行业专题之二:来自海外市场的启示[EB/OL]. 东方证券,2015-

01 -05.

[33]P2P 行业专题之三:路演高频问题解答[EB/OL]. 东方证券,2015 - 01 -09.

[34]个人征信业务拉开序幕,P2P 走入新时代[EB/OL]. 中银国际证券,2015 -01 -09.

[35]GAO. Person - to - Person Lending, New Regulatory Challenges could Emerge as the Industry Grows[EB/OL]. http://www. federalreserve. gov/newsevents/reform_audit_gao. com,2011.

[36]P2PFA. Peer - to - Peer Finance Association Operating Principles[EB/OL]. http://p2pfa. info/rules,2013.

[37]FCA. The FCA's Regulatory Approach to Crowdfunding over the Internet, and the Promotion of Non - readilyrealisable Securities by other Media: Feedback to CP13/13 and Final Rules[EB/OL]. http://www. fca. org. uk/your - fca/documents/policy - statements/ps14 -04. 2014.

[38]A. Ashta, D. A. An Analysis of European Online micro - lending Websites. CEB Working Paper, 2009.

[39]Agarwal. S. a. R. B. H. The Choice between Ann′s - Length and Relationship Debt: Evidence from loans. American Finance Association (Annual Meeting) New0rleans, 2008.

[40]]Kumar5S. Bank of one: Empirical Analysis of Peer - to - Peer Financial Marketplaces. Americas Conference on Information Systems (AMCIS),2010.

[41]LauriPuroJ. E. T. , Hannele Wallenius. Borrower Decision Aid for People - to - People lending. Decision Support Systems(49),2010.

[42]Xiaoguang W,Yi C. The Regulation Strengthening of the P2P Online Lending Platform. South China Finance, 2011.

战略合作机构介绍

上海锋之行汽车金融信息服务有限公司（第1车贷）

上海锋之行汽车金融信息服务有限公司（简称第1车贷）是中国第一家专业汽车互联网金融服务集团，隶属于香港上市公司“中国信贷”（HK08207），公司业务涉及汽车金融、融资担保、融资租赁及理财投资等以汽车金融为轴心的汽车全产业链整合服务。第1车贷服务团队由来自银行、汽车生产厂商、汽车金融公司、汽车销售公司等领域的专业团队组成，专注于汽车产业链中金融产品的研发与运营，为新车经销商、二手车经销商、汽车零部件商、汽车物流商、汽车租赁商及汽车消费者等提供安全可靠的金融产品。目前，第1车贷的业务涵盖汽车经销商经营性贷款、汽车库存融资、零售增值金融、汽车个人消费贷款、二手车认证评估、保险延保等专业化的汽车金融服务。

自2013年成立以来，第1车贷现已在北京、上海、广州、苏州、武汉、长沙、昆明、成都、大连等全国23个省市完成布局，同时在稳健的发展中快速升级为数亿元体量企业。第1车贷作为中国首家汽车互联网金融公司，成功将互联网金融平台运用到汽车金融领域，为广大客户解决了融资难的问题。公开、公正的P2P平台，在企业与投资人之间搭建了透明、便捷的桥梁，将普惠金融带入中国汽车市场。经过一年的努力，第1车贷作为中国汽车互联网金融行业的一颗新星，在2014年年底一举夺得了“汽车金融服务创新奖”“2014中国二手车行业影响力品牌奖”“年度产业链贡献奖 ”以及“2014最佳汽车金融创新服务平台”等由国内知名机构颁发的多个奖项，得到了广大经销商与消费者的认可。

未来，第1车贷将继续秉承贴身金融的理念，为客户提供个性化的金融服务，以产品为核心竞争力，引领中国汽车互联网金融的发展，与广大行业内外合作伙伴一同构建有生命力的汽车产业链生态圈。

研究合作机构介绍

网贷315

网贷315（www. wd 315. cn）成立于2015年3月15日，在网贷行业茁壮成长却又乱象频发、利好与负面信息交替出现的环境下，网贷315同时面向监管机构、网贷企业、网贷从业者和普通投资人，以建立一条自上而下和自下而上的双向信息通道为己任，始终站在客观、中立、公正、公开的角度为P2P网络借贷行业的参与者与关注者提供快速、全面、专业、准确的行业资讯。在贯彻落实有关法律、法规和相关规定的前提下，致力于推动中国网络借贷行业的健康持续发展。

近两年网贷发展迅速，平台数量激增，网贷315不仅深入研究国资系、银行系、保险系、门户系等背景的大平台，同时也对民营草根平台投入了足够多的关注。

网贷315汇聚了行业内数百家知名平台的核心信息，通过互联网传递给所有关注网贷行业的人，实现真正的信息交流与共享。作为当下中国领先的P2P网贷行业垂直门户网站，网贷315为互联网金融而生，致力于为投资人打造一个易识别风险，信息分享与交流高效的平台，竭尽全力为投资人提供更好的服务。

目前，网贷315专注于五个方面的工作业务。通过“资讯版块”向全行业传达各类准确和客观的信息，从而努力解决网贷平台与投资人之间信息不对称的现状；搭建“平台指数版块”，搜集平台本身的信息和投资数据，依托数十个专业维度进行风险评定，协助投资人做好平台的筛选工作；打造“专家专栏”和“专题观察”，涵盖宏观、金融、风控、法律等诸多方面的领袖和精英，带领每一位用户深入探究网贷行业的方方面面；与多家知名律师事务所合作，建立“维权区”，为网贷行业所有的投资人提供一站式法律援助通道；除此之外，网贷315的“商务合作区”还致力于网贷企业和从业者的共融共通。

共荣网贷，明辨黑白。互联网金融时代将是一个整合的时代、人与人联动的时代、服务定制的时代、信息全面开放的时代。在这个波澜壮阔的大时代里，网贷315愿与所有网贷界同仁，共同维护行业秩序和行业公平，矢志不移地为行业注入正能量。

后 记

本书由黄震与邓建鹏确定书稿框架与十佳 P2P 创新案例入选对象。在主编统一指导下，熊明和任一奇率领课题组其他成员积极参与收集基本数据、调研和撰写部分章节初稿。全书最后由邓建鹏修订、统稿。

著者在研究包括 P2P 网贷行业在内的互联网金融的过程中，先后获得刘明康先生、霍学文先生、沈鸿先生、高红冰先生、唐彬先生、姚军先生、易继明先生、蔡凯龙先生、李海燕女士、郭超先生、康文先生、陈明铎先生、范超先生、范志猛先生、李迎女士、彭铁先生、杜李丽女士、王美华女士、吴立先生、张桂森先生、郑震龙先生、陆琪先生、唐文先生、张海晖先生、张博先生、邱世文先生、邓海英女士等人士不同形式的支持、鼓励乃至详细的修订建议；另外，中国经济出版社副总编辑乔卫兵先生及寇艺明女士为推动本书出版付出诸多辛劳，作者特向他们深表谢意。

作者谨识

2015 年 4 月 27 日